Estudos em homenagem
ao Professor Peter Häberle

O Laboratório Americano de Estudos Constitucionais Comparados - LAECC procura aprofundar as discussões temáticas comparativas entre os vários sistemas constitucionais americanos. O grupo desenvolve abordagens comparativas em 4 diferentes linhas, procurando cobrir todas as dimensões materiais do constitucionalismo e fomentar a produção científica nos diversos ramos do direito, sempre primando pela abordagem de abrangência interdisciplinar.

ESTUDOS EM HOMENAGEM AO PROFESSOR PETER HÄBERLE

COORDENAÇÃO
MARCOS AUGUSTO MALISKA
MARIANA RIBEIRO SANTIAGO
VLADMIR OLIVEIRA DA SILVEIRA

ORGANIZAÇÃO
ANA CAROLINA SOUZA FERNANDES

APRESENTAÇÃO
PETER HÄBERLE

PREFÁCIO
MARIA HELENA DINIZ

BAYREUTHER INSTITUT FÜR EUROPÄISCHES RECHT UND RECHTSKULTUR

FORSCHUNGSSTELLE FÜR EUROPÄISCHES VERFASSUNGSRECHT

Prof. Dr. Dr. h.c. mult. Peter Häberle

ESTUDOS EM HOMENAGEM AO PROFESSOR PETER HÄBERLE

Apoio   Alexandre Walmott Borges
Moacir Henrique Júnior
Ricardo Padovini Pleti Ferreira

Coordenação   Mariana Ribeiro Santiago
Vladmir Oliveira da Silveira
Marcos Augusto Maliska
Organização   Ana Carolina Souza Fernandes

Laboratório Americano de Estudos Constitucionais Comparados
CNPJ/MF nº 33.097.820/0001-00
Rua Johen Carneiro, 377, Uberlândia – MG
CEP 38.400-070
www.laecc.org.br

Dados Internacionais de Catalogação na Publicação (CIP)

E82
2021

Estudos em homenagem ao professor Peter Häberle / Mariana Ribeiro Santiago, Vladmir Oliveira da Silveira, Marcos Augusto Maliska (Coord.), Ana Carolina Souza Fernandes (Org.). Uberlândia: LAECC, 2021.
364 p.

Inclui bibliografia.
Obra coletiva. Vários autores.
ISBN: 978-65-88563-19-9

1. Direito Público. 2. Direito Constitucional. 3. Direito Econômico. I. Santiago, Mariana Ribeiro. II. Silveira, Vladmir Oliveira da. III. Maliska, Marcos Augusto. IV. Fernandes, Ana Carolina Souza.

CDU: 340/CDD: 341.2; 341.378

Catalogação na fonte

Moderna y Contemporánea na Universitat La Salle, Campus Barcelona, na Universitat de Barcelona – UB e Professor Convidado na Universidade Federal de Uberlândia – UFU.

DIVA JÚLIA SOUSA DA CUNHA SAFE COELHO

Pós-Doutora em Direito Constitucional Comparado pela Universidade Federal de Uberlândia – UFU e Doutora em Ciudadania y Derechos Humanos pela Universidade de Barcelona – UB. Professora Adjunta DE da Universidade Federal de Goiás – UFG.

FABIANA ANGÉLICA PINHEIRO CÂMARA

Doutora em História Social pela Universidade Federal de Uberlândia – UFU. Mestre em Gestão Internacional e Desenvolvimento Econômico pela Universidade de Reading – Inglaterra.

FRANCIELLE VIEIRA OLIVEIRA

Doutoranda em Ciências Jurídicas Públicas no âmbito do Doutorado Europeu da Universidade do Minho – Portugal.

FRANCISCO ILÍDIO FERREIRA ROCHA

Doutor em Direito Penal pela Pontifícia Universidade Católica de São Paulo – PUC/SP. Professor do Centro Universitário do Planalto de Araxá – UNIARAXÁ.

GONÇAL MAYOS SOLSONA

Doutor e Mestre em História da Filosofia pela Universitat de Barcelona – UB. Professor Titular na Faculdade de Filosofia da Universitat de Barcelona – UB.

ILTON NORBERTO ROBL FILHO

Doutor e Mestre em Direito pela Universidade Federal do Paraná – UFPR. Professor Adjunto da Faculdade de Direito da UFPR e do Instituto Brasiliense de Direito Público – IDP. Diretor da Academia Brasileira de Direito Constitucional (ABDConst).

JONATAN DE JESUS OLIVEIRA ALVES

Advogado e professor. Doutorando em direito pela Universidade de Valência. Mestre em Direito pelo Programa de Pós-Graduação em Direito da Universidade Federal de Uberlândia.

JOSÉ CARLOS REMOTTI CARBONELL

Doutor em Direito pela Universitat Autònoma de Barcelona – UAB. Professor da Universitat Autònoma de Barcelona – UAB.

JOSÉ LUIZ DE MOURA FALEIROS JR.

Doutorando em Direito pela Universidade de São Paulo e pela Universidade Federal de Minas Gerais. Advogado e professor.

LUCIANA ORANGES CEZARINO

Pós-Doutora pelo Politécnico de Milão – POLIMI. Doutora pela Faculdade de Economia, Administração e Contabilidade da Universidade de São Paulo – FEA/USP. Professora da Universidade Federal de Uberlândia – UFU.

MILLA ALVES BAFFI

Pós-Doutora em Microbiologia de Alimentos pela Universidad de Castilla La Mancha – UCLM. Doutora em Genética e Bioquímica pela Universidade Federal de Uberlândia – UFU. Professora da Universidade Federal de Uberlândia – UFU.

MOACIR HENRIQUE JÚNIOR

Doutor em Direito e Ciência Política e Mestre em Criminologia e Sociologia Jurídico-Penal pela Universidade de Barcelona – UB. Professor da Universidade do Estado de Minas Gerais – UEMG.

Paulo César Corrêa Borges

Pós-Doutor em Direito pela Universidade de Sevilla – US. Doutor e Mestre em Direito pela Universidade Estadual Paulista Júlio de Mesquita Filho – UNESP. Professor da Universidade Estadual Paulista Júlio de Mesquita Filho – UNESP Campus Franca.

Paulo Roberto de Almeida

Doutor em História pela Pontifícia Universidade Católica de São Paulo - PUC/SP. Professor da Universidade Federal de Uberlândia – UFU.

Renato César Cardoso

Pós-Doutor em Filosofia pela Universitat de Barcelona. Doutor em Direito pela Universidade Federal de Minas Gerais – UFMG. Professor da Universidade Federal de Minas Gerais – UFMG.

Ricardo Padovini Pleti Ferreira

Doutor e mestre em Direito Empresarial pela Universidade Federal de Minas Gerais – UFMG. Professor da Universidade Federal de Uberlândia – UFU.

Rodrigo Vitorino Souza Alves

Doutorando em Direito pela Universidade de Coimbra – UC. Mestre em Direito pela Universidade Federal de Uberlândia – UFU. Professor da Universidade Federal de Uberlândia – UFU.

Saulo Pinto Coelho

Pós-Doutor pela Universitat de Barcelona – UB. Doutor em Direito pela Universidade Federal de Minas Gerais – UFMG. Professor da Universidade Federal de Goiás – UFG.

Sérgio Augusto Lima Marinho

Mestre em Direito Público pela Faculdade de Direito "Prof. Jacy de Assis" da Universidade Federal de Uberlândia com pesquisa fomentada pela CAPES. Professor Universitário. Advogado.

Thiago Paluma

Doutor em Direito Internacional pela Universidad de Valencia. Professor da Universidade Federal de Uberlândia.

Viviane Séllos-Knoerr

Pós-Doutora pela Universidade de Coimbra – UC. Doutora em Direito pela Pontifícia Universidade Católica de São Paulo – PUC/SP. Professora do Centro Universitário Curitiba – UniCURITIBA.

Wellington Migliari

Doutor e Mestre em Direito Internacional Público pela Faculdade de Direito, Universitat de Barcelona – UB.

Sobre os autores

Coordenadores

Marcos Augusto Maliska

Pós-doutor pelo Instituto Max Planck de Direito Público de Heidelberg, Alemanha (2010-2012). Mestre (2000) e Doutor (2003) em Direito Constitucional pela Universidade Federal do Paraná (UFP), com estudos de doutoramento (Doutorado Sandwich) na Ludwig Maximilians Universität, em Munique, Alemanha (2002-2003). Professor Adjunto de Direito Constitucional do Programa de Mestrado e Doutorado em Direito do UniBrasil Centro Universitário, em Curitiba. Procurador Federal. Professor visitante permanente na Faculdade de Direito de Francisco Beltrão – Cesul. Foi professor/pesquisador visitante nas Universidades de Bayreuth, Alemanha (2007), Wroclaw, Polônia (2008 e 2010), Karaganda, Cazaquistão (2012), Salzburg, Áustria (2014), Lviv, Ucrânia (2015) e Ottawa, Canadá (2019).

Mariana Ribeiro Santiago

Pós-Doutora pela Justus-Liebig-Universität Giessen (Alemanha). Doutora e Mestre em Direito pela Pontifícia Universidade Católica de São Paulo (PUC/SP). Especialista em Contratos pela Pontifícia Universidade Católica de São Paulo (PUC/SP). Graduada em Direito pela Universidade Federal da Bahia (UFBA). Professora de Pós-Graduação em Direito da Universidade de Marília (UNIMAR). Editora-chefe da Revista Argumentum. Advogada.

Vladmir Oliveira da Silveira

Professor Titular de Direito da Universidade Federal de Mato Grosso do Sul (UFMS). Professor de Direito na PUC/SP. Pós-Doutor pela

Universidade Federal de Santa Catarina (UFSC). Doutor e Mestre em Direito pela PUC/SP. Foi presidente do Conselho Nacional de Pesquisa e Pós-Graduação em Direito – CONPEDI (2009-2013). Advogado.

Organizadora

Ana Carolina Souza Fernandes

Possui graduação em Direito pela Faculdade Autônoma de Direito - FADISP. É especialista em Direito Civil pela mesma Instituição. É pós-graduada em Direito dos Contratos e Direito Societária (LLM) pelo Insper - Instituto de Ensino e Pesquisa. É mestre em Direito - Relações Econômicas Internacionais pela Pontifícia Universidade Católica de São Paulo - PUC/SP. Advogada.

Autores

Bruno Torquete Barbosa

Mestre em Direito da Universidade Marília (UNIMAR). Especialista pela Universidade da Amazônia (UNAMA). Professor de Direito da FAIR/UNIASSELVI e UNEMAT. Advogado.

Daniel Scheiblich Rodrigues

Especialista e Mestrando do Programa de Pós-Graduação em Direito Político e Econômico da Universidade Presbiteriana Mackenzie. Subsecretário de Assuntos Parlamentares do Estado de São Paulo. Advogado.

Emerson Ademir Borges de Oliveira

Pós-doutor em Democracia e Direitos Humanos pela Universidade de Coimbra. Mestre e Doutor em Direito do Estado pela Universidade de São Paulo (USP). Professor do Programa de Mestrado e Doutorado em Direito pela Universidade de Marília (UNIMAR).

X

Gabriela Eulalio de Lima

Doutoranda e Mestre em Direito pela Universidade de Marília (UNI-MAR). Especialista em Direito Material e Processual do Trabalho pelo Centro Universitário de Rio Preto (UNIRP). Graduada em Direito pela Universidade do Estado de Minas Gerais (UEMG). Coordenadora e Docente Superior de Curso de Graduação em Direito.

Guilherme Massaú

Professor da Faculdade e do Mestrado em Direito da Universidade Federal de Pelotas (UFPel). Pós-doutor na Pontifícia Universidade Católica do Rio Grande do Sul (PUC-RS). Doutor em Direito pela Universidade do Vale do Rio dos Sinos (Unisinos). Mestre em Ciências Jurídico-Filosóficas pela Universidade de Coimbra. Especialista em Ciências Penais pela Pontifícia Universidade Católica do Rio Grande do Sul (PUC-RS). Autor dos livros: (i) Metodologia Jurídica; (ii) Do Início da Ciência do Direito ao Iluminismo Português (Editora Atlas); (iii) O Princípio Republicano do *Mundo-da-Vida* do Estado Constitucional Cosmopolita (Editora Unijuí); (iv) O Estado de Direito e as Dimensões da *Res Publica* (Editora Prismas); e (v) Princípios Constitucionais e Relações Internacionais (Editora Livraria do Advogado).

Irene Patrícia Nohara

Livre Docente. Doutora e Mestre em Direito do Estado pela Universidade de São Paulo (USP). Professora pesquisadora do Programa de Pós-Graduação em Direito Político e Econômico da Universidade Presbiteriana Mackenzie. Advogada Parecerista.

Jefferson Aparecido Dias

Doutor em Direitos Humanos pela Universidad Pablo de Olavide

(Espanha). Professor do Programa de Mestrado e Doutorado em Direito da Universidade de Marília (UNIMAR).

Luciana Cristina de Souza

Professora de Direito Constitucional do Programa de Mestrado em Relações Econômicas e Sociais da Faculdade de Direito Milton Campos. Professora da Faculdade de Políticas Públicas da Universidade do Estado de Minas Gerais (UEMG). Doutora em Direito pela Pontifícia Universidade Católica de Minas Gerais (PUC-Minas). Mestre em Sociologia pela FAFICH/UFMG. Pesquisadora com fomento FAPEMIG e CNPq. Coordenadora do Núcleo de Estudos sobre Gestão de Políticas Públicas.

Marcos Augusto Maliska

Pós-doutor pelo Instituto Max Planck de Direito Público de Heidelberg, Alemanha (2010-2012). Mestre (2000) e Doutor (2003) em Direito Constitucional pela Universidade Federal do Paraná (UFP), com estudos de doutoramento (Doutorado Sandwich) na Ludwig Maximilians Universität, em Munique, Alemanha (2002-2003). Professor Adjunto de Direito Constitucional do Programa de Mestrado e Doutorado em Direito do UniBrasil Centro Universitário, em Curitiba. Procurador Federal. Professor visitante permanente na Faculdade de Direito de Francisco Beltrão – Cesul. Foi professor/pesquisador visitante nas Universidades de Bayreuth, Alemanha (2007), Wroclaw, Polônia (2008 e 2010), Karaganda, Cazaquistão (2012), Salzburg, Áustria (2014), Lviv, Ucrânia (2015) e Ottawa, Canadá (2019).

Mariana Ribeiro Santiago

Pós-Doutora pela Justus-Liebig-Universität Giessen (Alemanha). Doutora e Mestre em Direito pela Pontifícia Universidade Católica de São

Paulo (PUC/SP). Especialista em Contratos pela Pontifícia Universidade Católica de São Paulo (PUC/SP). Graduada em Direito pela Universidade Federal da Bahia (UFBA). Professora de Pós-Graduação em Direito da Universidade de Marília (UNIMAR). Editora-chefe da Revista Argumentum. Advogada.

Ocimar Barros de Oliveira

Doutorando em Direito pela Universidade de Marília (UNIMAR). Mestre em Direito Público pela Universidade Federal de Uberlândia (UFU). Especialista em Direito Público pela UFU. Bacharel em Direito e Graduado em Educação Física pela UFU. Professor de Graduação no Centro de Ensino Superior de São Gotardo (CESG), na UNIPAC de Uberlândia e na FUCAMP de Monte Carmelo. Professor de Especialização na UFU e na FUCAMP de Monte Carmelo. Oficial Titular do Registro de Títulos e Documentos e Registro Civil das Pessoas Jurídicas da Comarca de Rio Paranaíba, Minas Gerais.

Rafael José Nadim de Lazari

Pós-doutor em Democracia e Direitos Humanos pela Universidade de Coimbra. Mestre e Doutor em Direito Constitucional pela Pontifícia Universidade Católica de São Paulo (PUC-SP). Professor do Programa de Mestrado e Doutorado em Direito da Universidade de Marília (UNIMAR).

Sinara Lacerda Andrade

Pós-Doutora em Direito pela Universidade de Marília (UNIMAR). Doutora e Mestre em Direito pela Universidade de Marília (UNIMAR). Especialista em Direito Processual Penal com ênfase em Docência do Ensino Superior pela Universidade Gama Filho (UGF). Bacharel em Direito pela Universidade do Estado de Minas Gerais (UEMG).

Thiago Rafagnin

Pós-Doutor em Direito pelo Programa de Pós-Graduação em Direito da Universidade Federal de Pelotas. Doutor em Política Social e Direitos Humanos pela Universidade Católica de Pelotas. Professor de Direito Constitucional na Universidade Federal do Oeste da Bahia. E-mail: thiago.rafagnin@hotmail.com

Vinícius Mendes e Silva

Mestre em Direito da Universidade Marília (UNIMAR). Especialista em Direito Público pela Escola Paulista de Direito (EDP). Advogado.

Vladmir Oliveira da Silveira

Professor Titular de Direito da Universidade Federal de Mato Grosso do Sul (UFMS). Professor de Direito na PUC/SP. Pós-Doutor pela Universidade Federal de Santa Catarina (UFSC). Doutor e Mestre em Direito pela PUC/SP. Foi presidente do Conselho Nacional de Pesquisa e Pós-Graduação em Direito – CONPEDI (2009-2013). Advogado.

Sumário

1 | A ORDEM ECONÔMICA NO MERCADO GLOBALIZADO E O CONSTITUCIONALISMO COOPERATIVO CULTURAL, FACE AS NOVAS REGRAS GERAIS DE PROTEÇÃO DE DADOS 117

Bruno Torquete Barbosa, Vinícius Mendes e Silva

2 | A CONCRETIZAÇÃO DO ESTADO CONSTITUCIONAL COOPERATIVO ATRAVÉS DA PROMOÇÃO DO DESENVOLVIMENTO SOCIOCULTURAL...147

Gabriela Eulalio De Lima, Sinara Lacerda Andrade

3 | A CONCEPÇÃO DE DIGNIDADE HUMANA DO ESTADO SOCIAL-CONSTITUCIONAL BRASILEIRO: UMA ABORDAGEM A PARTIR DE PETER HÄBERLE 169

Guilherme Massaú, Thiago Refagnin

Capítulo **1**

Apresentação original

Grußwort Sao Paulo, Juni 2018

Von **Peter Häberle**

Universität Bayreuth

Verehrte Frau Kollegin Dr. Ribeiro Santiago, verehrte Kollegen und junge Wissenschaftler aus Brasilien,

Es ist eine große Freude und Ehre, dass sich hier in Sao Paulo ad hoc ein kleiner akademischer Kreis gebildet hat, der sich mit meinen verfassungsrechtlichen Ideen auseinandersetzt. Ähnliches fand Mitte Mai 2018 mir zu Ehren im Parlament in Rom statt. Es ging von mir aus um den „Konstitutionalismus als wissenschaftliches Projekt". Ich war dabei sogar in Echtzeit per Skype zugeschaltet und habe in schwäbisch-italienischer Sprache meinen Vortrag gehalten...

Mit *Brasilien* bin ich seit vielen Jahrzehnten besonders verbunden: primär mit seiner vorbildlichen Verfassung von 1988, aber nicht nur sekundär mit wissenschaftlichen Freunden wie P. Bonavides, Gilmar Mendes, Ingolf Sarlet und A. Maliska.

Ihre vom Schicksal hart geprüfte Präsidentin Dilma Roussef

hat mir im Jahre 2011 sogar den höchsten Orden ihres Landes den „Cruzeiro do Sul" verliehen – eine Ehre und Verpflichtung –, und die Universität Brasilia ehrte mich mit einem Ehrendoktor. Ich weiß nicht, mit welchen Themen im Einzelnen Sie sich hier und heute beschäftigen. Ich darf nur einige Stichworte nennen, die mir für den Konstitutionalismus von heute für Sie besonders wichtig erscheinen.

1) Wir brauchen eine materiale und prozessuale Verfassungstheorie der *Nichtregierungsorganisationen*. Sie bewegen sich ja zwischen Staat und Gesellschaft. Welches sind ihre Aufgaben und Grenzen, welches ist ihr Status? Wie kann man Transparenz schaffen? Warum werden die NGO's in Staaten wie Ungarn, in der Türkei oder in Rußland staatlicherseits bedrängt? Beispiele sind das Rote Kreuz, Greenpeace, Human Rights watch, Ärzte ohne Grenzen, Reporter ohne Grenzen, Hilfsorganisationen wie die Malteser, der WWF usw. Besteht ein Zusammenhang zur Zivilgesellschaft und zum zivilen Ungehorsam?

2) Im Verfassungsstaat von heute wird die sogenannte *Dritte Gewalt* immer wichtiger, sie wird im Grunde fast zur Ersten. Wir sehen dies bei Ihnen in Brasilien und im Land des unerträglichen Präsidenten Trump in den USA (Stichwort: checks and balances).

3) Wie kann man die *Korruption*, an der wir in vielen Staaten leiden, bekämpfen? durch eine Antikorruptionskommission oder durch einen Ombudsmann? Durch Sensibilisierung der Öffentlichkeit beginnend in den Schulen.

4) Gar nicht überschätzt werden kann das *Erziehungswesen*: die „Erziehung zur Verfassung" muss in der Schule beginnen und

sich in den Universitäten wie hier und heute vollenden. Mein altes Stichwort aus den 90er Jahren lautet: Verfassungsprinzipien als Erziehungsziele. Wir dürfen von einer „pädagogischen Allgemeinheit der Verfassung" sprechen – bei aller pluralistischer Vielfalt.

5) Meine Frage an die Verfassungswissenschaft in Brasilien lautet: Müssten nicht die Verfassungen ihrer *Einzelstaaten* noch stärker wissenschaftlich bearbeitet werden? Brasilien ist doch ein lebendiger Bundesstaat, und ich sehe zu wenig Interesse an den einzelnen Ländern. Vielleicht täusche ich mich (Stichwort: „Kultur als Seele des Föderalismus").

6) Zum Schluss darf ich an meine alte Idee erinnern, sie stammt aus dem Jahre 2003 und wurde in Mexiko publiziert. Es gibt schon ein *gemein-lateinamerikanisches Verfassungsrecht*, es gibt ein ius commune latinum americanum, etwa in Sachen Schutz der Indios, Schutz der Umwelt, Lateinamerikanische Integration – dies in einer Analogie zu dem von mir herausgearbeiteten gemeineuropäisches Verfassungsrecht (1991).

Ich grüße Sie alle und danke für Ihre Aufmerksamkeit. Erforschen und entwickeln Sie Ihre gedankenreiche Verfassung in Brasilien mit Leidenschaft und Augenmaß, Klugheit, Dankbarkeit und Zuversicht.

Auf ein gutes Gelingen Ihres Seminares: Das Seminar ist die wichtigste Stätte einer wissenschaftlich-fundierten, im Dialog lebenden Rechtskultur. All dies ist gesagt aus deutscher Provinz.

Apresentação traduzida

Saudações, São Paulo, junho de 2018

de **Peter Häberle**

Universidade de Bayreuth

Prezada colega Dra. Ribeiro Santiago, prezados colegas e jovens cientistas do Brasil,

É uma grande alegria e honra que aqui em São Paulo tenha se formado *ad hoc* um pequeno círculo acadêmico que lida com minhas ideias constitucionais. Algo similar aconteceu em meados de maio de 2018, em minha homenagem, no parlamento em Roma. O evento era sobre "o constitucionalismo como um projeto científico". Fui até conectado, em tempo real, via Skype e fiz um discurso na língua suábio-italiana.

Tenho uma ligação especial com o Brasil há muitas décadas. Primeiramente, com a sua exemplar constituição de 1988, mas não secundariamente com amigos juristas como P. Bonavides, Gilmar Mendes, Ingolf Sarlet e A. Maliska.

Sua presidente Dilma Roussef, duramente provada pelo destino, até me concedeu a medalha mais alta de seu país em 2011, o "Cruzeiro do Sul" – uma honra e um compromisso – e a Universidade de Brasília me homenageou com um doutorado honorário. Eu não sei ao certo com qual tema concreto os senhores trabalharão hoje. Deixem-me então apenas mencionar algumas palavras-chave sobre o constitucionalismo de hoje que me parecem particularmente importantes para os senhores.

1) Nós precisamos de uma teoria constitucional material e processual de organizações não-governamentais. Elas se movem entre o estado e a sociedade. Quais são as suas tarefas e limites, qual é o seu *status*? Como se pode criar transparência? Por que as ONGs em países como a Hungria, Turquia ou Rússia são pressionadas pelo Estado? Exemplos incluem a Cruz Vermelha, o *Greenpeace*, a *Human Rights Watch*, os Médicos Sem Fronteiras, Repórteres Sem Fronteiras, organizações de ajuda como o maltês, o WWF, etc. Existe alguma conexão com a sociedade civil e a desobediência civil?

2) No estado constitucional de hoje, o chamado *terceiro poder* está se tornando cada vez mais importante, é basicamente quase o primeiro. Podemos ver isso no Brasil e na terra do insuportável Presidente Trump nos EUA (expressão-chave: freios e contrapesos).

3) Como podemos lutar contra a corrupção que sofremos em muitos Estados? Através de uma comissão anticorrupção ou por um *Ombudsman*? Aumentando a conscientização pública a partir das escolas?

4) A educação não pode ser subestimada: a "Educação para a Constituição" deve começar na escola e ser concluída em universidades como hoje, aqui. Minha antiga dica dos anos 90 é: princípios constitucionais como objetivos educacionais. Podemos falar de uma "generalidade pedagógica da constituição" – apesar de

toda a diversidade pluralista.

5) Minha pergunta para a ciência constitucional no Brasil é: as constituições de seus estados individuais não deveriam ser ainda mais trabalhadas cientificamente? O Brasil é um estado federal vibrante e vejo pouco interesse em cada estado individual. Talvez eu esteja enganado (expressão-chave: "cultura como alma do federalismo").

6) Finalmente, deixe-me lembrá-los da minha antiga ideia, que remonta a 2003 e foi publicada no México. Já existe um direito constitucional comum na América Latina, um *ius commune latinum americanum*, por exemplo, na proteção dos povos indígenas, proteção do meio ambiente, integração latino-americana, esse por mim trabalhado em 1991, em analogia com o direito constitucional da comunidade europeia.

Saúdo a todos e agradeço a sua atenção. Pesquisem e desenvolvam sua constituição instigante no Brasil com paixão e discernimento, esperteza, gratidão e confiança.

Desejo um bom resultado deste seminário: O seminário é o local mais importante de uma cultura legal fundada na ciência e vivendo em diálogo. Tudo isso dito da província alemã.

Prefácio

É com júbilo que ora prefaciamos esta obra em homenagem ao Prof. Dr. Peter Häberle, jurista, internacionalmente aplaudido pela importância de sua grandiosa obra para o estudo do direito constitucional e pela enorme influência de seu pensamento no constitucionalismo brasileiro e mundial.

Com o escopo de divulgar o pensamento desse ilustre professor, esta obra coletiva possibilita um intercâmbio cultural entre juristas, que, com ciência e arte, baseados em rica bibliografia, enfrentam, sob uma perspectiva crítico-reflexiva, temas relevantes como: a ordem econômica no mercado globalizado e o constitucionalismo cooperativo cultural, face as novas regras gerais de proteção de dados (Bruno Torquete Barbosa e Vinicius Mendes e Silva); a concretização do Estado constitucional cooperativo através da promoção do desenvolvimento (Gabriela Eulálio de Lima e Sinara Lacerda Andrade); a concepção da dignidade humana do Estado Social Constitucional brasileiro: uma abordagem a partir de Peter Häberle (Guilherme Massau e Thiago Rafagnin); 30 anos da Constituição de 1988 e a importância de um modelo de Estado resiliente para a *Buegerdemokrate* (Luciana Cristina de Souza); abertura dos intérpretes do constitucionalismo americano (Irene Patrícia Nohara e Daniel Scheiblich Rodrigues); a participação democrática na legitimação das decisões das Cortes Constitucionais (Emerson Ademir Borges de oliveira, Jefferson Aparecido

Dias e Rafael José Nadim de Lazari); a interpretação constitucional como criação do direito: a contribuição de Peter Häberle para o tema pluralismo e constituição (Marcos Augusto Maliska); a paz como pressuposto para o desenvolvimento: um estudo comparativo entre o índice de desenvolvimento humano e o índice global de paz (Mariana Ribeiro Santiago, Ocimar Barros de Oliveira e Vladmir Oliveira da Silveira).

O rico conteúdo desta obra revela firmeza de ideias, criatividade e sensibilidade jurídica de seus co-autores.

Tendo por suporte as relevantes considerações feitas pelo Prof. Dr. Peter Häberle na apresentação deste livro, fazemos algumas ponderações a respeito, como tentativa de resposta àquelas reflexões.

Há, realmente, necessidade de uma teoria material e processual que indique, minudentemente, não só as funções das ONGs (entidades privadas sem fins lucrativos) e os meios para sua concretização (financiamento, doação, verbas públicas, obtenção de produtos e de serviços voluntários etc.), mas também os mecanismos hábeis para evitar a pressão exercida sobre elas pelo governo de alguns países, em razão da forte influência de suas atividades tanto no âmbito interno como no internacional, que visam promover uma causa ou dar uma solução para um desafio social.

As ONGs, que atuam no terceiro setor, são muito importantes para as políticas públicas, em virtude de suas ações tão solidárias e pela sua intervenção na luta contra racismo, discriminação social e sexual, trabalho infantil e defaunação e em prol dos direitos humanos, da imigração, da assistência social, da educação, da saúde de pessoas de classe média, baixa ou baixa, da reforma agrária, da defesa do meio ambiente, dos dependentes químicos, portadores do HIV, das pessoas vulneráveis (crianças e adolescentes; moradores de rua, família de baixa renda, mulheres que sofrem violência doméstica etc.) e dos excluídos do pleno exercício da cidadania.

Bastante expressivas são as atividades das ONGs, pois complementam o trabalho estatal. A Cruz Vermelha e os Médicos sem fronteiras dão uma inestimável ajuda humanitária; Brac, luta contra fome e miséria; *Save the Children*, protege a infância; *Greenpeace*, tutela a vida marinha, oceanos e meio ambiente; *World Wide Funde for Nature* (WWF), tem por finalidade a proteção ambiental. Diante da relevância de seus objetivos, urge uma normatização de suas tarefas que tanto benefício trazem à humanidade.

Prof. Dr. Peter Häberle aponta também o grave problema político da desobediência civil, que, apesar de operar pacificamente, possibilita que um cidadão ou um grupo atue conforme sua consciência, protegido pela Constituição Federal, opondo-se a um princípio constitucional. Há uma relação entre sociedade civil e a desobediência civil, por ser uma postura, que as entrelaça, de uma ou mais pessoas que, por meio de uma ação organizada questiona um direito ou um governo, por considerá-lo injusto, buscando, indiretamente, proteger bens ou interesses da coletividade.

Em país de *common law*, a jurisprudência é a principal expressão do direito, e o judiciário pode criar direito novo. A sua principal fonte é o precedente judicial. Em país de *civil law*, como o Brasil, o judiciário não tem o poder de legislar, apesar disso a ordem jurídica brasileira vem recebendo inclusões de instituições próprias de país de *common law*, como, por ex., as súmulas vinculantes do STF (CF; art 103-A), para: tornar a justiça mais ágil, desafogando o judiciário das ações similares e dos processos repetitivos, visto que o liberaria da análise de questões semelhantes; preservar a interpretação isonômica, eliminando o perigo de decisões contraditórias; eliminar risco de estagnação da jurisprudência, pois as súmulas estarão sujeitas a mecanismo de revisão ou cancelamento. Mas dar obrigatoriedade às súmulas seria colocá-las no mesmo patamar da lei.

O STF usurparia as funções do Poder Legislativo e retiraria dos magistrados o seu livre convencimento e a liberdade de apreciação. Se o juiz decidir contra a Súmula, cabível será reclamação ao STF, que anulará o ato judicial. O judiciário seria um superlegislador, comprometendo a independência do magistrado, que se vê obrigado a prolatar sentença de conformidade com o STF. Em país de Constituição rígida, como o nosso, não há que se falar, em que pese a permissão constitucional, em vinculação judicial às súmulas do STF, pois, em razão da independência da magistratura, o órgão judicante poderá alterar, conforme sua consciência e as circunstâncias do caso, tendo por base a lei e as provas apresentadas nos autos, uma opinião jurisprudencial, anteriormente formulada ao decidir hipótese similar. Os casos *sub judice* não são idênticos, embora possam ser análogos, nada obsta que apresentem divergências que requerem interpretação do julgador.

O ideal seria que o Poder Constituinte Derivado alterasse o art.103-A da CF, para que a Súmula, além de ser suscetível de revisão, tenha eficácia vinculante relativa, sem engessar o pensamento do magistrado, que deverá aplicar a Súmula somente se tiver certeza que contém a solução justa para o caso e se atende à finalidade social. Assim, a Súmula que surgir, após a entrada em vigor de uma norma, não retiraria sua eficácia social. Com a obrigatoriedade da Súmula vinculante temos hoje, no ordenamento jurídico brasileiro, normas vigentes mas sem eficácia social.

O grande desafio é aplicar a norma de forma justa e coerente com a CF e com as demais normas do ordenamento jurídico. Deve-se evitar, em país de *civil law*, como o Brasil, o ativismo judicial arbitrário que vem, infelizmente, conduzindo o poder judiciário a invadir área do legislativo e do poder constituinte derivado ao regulamentar ao arrepio da lei e da CF certos assuntos, criando direito novo, ao fazer uso na subsunção, integração de lacuna e correção de antinomia real de argumentos que levam a crer que a inovação estava contida no ordenamento jurídico. A discricionariedade judicial não pode ser aleatória, deve estar limitada às circunstâncias do caso, às normas aplicáveis e ao comando constitucional, tendo como parâmetros os direitos fundamentais e o respeito à dignidade humana.

Na luta contra a corrupção, interessante seria que houvesse uma comissão anticorrupção, agindo conjuntamente com o *Ombudsman* (MP, delegado parlamentar, ouvidoria pública, por ex.), para aumentar a confiança na atuação governamental. O *Ombudsman*, órgão público que tem o escopo de ouvir reclamações da coletividade sobre outros órgãos, poderia ter maiores subsídios com a atuação conjunta daquela comissão, que agiria em prol dos cidadãos ao conhecer por meio deles as denúncias contra injustiças e distorções de autoridades administrativas ou governamentais.

Assim, o *Ombudsman* poderia com maior eficiência controlar a administração pública e defender os direitos fundamentais dos cidadãos. Essa comissão o ajudaria a proteger as liberdades públicas contra desmandos dos detentores do poder, ao fornecer-lhe informações ou queixas contra omissões ou abusos por eles cometidos. Essa atuação conjunta, parece-nos, que poderia aplainar arestas, melhorando a imagem da administração pública, constituindo um meio para seu aperfeiçoamento, sem que haja conflito com o Poder Judiciário.

Sábias são as palavras do Prof. Dr. Peter Häberle sobre a educação. A educação é um direito de todos e dever do Estado e da família, com a colaboração de toda sociedade. É um direito fundamental social (CF, arts. 6 e 206), indispensável ao pleno desenvolvimento das potencialidades da pessoa, sejam elas físicas ou espirituais; e à transmissão da herança cultural às novas gerações (Eboli, Marisa. *Educação corporativa no Brasil: mitos e verdades.* São Paulo: Gente, 2004. p.32).

A educação é fundamental para o desenvolvimento do país em todos os setores. É imprescindível para que haja uma transformação da sociedade brasileira. Urge uma mudança na conduta do Estado, da família, das instituições de ensino e da sociedade, que garanta o real reconhecimento do direito à educação como essencial à transformação social, dando relevância ao estudo da CF/88 e das Constituiçõe estaduais em todos os níveis de ensino, preparando as futuras gerações para o exercício da cidadania, ao possibilitar qualificação para o trabalho e ao proporcionar conhecimento da vida, cultura técnica e científica e o senso critico, fortalecendo a ideia da importância dos direitos humanos e das liberdades fundamentais. Prof. Häberle propõe transversalidade (Gonçalves, Wilson. Transversalidade: prática educativas e princípio transdisciplinar: implementação na educação. In Gonçalves, W. (org.). Temas de políticas educacionais. Campo Grande-MS: ALJ-MS, 2015. p. 9-48), que é uma metodologia que busca a promoção do conhecimento da vida, da ciência, da técnica, da CF/88, das Constituições de cada Estado federado brasileiro, levando a uma formação integral por adotar um currículo aberto à contextualização da realidade local, regional, nacional e internacional, tendo como ponto nuclear a cidadania e favorecendo a compreensão da realidade brasileira e latino-americana.

Deveras, o direito constitucional comum da América Latina é de grande valia para a integração dos países latino-americanos, dirigida a solucionar problemas comuns relativos às agressões ambientais, aos riscos da cultura predatória, às questões de urgência social, à saúde pública, à proteção da população indígena e à importância do desenvolvimento sustentável.

Com isso poder-se-á não só unificar esforços sociais, econômicos ou não, para a maximização do bem-estar dos índios e do povo latino-americano, preservando o meio-ambiente, por ex., mas também proporcionar uma integração entre os países latino-americanos. Mas, acreditamos que um instrumento normativo seria insuficiente para que se alcance os objetivos almejados, pois, para tanto, haveria necessidade de homogeneidade do desenvolvimento cultural e socioeconômico desses países. As assimetrias existentes poderiam, talvez, gerar a negação do processo integrativo direcionado à melhoria de qualidade de vida e ao desenvolvimento social harmônico para: preservar o meio-ambiente; incrementar o uso racional de recursos naturais e o intercâmbio na área da preservação ecológica; colaborar no domínio da pesquisa científica; proteger o patrimônio cultural e etnográfico da região; zelar pelo comércio a varejo de produtos de consumo local entre os povos da Amazônia; eliminar, gradualmente; os obstáculos no comércio entre as diversas nações etc..

É preciso que essa política integrativa de desenvolvimento procure alternativas que atenuem, sem eliminar, as assimetrias regionais. O direito constitucional comum em prol da integração não entraria em conflito com a soberania de cada nação latino-americana nem com a individualidade e peculiaridade de cada povo.

Como bem observa o prof. Dr. Peter Häberle, não há no Brasil estudos nas universidades versados à análise das Constituições dos seus Estados Federados, salvo em obras doutrinárias. Por que é assim? Sempre fomos Estado unitário. Pontes de Miranda chegou a dizer: "quando não podíamos suportar o burlesco do constitucionalismo monárquico, improvisamos a República, que armou na praça pública de nossa civilização incipiente e heterogênea o vistoso coreto das instituições norte-americanas, enlaivadas de utopia francesa" (Pontes de Miranda. Preliminares para revisão constitucional. In CARDOSO, Vicente   Licínio (org.). À margem da História da República. p.170). Com efeito a Constituição de 1891 trouxe-nos o Federalismo Presidencialista norte-americano, transplante jurídico este que, desde a inadequada cópia na própria denominação do pais - Estados Unidos do Brasil - até o artificialismo de outorgar competência aos Estados federados para elaborar seu próprio Código de Processo, não correspondia à nossa realidade histórica (MONTORO, Franco. Filosofia do direito e colonialismo cultural. Trabalho apresentado ao Congresso Interamericano de Filosofia, 1972. p.3). Esse idealismo utópico continua até os dias atuais, fazendo com que tenhamos, como diz Häberle, "uma cultura com alma de federalismo", num ambiente de absoluta irrealidade por não corresponder à nossa realidade histórico-cultural.

Prof. Dr. Peter Häberle, seus oportunos questionamentos nos levaram a refletir sobre a sua relevância para o progresso da América Latina e do mundo. Registramos aqui nossa enorme admiração pelo jurista que é, destacando-se acima de seus contemporâneos, pela sensibilidade e cultura, que abrem novos rumos para a humanização, que só é alcançada, como ensina em suas obras monumentais, respeitando-se valores consagrados pela CF e direitos fundamentais do cidadão.

Agradecemos sua presença constante e enorme apoio que deu ao histórico evento da Unimar voltado a palestras internacionais, à Revista Argumentum, de cujo Conselho Editorial fazemos parte, e à série Direito em debate, por nós coordenada, a ser editada pela Almedina. Que sua conduta como ser humano e como jurista sirva de exemplo à juventude.

Prefaciar esta obra de excelente qualidade foi, para nós, um privilégio e uma honra, pois o homenageado, jurista de escol, conquistou o respeito de todos pela sua competência, pela sua consciência de saber ser gente, pela devoção ao direito constitucional, abordando sob uma visão holística e renovadora questões que constituem um desafio para a ciência jurídica do Século XXI.

Parabenizamos os coordenadores Mariana Ribeiro Santiago, Vladmir Oliveira da Silveira e Marcos Augusto Maliska e a organizadora Ana Carolina Souza Fernandes pela iniciativa dessa justa e meritória homenagem ao Prof. Dr. Peter Häberle, presenteando a comunidade jurídica com esta obra exemplar, que não só contém estudos valiosos para os que militam na área, como também vem engrandecer a literatura jurídica nacional.

São Paulo, 31 de maio de 2020.

MARIA HELENA DINIZ

Entrevista original*

Prof. Dr. Dr. h.c. mult. **Peter Häberle**

Januar 2018

VORBEMERKUNG:

Der Verf. greift gerne die interessanten Fragen auf, die Frau Professor *Santiago* aus ganz Brasilien „eingesammelt" hat. Ich freue mich sehr über dieses große Interesse und sage gleich vorweg: Alle Ihre Fragen sind besser als meine Antworten. Manchen der guten Fragen kann ich nicht gerecht werden. Dafür bitte ich um Verständnis. Vor allem in Lateinamerika und Spanien ist das *wissenschaftliche Interview* ein bekanntes „Format". Das Besondere an dem folgenden Beitrag liegt in der Tatsache, dass es sich um einen „*kollektiven* Fragebogen" handelt, weil die Fragen von unterschiedlichen Persönlichkeiten gestellt wurden. Frau Prof. *Santiago* hat diese vorbildlich systematisiert, so dass sich heute kaum Wiederholungen ergeben. Der Verf. weist im Übrigen auf seine Conversaciones Académicas con Peter Häberle (hrsgg. von D. Valades) hin, die 2017 schon in 2. Aufl. erschienen

---

* Interview originally published in Revista *Argumentum*, Marília/SP, V. 19, N. 1, pp. 263-287; Jan.-Abr. 2018.

sind (Mexiko City). Indes gibt es heute kaum Überschneidungen mit dieser älteren Publikation. Er dankt allen beteiligten Autoren aus ganz Brasilien, insbesondere Frau Prof. *Santiago,* und er ist glücklich und geehrt seiner wissenschaftlichen Freundschaft mit der brasilianischen Gelehrtengemeinschaft erneut Ausdruck verleihen zu können.

01) How do you understand the Cooperative Constitutional State in the present? Is it a project or a reality in the 21st century? Do you believe that we need a new General Theory of the State to understand and apply the Cooperative Constitutional State in the present? Thinking about constitutionalism multilevels, how to ensure the complementarity and not cause conflicts with possible contrary decisions of different sectors without hierarchy between them? Is there a need to establish hierarchy or some rule to avoid conflict? About Europe, how do you analyze the refugee crisis and the guarantee of their fundamental human rights? Finally, do you believe that Democracy can be considered a dimension / generation of human rights?

Author: Prof. Dr. Vladmir Oliveira da Silveira[1].

Zu 01: Die Idee des „*kooperativen Verfassungsstaates*" habe ich 1978 entworfen. Es handelt sich um einen Idealtypus ebenso wie bei der Hoffnung auf eine „kooperative Weltordnung". Die Realität hinkt in vielem hinterher. Gleichwohl sind die Verflechtungen der Verfassungsstaaten schon heute sehr intensiv.

---

1. Federal University of Mato Grosso do Sul, Mato Grosso do Sul (Brazil) and Pontifical Catholic University of São Paulo, São Paulo (Brazil).

Dies gilt vor allem im Kontext der UN, aber auch in regionalen Verfassungsgemeinschaften wie der EU oder dem Mercosur. Vor allem die Menschenrechtsgarantien – universal, regional und national – vermitteln dem Verfassungsstaat von heute das Element des Kooperativen. Man denke an den Menschenrechtsgerichtshof in Costa Rica oder in Straßburg. Die Welthandelsorganisation mit ihren weltweiten Vernetzungen gehört ebenfalls hierher. Freilich gibt es auch eine nationalistische Gegenbewegung, leider ausgelöst durch den derzeitigen Präsidenten der USA, *Trump*. Er hat kürzlich die Mitgliedschaft der USA in Handelsverträgen und in der UNESCO gekündigt – ein fataler Vorgang insbesondere für die universale Kulturpolitik. Die in langen Zeiten weltweit aufgebauten kooperativen Strukturen in Wirtschaft und Kultur sind durch einen neuen Nationalismus gefährdet. Ich habe freilich Bedenken gegen den Begriff des „multilevel Konstitutionalismus", sofern mit ihm Hierarchiekonzepte verbunden sind. Hier ein Beispiel: In der EU sind die EU-Organe wie das Europäische Parlament oder der EuGH nicht „oben", die Nationalstaaten nicht „unten", vielmehr geht es um Verhältnisse der *Komplementarität*. – Europa und die Flüchtlingskrise ist als Thema ein weites Feld. Aus meiner Sicht war die plötzliche Grenzöffnung durch die deutsche Kanzlerin 2015 im Herbst 2015 in der ersten Woche ein humanitärer Akt, der Anerkennung verdient. Freilich war er nicht mit den anderen EU-Politikern abgesprochen. Grenzsicherung ist im Verfassungsstaat ein unverzichtbarer Auftrag an die staatlichen Organe. *G. Jellinek* unterschied klassisch drei Staatselemente: Staatsvolk, Staatsgebiet, Staatsgewalt. Ich nehme seit Jahrzehnten als

„viertes" oder erstes Staatselement die *Kultur* hinzu. Eine Kanzlerin kann über das Staatsgebiet und die hier verankerte Kultur nicht einseitig verfügen. Nach deutschem Verfassungsrecht ist nur das Asylrecht für politisch Verfolgte unbegrenzt (Art. 16 GG). Über die Zuwanderung, z.B. für Facharbeiter, entscheidet jeder Staat selbst nach eigenen Kriterien. Man denke an die Beispiele in Kanada oder in den USA. Speziell in der EU ist der staatliche Schutz der Außengrenzen unverzichtbar. Es gibt kein Menschenrecht auf Zuwanderung! Im EU-Europa verlangt freilich das Verfassungsprinzip der Solidarität, dass die nun einmal gekommenen Flüchtlinge auf die Mitgliedsstaaten proportional verteilt werden. Einmal im Lande, haben die Angekommenen alle internationalen und nationalen Grundrechtsgarantien.

Meines Erachtens gibt es ein *Grundrecht auf Demokratie*, das direkt aus der Garantie der Menschenwürde folgt, in Deutschland aus Art. 1 Abs. 1 GG. Diese Theorie habe ich erstmals im Jahre 1987 in Band 1 des Handbuchs des deutschen Staatsrechts entwickelt. Das BVerfG hat sie kürzlich übernommen. In Deutschland wurde lange Zeit die Menschenwürde unpolitisch verstanden. Aus meiner Sicht gehören die Menschenwürde und die freiheitliche Demokratie eng zusammen. Konkret: Art. 1 und 20 GG sind zusammen zu lesen. Mit anderen Worten: die Demokratie ist die organisatorische *Konsequenz* der Menschenwürde. Wie sie im Einzelnen ausgestaltet ist, bleibe offen. Sie kann eine „halbdirekte Demokratie" sein, wie in der Schweiz, sie kann aber auch primär nur repräsentativ sein, wie im deutschen Grundgesetz. Wichtig ist mir nur, dass die Teilhabe am politischen Leben, z.B. durch Wahlen und Volksabstimmungen, direkt zur Würde des Menschen gehört. Der viel zitierte „mündige Bürger" vollendet sich durch seine Teilhaberechte in der pluralistischen Demokratie. Würde z.B. sein Recht auf faire und gleiche Wahlen in Frage gestellt, wäre er im Kern seiner Identität getroffen. Auch kulturelle Grundrechte, etwa der Eingeborenen in Lateinamerika, sind unverfügbar, weil sie zur Würde des Menschen gehören. In Deutschland gibt es eine Vielzahl von Theorien zur Menschenwürde, die hier nicht im Einzelnen aufgeführt werden können, etwa die sogenannte Objektformel: der Mensch darf nicht zum Objekt staatlicher oder gesellschaftlicher Verfahren gemacht werden, oder die Identitätsphilosophie: der Mensch darf nicht in seiner persönlichen Identität verletzt werden.

02) How to reconcile the Cooperative Constitutional State in face of the hardening of discriminatory movements against the assumption of minority rights? How to promote the Cooperative Constitutional State at a time when the national state is in crisis, due to the new financial capitalism, which presupposes the concentration and delegation of power to non-states structures?

Author: Prof. Dr. Valesca Raizer Borges Moschen[2] e Prof. Odilon Borges[3].

Zu 02: Diese Frage ist besonders schwer zu beantworten. Der Verf. verfügt nicht über die Erkenntnisse des „Weltgeistes" i.S.

---

2. Federal University of Espírito Santo, Espírito Santo (Brazil).
3. Federal University of Espírito Santo, Espírito Santo (Brazil).

von *Hegel* und er hat auch nicht eine „Weltübersicht" i.S. von *Goethe*. Hier nur einige Stichworte: Kollektive und individuelle Minderheitsrechte finden sich im internationalen Recht und in nationalen Verfassungen. Sie werden in vielen Ländern durch Verfassungsgerichte effektiv geschützt. Diskriminierende Akte, wie sie derzeit in den USA zu befürchten sind, müssen politisch oder/und juristisch verurteilt werden. Wie man sieht, ist die Dritte Gewalt, gerade in den USA, *das* Bollwerk gegen Diskriminierungen, die Präsident *Trump* verordnet hat. Überhaupt ist anzumerken, dass es mindestens drei reale Schutzmächte gegen Grundrechtsverstöße gibt: freie Wahlen, eine freie Presse und die Dritte Gewalt der Gerichtsbarkeit. Die vom neuen Finanzkapitalismus verursachten Krisen sind eine große Gefahr für den Verfassungsstaat. Man denke an Steueroasen oder gezielte Steuerumgehungen, auch horrende Spekulationsgewinne. Hier leisten speziell in Europa die Staaten viel zu wenig. Man denke an Steuerparadiese wie Luxemburg und die Niederlande. Der öffentlichen Meinung in den einzelnen Ländern oder in Europa im Ganzen käme hier die Aufgabe zu, effektiv einzuschreiten und Grenzen zu ziehen (z.B. durch Transparenz). Mehr kann dazu die Wissenschaft nicht sagen. Der kooperative Verfassungsstaat als Ideal ist nie sicherer Besitz, er muss immer wieder neu erarbeitet werden. Hier gibt es immer wieder große Rückschläge, sogar im „Verfassungsverbund" der EU, wie man an dem Beispiel Ungarns, Polens und der Tschechei sieht, die keine Asylberechtigten aufnehmen wollen oder wie in Polen vom Verfassungsprozessrecht her den Rechtsstaat relativieren wollen. Die Möglichkeiten des Wissenschaftlers, übermächtige politische

Prozesse zu steuern, sind begrenzt. Gefordert ist gleichwohl *wissenschaftlicher Optimismus* und der immer wieder neue Versuch, gegen die Herrschaft des Kapitals vorzugehen. Das beginnt im sozialen Arbeitsrecht mit entsprechenden Arbeitnehmerrechten und endet im Kampf gegen internationale Konzerne, z.B. die sogenannten Hedge-Fonds. Ich selbst verstehe zu wenig von der Ökonomie und kann nichts Besseres antworten. Wichtig ist nur die Erkenntnis, dass die Wirtschaft um des Menschen willen da ist und nicht umgekehrt. Ebenso ist für eine „demokratiekonforme Wirtschaft" zu plädieren, nicht für eine wirtschaftskonforme Demokratie, wie die deutsche Kanzlerin *Merkel* leider einmal formulierte. Der Markt ist nicht das Maß aller Dinge. Zu erinnern ist auch an die klassische Idee der Gewaltenteilung, sie besteht nicht nur in staatlicher Hinsicht zwischen den drei Gewalten, sondern auch in *gesellschaftlicher* Hinsicht. So muss die Welt der Medien von der Pluralismus-Idee beherrscht sein (vor allem Rundfunk und Fernsehen, so die Judikatur des BVerfG). Auch die Wirtschaft braucht gewaltenteilige Strukturen. Übermäßige Konzentration und Machtmonopole müssen bekämpft werden. Die Frage ist nur, welche politischen Mächte solche Ziele verfolgen und durchsetzen können.

03) Are the marked differences in the political system of Latin America, still based on a conception of sovereignty, where the presence of the State is more referential, able to oppose to the idea of the Cooperative Constitutional State? If the basis of the Cooperative Constitutional State are the processes of integration between national and international regulations, how to

interpret this theory in cases of disruption, as in the example of Brexit? Would this fact be the absolute denial of the idea of the Cooperative Constitutional State?

Author: Prof. Dr. Wagner Menezes[4].

Zu 03: Ich bin vorsichtig bei der Bitte *Lateinamerika* zu beurteilen, ich bewundere nur den lateinamerikanischen Konstitutionalismus, wie er sich in vortrefflichen Verfassungstexten, etwa in Kolumbien und Brasilien sowie in der kongenialen Judikatur der dortigen Gerichte zeigt. Die lateinamerikanische Integration, hier in Gestalt der Zusammenarbeit von Wissenschaftlern, insbesondere Staatsrechtslehrern, des Austausches in den Entscheidungen der hohen Gerichte und der Theorien einzelner Staatsrechtslehrer, verdient viel Beifall, gerade auch aus Europa. – Zu Ihrer Frage in Bezug auf den *Brexit* Großbritanniens. Dieser wurde mit knapper Mehrheit der abgegebenen Stimmen der beteiligten Bürger beschlossen. Demokratie, verstanden als Mehrheitsdemokratie, steht hier gegen die Idee des kooperativen Verfassungsstaates. Zwar versuchen die Beteiligten einen „kooperativen Brexit", indes ist der Brexit für die „Welt des Verfassungsstaates" eine Katastrophe und für Europa ein Desaster. Gewiss: Großbritannien und die EU arbeiten an neuen Elementen der Kooperation außerhalb der EU, es gibt hier schon geglückte Modelle, etwa im Blick auf die Schweiz oder Norwegen. Gleichwohl ist der Brexit ein Rückschlag für die Idee vom kooperativen Verfassungsstaat, wie er besonders intensiv gerade innerhalb der EU seit Jahrzehnten vorangetrieben worden ist. Als

---

4. University of São Paulo – USP, São Paulo (Brazil).

Verfassungsjurist muss man sich immer wieder eingestehen, dass die Wirklichkeit die noch so guten Theorien leugnen oder überrollen kann. Dies sind die bitteren Stunden für die Vergleichende Verfassungslehre, so wie wir dies auch bei der völkerrechtswidrigen Annexion der Krim durch Russland oder beim illegalen Einmarsch der USA im Irak erlebt haben.

04) Based on your reflections on constitutional law that maintains a certain openness to the international level, do you believe that the constitutional principles of international relations, Art. 4 of the Brazilian Federal Constitution (Bosnia Herzegovina - Preamble, Art. II, 1, 2 e 8, Art. III, 2, a -; Burkina Faso - Preamble -; Cape Verde - Art. 10; Djibouti - Art. 9 e Art. 22-; Iraq - Art. 8 -; Ireland - Art. 29, 1,2 e 3 -; Italy - Art. 11 -; Kazakhstan - Art. 8 -; Mozambique - Art. 17, 1, e Art. 19 -; Nicaragua - Art. 5, 8-; Norway - Art. 115-; Oman - Art. 10-;Philippines - Art. 2, 2-; South Sudan - 43 -; Sudan - Art. 17-; Suriname - Art. 7 -; Taiwan - Art. 141 -; Togo - Preamble -; Uzbekistan - Art. 17 -; Vietnam - Art. 12 -; Zimbabwe - Art. 12, 1, b e c, 2 -; Portugal - Art. 7, 1, 2 e 3 -; Venezuela - Art. 152 -; Paraguay - Art. 143, Art. 144 -; Equator - Art. 416 -; Bolivia - Art. 255 -; Dominican Republic - Art. 26 -; Afghanistan - Art. 8 -; Algeria - Art. 27, Art. 28 -; Angola - Art. 12, 1, 2 e 3 -; Bangladesh - Art. 25 -; Belarus - Art. 18 -; Bhutan - Art. 9, 24 -), constitute a kind of international consensus and could somehow be the constitutional basis for the formation of an "international constitution"?

Authors: Prof. Dr. Guilherme Camargo Massaú[5] e Prof. Thiago Ribeiro Rafagnin[6].

Zu 04: Das nationale Verfassungsrecht der heutigen Entwicklungsstufe ist in der Tat durch viele Elemente der Offenheit gegenüber der Welt gekennzeichnet. Sie haben eine hervorragende Zusammenstellung dessen geleistet, was die vielen Länder an Textstufen in Sachen Weltoffenheit geschaffen haben. Teils wird Bezug genommen auf die internationalen Menschenrechte, teils wird internationale Kooperation normiert, teils der internationale Frieden und die internationale Gerichtsbarkeit beschworen. Wir sprechen bei uns gern von „offener Staatlichkeit". Ich habe vorgeschlagen, von *nationalem Weltverfassungsrecht* zu sprechen. Dafür gibt es vor allem Beispiele in der Schweiz, föderal und kantonal. Die Welt soll durch verfassende Elemente von den Nationalstaaten her strukturiert werden, etwa in Sachen Menschenrechte, Frieden, Zusammenarbeit, Humanität und Gerechtigkeit. All dies sind Elemente dessen, was aus meiner Sicht „universale Verfassungslehre" genannt werden kann (2013). Auch Hinweise auf die internationale Gerichte und die friedliche Schlichtung von internationalen Streitigkeiten gehört hierher. Aus meiner Sicht handelt es sich schon um „universale Teilverfassungen", die komplementär sind zum nationalen Verfassungsrecht der betreffenden Länder. Es ist zu hoffen, dass dieses nationale Weltverfassungsrecht immer mehr wächst und sich die nationalen Verfassunggeber in Zukunft um neue Themen,

---

5. Federal University of Pelotas, Rio Grande do Sul (Brazil).
6. Federal University of Western Bahia, Bahia (Brazil).

Instrumente und Verfahren in dieser Hinsicht bemühen. Ihre vielen Beispiele aus aller Welt ermutigen; sie zeigen auch, was die weltweite kontextuelle Verfassungsvergleichung leisten kann. Ich gratuliere zu dieser systematischen Zusammenstellung von Texten.

05) According to your view, are there aspects within International Constitutional Law that indicate the existence of a universal constitutionalism? What would be the legal *diplomas* already enacted under international law that make up this global constitutional system? Would it be feasible to create an International Constitutional Court to deal with such constitutional matters in international law?

Authors: Prof. Dr. Lívia Gaigher Campello[7] e Prof. Gustavo Santiago Torrecilha Cancio[8].

Zu 05: Unmittelbar daran anschließend ist die Frage nach einem *Internationalen Verfassungsgericht* naheliegend. Wir vergegenwärtigen uns: Es gibt schon eine Reihe Internationaler Gerichte, die ich als „Teilverfassungsgerichte" bezeichne. Man denke an den IGH in Den Haag, an die UN-Tribunale für Ruanda und Ex-Jugoslawien. Diese Internationalen Teilverfassungsgerichte sind für bestimmte Materien *begrenzt* eingerichtet. Nur der IGH in Den Haag ist ein ständiger Gerichtshof. Hinzuzunehmen ist auch der neue Internationale Strafgerichtshof nach dem Statut von Rom (auch in Den Haag). Aus meiner Sicht

---

7. Federal University of Mato Grosso do Sul, Mato Grosso do Sul (Brazil).
8. Federal University of Mato Grosso do Sul, Mato Grosso do Sul (Brazil).

wäre es unrealistisch, einen allgemeinen Gerichtshof generalklauselartig für alle verfassungsrechtlichen Materien im Internationalen Recht zu schaffen. Es wäre eine Überforderung dessen, was Richter heute leisten können. Empfehlenswert ist es, eher *punktuell* einzelne Materien einem Gerichtshof zu unterwerfen, man denke an Aspekte des Klimawandels bzw. des Umweltschutzes, auch des Handels. Ein Weltgerichtshof bleibt eine Utopie im Geiste *Kants*, aber eine notwendige, um langfristig die Welt Schritt für Schritt besser zu machen. Auch die nationale Verfassungsgerichtsbarkeit hat sich in Europa erst in langer Zeit schrittweise entwickelt, sie lebt heute sogar unter dem deutschen GG nur nach dem Enumerationsprinzip. Vielleicht können wir auch auf das Paradigma von der Stückwerktechnik von *Popper* verweisen. Der kritische Rationalismus von *Popper* ist aus meiner Sicht für die vergleichende Arbeit am Verfassungsstaat ganz allgemein hilfreich – sofern er durch die Kultur grundiert wird: der kooperative Verfassungsstaat aus Kultur und als Kultur (2013).

06) In your article "The strength of integration of the Constitution", published in Argumentum Journal of Law (2017), you mention the limits of the communitarization processes, among others, the principle of subsidiarity and the attempt to establish a "doctrine of European constitutional law". In this context, on the aspect of integration, with the authorization of the accession of the European Union to the European Convention on Human Rights, what is the role of the interpreter of the Constitution in this moment of transition, in which the

European Union is allowed to accede to the European Convention on Human Rights, but there is still no agreement reached for the protection of human rights in the doctrine of European constitutional law?

Authors: Prof. Dr. Anair Isabel Schaefer[9] e Prof. Priscilla Saraiva Alves[10].

Zu 06: Der Prozess der Vergemeinschaftung in Europa muss stärker als bisher dem Grundsatz der *Subsidiarität* folgen, sie verdankt sich der katholischen Soziallehre. Es gibt sogar dem Text nach die Möglichkeit einer „Subsidiaritätsrüge". Sie wird im europäischen Verfassungsrecht in der Praxis zu selten erhoben. „Brüssel" ist vorzuwerfen, dass es eine Neigung zur Zentralisierung entwickelt hat. Gerade heute ist hier Vorsicht am Platz. Wir unterscheiden zwischen dem Europarecht im *engeren* Sinne der EU und dem Europarecht im *weiteren* Sinne des Europarates in Straßburg. Es ist bedauerlich, dass der EuGH in Luxemburg in einem Gutachten den Weg vom EuGH zur Europäischen Konvention der Menschenrechte versperrt hat. Im Übrigen habe ich jüngst eine neue Theorie versucht: Europarechtswissenschaft als *Kulturwissenschaft*. Dieser Vortrag ist schon in Granada sowie in anderen Zeitschriften erschienen (z.B. in Peru). Das, was Europa auszeichnet, ist seine vielfältige *Kultur*. Diese zeigt sich nicht nur in der Sprachenvielfalt, sondern auch in Gestalt der sogenannten Kulturhauptstädte. Europas Identität ist greifbar in seiner *Kultur*: sie zehrt vom reichen kulturellen Erbe von Jerusalem, Athen und

---

9. Dom Bosco University, Rio Grande do Sul (Brazil).
10. Federal University of Rio Grande do Sul, Rio Grande do Sul (Brazil).

Rom bis nach Bologna, Paris und London. Genannt sei die griechische Philosophie und das römische Recht, auch die Romanik, Gotik und Renaissance. Erwähnt sei auch die klassische Musik vieler Jahrhunderte von der Gregorianik bis zur zweiten Wiener Schule. Diese Musik ist eine Weltsprache, sie stammt aber aus Europa. Renaissance, Humanismus, Aufklärung, sowie Judentum und Christentum kommen hinzu. Diese Rückbesinnung auf die Kultur (auch die Menschenrechte und den Rechtsstaat) könnte aus der gegenwärtigen Krise der EU herausführen. Die viel zitierte Pariser Rede des französischen Staatspräsidenten *Macron* an der Sorbonne geht wohl in diese Richtung, wenn er zwanzig wahrhaft europäische Universitäten fordert. Im Übrigen gibt es seit langem genuines „Europäisches Verfassungsrecht", nicht mehr nur das Europarecht der Gründerzeit. Es gibt auch schon „gemeineuropäisches Verfassungsrecht" (1991) – wie das alte Jus commune. Im Übrigen wird derzeit diskutiert, ob man die EU in zwei Geschwindigkeiten entwickeln soll, ein Kerneuropa mit den alten Nationalstaaten und ein weniger vergemeinschaftetes Europa am Rande (Stichwort: variable Geometrie). Die in diesen Tagen diskutierte Einbeziehung von Ländern des Weltbalkans, etwa Serbiens, Monte Negros und sogar Mazedoniens, erscheint mir zu verfrüht.

07) Has your pluralist conception of human rights originated only in the light of Eurocentric experiences or has it also been influenced by non-Eurocentric experiences?

Author: Prof. Dr. José Edmilson de Souza Lima[11].

Zu 07: Ich muss einräumen, dass meine ursprüngliche Grundrechtstheorie aus den Jahren 1962 (Die Wesensgehaltgarantie des Art. 19 Abs. 2 GG, 3. Aufl. 1983, mehrere Übersetzungen) sowie 1971 („Grundrechte im Leistungsstaat") primär eurozentrisch konzipiert war. Mit meiner verfassungsvergleichenden Arbeit und mit dem Blick nach Übersee habe ich erst Ende der 1980er Jahre begonnen. Nur die Schweiz kam schon früher in mein Gesichtsfeld, da sie sich früh durch viele schöpferische Verfassungsreformen auf Kantonsebene auszeichnete. Heute lerne ich viel vom Verfassungsrecht ferner Länder in Übersee. Ich denke vor allem an die Themen des Schutzes der Eingeborenen und die Garantie der kulturellen Identität der Bürger und anderes mehr (etwa das Menschenrecht auf Wasser und Nahrung). Hier hat das Internationale Verfassungsgericht in Costa Rica noch viel zu leisten.

08) In your opinion, the constitutional interpretation needs to be placed and examined as broadly as possible from an open, pluralistic and procedural model of society, with new mechanisms of participation in the politically-constitutional process, eminently public, in order to contemplate the complexity of democratic societies. How to decide the conflicts arising from different behaviors determined by social groups such as the sacrifice of animals in religious cults?

---

11. University Centre of Curitiba, Paraná (Brazil).

Author: Prof. Dr. Heron Gordilho[12].

Zu 08: 1975 habe ich das Paradigma von der offenen Gesellschaft der Verfassungsinterpreten entwickelt. Es war letztlich, mir selbst damals noch nicht bewusst, geleitet von der Reformation bzw. dem Protestantismus von *Martin Luther*: Priestertum aller Gläubigen. Meine These: Wer die Verfassung *lebt*, interpretiert sie auch mit. Dies bewahrheitet sich etwa bei der Relevanz der Wissenschaftler und Künstler für die Wissenschafts- und Kunstfreiheit (Stichwort: Berücksichtigung des Selbstverständnisses der Wissenschaftler und Künstler). Die offene Gesellschaft muss freilich kulturell grundiert bleiben, sonst stürzt sie ins Bodenlose. Aus der gemeinsamen Kultur aller Bürger speist sich der bürgerliche Zusammenhalt. Gewiss, die Komplexität demokratischer Gesellschaften nimmt zu. Doch darf es zu keinen „Parallelgesellschaften" kommen. Der *Grundkonsens* freiheitlicher Demokratien muss von allen immer neu erarbeitet werden. Dabei sind auch Randgruppen, etwa Ausländer, zu integrieren. Doch müssen diese guten Willens sein. Die Religionsfreiheit hat ihre Grenzen, man denke an verbotene Menschenopfer oder das Opfer von Tieren heute. Vermutlich sehen sich die Länder in Lateinamerika angesichts der Kultur der Eingeborenen solchen Fragen gegenüber. Ich selbst kann leider dazu wissenschaftlich nicht mehr beitragen und bitte um Nachsicht. Hier noch ein Hinweis auf ein Defizit. Es fehlt bislang eine Verfassungstheorie der NGO's, unter Hinweis auf Aufgaben, Strukturen, Verfahren und Grenzen. Sie gehören zur

---

12. Federal University of Bahia, Bahia (Brazil).

„Zivilgesellschaft“. Diese wird viel zitiert, und in Deutschland müsste man sich mit dem auf *Hegel* zurückführenden Unterschied zwischen Staat und Gesellschaft befassen.

09) In the context of an open society of interpreters of the constitution, who holds, if it is possible for "anyone" to hold it, the last decision on constitutional interpretation?

Author: Prof. Dr. Marcelo Cattoni[13].

Zu 09: Aus meiner Sicht gibt es entgegen der Auffassung des deutschen BVerfG, das uns so kostbar ist, keine „letzten Worte“. Auch die Staatsrechtslehre als Wissenschaft kann nicht für sich in Anspruch nehmen „letzte Worte“ zu formulieren. Die Auslegung der Verfassung ist ein *ständiger* öffentlicher Prozess, in dem und an dem viele Akteure beteiligt sind. So wichtig Verfassungsgerichte sind: sie können nicht die Autorität des „letzten Wortes“ in Anspruch nehmen. An dieser Stelle ist auch an die glückliche Erfindung von verfassungsrichterlichen *Sondervoten* zu denken, es gibt sie in Deutschland, Spanien und in Straßburg, nicht jedoch am EuGH in Luxemburg. Ich spreche gern von „Alternativjudikatur“ (im Sinne meines alternativen Denkens). Ich erinnere auch an die Praxis der Sondervoten am US-Supreme-Court. Sondervoten können im Laufe der Zeit normative Kraft entfalten und die vorläufige Mehrheitsmeinung der Richter buchstäblich „überholen“. Dazu gibt es Beispiele aus der jüngeren Judikatur des deutschen BVerfG, etwa in Sachen

---

13. Federal University of Minas Gerais, Minas Gerais (Brazil).

Privateigentum.

10) You defend that it is not possible to deny the "communication between norm and fact" (*Kommunikation zwischen Norm und Sachverhalt*) and, therefore, that it is necessary for constitutional judges to adopt expanded means of information. This is an important critique of the traditional view of the Kelsenian matrix on the scope of so-called "abstract control" of the constitutionality of laws. Over time, it was possible to see that many techniques can be adopted to achieve this goal of improving the communication between constitutional norm and facts. One of the best known is inspired by your theory that the interpretation of the constitution must be open to the democratic community in order to ensure rational and constitutional dialogue between the Supreme Court and society. Brazil has adopted this theory and the Federal Supreme Court has already tried out 22 public hearings and has engaged in *amici curiae* dialogue in abstract control for 19 years. After seeing these procedures being implemented in Brazil and in other countries, do you understand that your theory has been sufficiently tested? Does the Brazilian case have some importance for the confirmation (or not) of your hypotheses about the scope and possibilities of dialogical mechanisms to improve democracy by open interpretation of the constitutional text?

Author: Prof. Dr. Carlos Luiz Strapazzon[14].

------

14. University of Western Santa Catarina, Santa Catarina (Brazil) and Positivo University, Paraná (Brazil).

Zu 10: Es gibt einen intensiven Zusammenhang zwischen Norm und Sachverhalt. Der Positivismus kann ihn nicht abbilden. Die offene Gesellschaft der Verfassungsinterpreten (1975) ist von einem doppelten Ansatz her geprägt: von einem grundrechtstheoretischen und von einem demokratiebegründeten Ansatz aus. So kommt es zu einem Dialog zwischen dem Verfassungsgericht und der Gesellschaft bzw. der Bürgergemeinschaft (Stichwort: Bürgerdemokratie, Zivilgesellschaft). Zu meiner Freude hat sich das Bundesgericht in Brasilia in vielen Fällen dank der Ideen von Professor *Mendes* der Instrumente des öffentlichen Hearings und des amicus curiaes bedient. Es kommt zu intensiven und weitgreifenden verfassungsrechtlichen Dialogen. Dies kann gar nicht überschätzt werden. In Europa spricht man derzeit auch neu vom Dialog der Verfassungsgerichte, z.B. zwischen Madrid, Rom und Karlsruhe bzw. den Gerichten in Luxemburg und Straßburg. Ich weiß nicht, ob andere Nationen schon ähnliche Wege gehen. Vonnöten ist eine reife Demokratie und ein sehr professionell arbeitendes Verfassungsgericht, wie dies in diesem Fall in Brasilien gelungen ist. Mir fehlt die „Weltübersicht" eines *Goethe,* um sagen zu können, ob es andere Instrumente des Dialoges auf anderen Kontinenten gibt. Ich weiß nur, dass etwa Peru sein Verfassungsprozessrecht sehr verfeinert hat. Auch Chile und Kolumbien sind auf guten Wegen. Meine Theorie vom Verfassungsprozessrecht als „konkretisiertes Verfassungsrecht" ist hier einschlägig. Die nächste Generation der Wissenschaftler weltweit muss um offene Verfassungsinterpretation in diesem Sinne ringen. Den Internationalen Verfassungsgerichten wie in Costa Rica oder Straßburg käme hier eine neue Aufgabe zu. Ich danke auch hier für die hervorragende Frage.

11) Your most influential book in Brazil, "Constitutional hermeneutics - The open society of the interpreters of the Constitution: Contribution to pluralist interpretation and 'procedural' of the Constitution", provided a major reform in Brazilian constitutional law. Great example is the jurisprudential insertion in the Federal Supreme Court of the possibility of procedural collaboration of the *amicus curiae*, a model later inserted in national legislation as a procedural rule open to numerous cases, no longer restricted to constitutional issues. After a few years of this work, what is the current challenge to concretize this constitutional opening? What is the future of the "open society"?

Author: Prof. Dr. Daniel Barile da Silveira[15].

Zu 11: Ich verfolge dankbar, dass in Brasilien der Ansatz, mit der offenen Gesellschaft der Verfassungsinterpreten im Verfassungsgericht Ernst zu machen, aufgegriffen worden ist. Ich meine jedoch, dass nur in *spezifisch verfassungsrechtlichen* Fällen mit diesem prozessualen Ansatz gearbeitet werden sollte. Im Strafrecht und im Zivilrecht, auch im Steuerrecht, geht es nicht in diesem Sinne um Offenheit. Ich vertrete eine sogenannte *bereichsspezifische Methodenlehre*: im Verfassungsrecht muss anders argumentiert werden als etwa im Strafrecht als typischen „Eingriffsrecht". – Die Zukunft der offenen Gesellschaft im Sinne

---

15. University of Marília, São Paulo (Brazil).

Poppers ist heute vielen Gefahren ausgesetzt, man denke an die autoritären Strukturen, die in Polen und der Türkei heranwachsen, auch an den vielzitierten Populismus, der wohl dem US-Präsidenten *Trump* zur Macht verholfen hat. Gefahren drohen auch vom *Internet* her. Es darf kein rechts- und staatsfreier Raum sein. Die sozialen Medien geben leider den Fake news Spielraum. Gegen Lügen und Falschnachrichten muss der Verfassungsstaat um der Wahrheit willen mit allen ihm möglichen Verfahren und Instrumenten vorgehen. Ich habe vor Jahren ein Buch veröffentlicht zum Thema: „Wahrheitsprobleme im Verfassungsstaat". Die sogenannten Wahrheitskommissionen wie in Südafrika und zuletzt in Tunesien sind gelungene Erfindungen der dortigen offenen Gesellschaften. Heute muss Neues geschaffen werden, um die offene Gesellschaft zu bewahren. Die staatliche Justiz mit ihrem tagtäglich praktizierten Wahrheitspostulat bleibt unverzichtbar.

12) About your considerations on the proper "time" for State's reform and the "cost" of its neglect for the society, presented in the article "The Constitutional State and its reform requirements" (2000), almost two decades of these reflections had passed and during those years governments developed many actions aiming at effective constitutional provisions on good governances practices. Considering the Latin America scenario, especially Brazil, which measures could you your lordship could point as the main success cases regarding the openness of State to include citizens in decision-making? At the same time, which are the most serious problems that jeopardize the opening of the

formal democracy proposed by social actors? One believe that occurred a throwback in the last biennial in Brazilian deliberative democracy, for this reason, which would be now the Supreme Court role in front of this challenges?

Author: Prof. Dr. Luciana Cristina de Souza[16].

Zu 12: Ich habe in der Tat vor vielen Jahren darüber nachgedacht, wie ein Verfassungsstaat den richtigen Zeitpunkt für Verfassungsreformen ergreifen kann: das „Momentum", der „kairos". Dieses Problem ist ein Ausschnitt des Themas „Zeit und Verfassung" (1974), das jüngst in Lima als Buch in spanischer Sprache wieder erschienen ist. Über die allgemeine Lage Brasiliens zu sprechen, erlaube ich mir nicht recht. Einerseits bin ich Ihrem Land aus vielen Gründen freundschaftlich verbunden, andererseits bin ich nicht über alle Gefahren genau informiert. Gefährlich ist sicherlich die oft genannte Korruption auf vielen Feldern. Ich weiß nicht, wie man diesem Defizit in der politischen Kultur Ihres Landes abhelfen soll. Entwickelt werden müsste schon in den Schulen eine Art Bürgerethik. Zu denken ist auch an spezielle staatliche Korruptionsbeauftragte oder Kommissionen (Ombudsmann). Ihr Bundesgericht in Brasilia leistet hier als Bollwerk gegen die Exekutive schon viel. Überhaupt erweist sich, dass die Dritte Gewalt in Brasilien viel Vertrauen verdient und verlangt. Zu erwägen wäre auch ein Mehr an direkter Demokratie, wie dies die Schweiz vorlebt. Der Bürger hat doch ein feines Gefühl in Sachen Korruption oder Amtsmissbrauch. Vielleicht bin in dieser Hinsicht auch ein wenig zu optimistisch oder

---

16. Milton Campos Law School, Minas Gerais (Brazil)

gar naiv? Ich danke jedenfalls für diese Frage, die ich nicht gut beantworten kann.

13) How do the transformations of communication through social media impact the open society of interpreters of the Constitution? What are the positive and negative points that you identify for the democratic debate, since it ends up being influenced by the immediate furor of what "viralizes" in the internet, as opposed to a list of public interests that ends up being, therefore, forgotten, because of this phenomenon?

Author: Prof. Dr. Irene Patrícia Nohara[17].

Zu 13: Die Transformation der *Medienwelt* verlangt nach ganz neuen Verfahren, Instrumenten und Institutionen. Einerseits gibt es manche positive Punkte der zunehmenden Intensivierung und Aktivierung des demokratischen Prozesses. Andererseits sehen wir uns großen Gefahren gegenüber. Ich habe vom Kampf gegen fake news schon gesprochen, auch von der Vertrauensrolle der Dritten Gewalt. In Deutschland ist ein sogenanntes „Netzwerkdurchsetzungsgesetz" sehr umstritten, weil es den Medien das Recht gibt, ohne richterliche Grundlage Hassnachrichten zu löschen. In Frankreich ist ein ähnliches Gesetz angekündigt worden. Mehr kann ich leider nicht sagen.

14) From the premises of the society of the interpreters, is it possible that freedom of expression becomes a "freedom to

---

17. Mackenzie Presbyterian University, São Paulo (Brazil).

misinform", as one observes with fake news?

Author: Prof. Dr. Sandro Marcelo Kozikoski[18].

Zu 14: Wenn man von der offenen Gesellschaft der Verfassungsinterpreten her denkt, dann darf es keine Freiheit zur Desinformation geben. Leider ist die Abgrenzung von Information und Desinformation schwierig. Die Meinungsfreiheit ist bekanntlich einer der wichtigsten Grundlagen der Demokratie, doch muss sie auch ihre Grenzen haben, etwa im Persönlichkeitsrecht und Privatheitsschutz der Betroffenen. Auch Geheimhaltungsvorgänge im Interesse des Staatswohles sind zu bedenken. Auch bei dieser Frage kann ich leider nur rudimentär antworten.

15) What is the approximation and main difference between the "open society of interpreters of the Constitution" thesis and the normative theories that defend the influence of public opinion on the decisions of the constitutional courts as a kind of "sociological legitimating" of the constitutional jurisdiction?

Author: Prof. Dr. Carlos Alexandre de Azevedo Campos[19].

Zu 15: Mein Paradigma von der offenen Gesellschaft der Verfassungsinterpreten (1975) lebt vor allem von dem Gedanken, dass man den Blick auf die *Akteure*, d.h. die Beteiligten bei der Verfassungsauslegung richtet. Dieser Kreis der Beteiligten ist offen. Der Begriff der öffentlichen Meinung ist mir zu wenig strukturiert und zu allgemein. Von *Hegel* stammt der Satz: In der

---

18. Federal University of Paraná, Paraná (Brazil).

19. Rio de Janeiro State University, Rio de Janeiro (Brazil).

öffentlichen Meinung ist alles Wahre und Falsche zugleich. Gegen den Begriff der soziologischen Legitimierung der Verfassungsgerichtsbarkeit würde ich mich nicht wenden. Doch möchte ich mich nicht allgemein auf die Schiene der Soziologie drängen lassen. In der Verfassung ist die Wirklichkeit mitgedacht (Stichwort: Wirklichkeit der Verfassung, wirklichkeitsorientierte Verfassungsinterpretation). Im Übrigen: die offene Gesellschaft ist kein Tor zur Beliebigkeit. Sie ist rechtlich strukturiert und kulturell grundiert. Sie ist „verfasste Gesellschaft".

16) How do you analyze "judicial activism" for interference in political issues and their repercussions on democracy, development, stability and credibility of institutions, especially when political decisions actually seem inadequate in their content, causing popular outcry.

Authors: Prof. Dr. Mariana Ribeiro Santiago[20] e Prof. Dr. Jonathan Vita[21].

Zu 16: Abstrakt lässt sich nicht sagen, *wann* richterlicher Aktivismus in einem Verfassungsstaat geboten ist und wann richterliche Zurückhaltung angezeigt ist. Zu vermuten ist ein Wechselspiel: richterliches Vordringen und richterliches Zurückhalten. So wurde in den USA die New-deal-Gesetzgebung von Präsident *Roosevelt* unterschiedlich beurteilt. In Deutschland war es angebracht, dass Fragen der Wiedervereinigung vom BVerfG in Karlsruhe mit richterlichen Aktivismus mit gestaltet wurden. Mir

---

20. University of Marília, São Paulo (Brazil).
21. University of Marília, São Paulo (Brazil).

scheint, dass heute in Brasilien in Fragen der Korruption die Dritte Gewalt besonders gefordert ist, da die anderen Staatsfunktionen zu versagen scheinen.

17) What is your opinion about "judicial activism", especially the growing appreciation of a certain "economism" in the understanding of the application of public policies, above all, but not only, by the mass media? While valuing the importance of a certain orthodoxy in the treatment of public accounts, as well as the relevant question of fiscal responsibility etc., the evaluation that has been given to these aspects leads to a perspective of valuing the "reserve of the possible" to the detriment of "constitutional extensiveness", with an attack - mostly virulent - to our system of control of constitutionality and its application. What is your possible evaluation on the subject?

Author: Prof. Dr. Rubens Beçak[22].

Zu 17: Auch diese Frage ist sehr schwer. Ich spreche mich immer wieder gegen den weltweit verbreiteten *Ökonomismus* aus. Die Wirtschaft ist um des Menschen willen da, nicht umgekehrt. Der berühmte „homo oeconomicus" ist allenfalls eine Teilwahrheit. Es geht nicht nur um rationale Nutzenmaximierung, die staatlichen Gemeinwohlaufgaben dürfen nicht von der Ökonomie her relativiert werden. Hierher gehört auch die Frage nach den Grenzen des Lobbyismus (Stichwort: Transparenz). Bei den Teilhaberechten von Grundrechten (Leistungsgrundrechte) ist freilich der „Vorbehalt des Möglichen" erforderlich, weil die

---

22. University of São Paulo – USP, São Paulo (Brazil).

staatlichen Gemeinwohlfunktionen nicht wirtschaftlich Unmögliches verlangen können. Dieser Möglichkeitsvorbehalt wurde von mir 1971 vorgeschlagen. Er zeigt auch Grenzen der Verfassungsgerichtsbarkeit auf. Daran muss, so schmerzlich dies ist, immer wieder erinnert werden.

18) With regard to the theme of "judicial activism in Brazil", would it be appropriate to talk about "values" to motivate sentences if the values do not have a rational basis for discursive mediation?

Author: Prof. Dr. Ana Carla Pinheiro Freitas[23].

Zu 18: Der richterliche Aktivismus in Brasilien verlangt einen großen schöpferischen Haushalt von Argumenten und ihre Offenlegung. Der Verfassungsstaat ist eine nationale Wertegemeinschaft. Urteile müssen auf diese Werte Bezug nehmen, man denke an die Grundrechte und an Fragen des Friedens und des guten Zusammenlebens, des Gemeinwohles und der sozialen Gerechtigkeit. Hier kommen auch *emotionale* Aspekte ins Spiel. Man denke an die Flaggengrußfälle in den USA. Nationalhymnen, Nationalflaggen (als kulturelle Identitätselemente eines Verfassungsstaates) und andere emotionale Momente, etwa in der Erinnerungskultur, liefern gegebenenfalls gute Argumente, wenn es um ihren Schutz geht. Ich habe über diese Themen im Rahmen meiner Verfassungslehre als Kulturwissenschaft immer wieder gearbeitet. Relevant wird das „Menschenbild" einer Verfassung: der Mensch ist ein rationales und zugleich emotionales Wesen,

---

23. University of Fortaleza, Ceará (Brasil).

gerade auch in seiner Gemeinschaftsverbundenheit. Von dieser Einsicht sollte sich auch der demokratische Diskurs innerhalb des Rahmens der Verfassung leiten lassen: *ratio* und *emotio*.

19) How to enforce fundamental rights without promoting judicial activism? Is it possible to reconcile the values of cultural manifestation of the Federal Constitution and the defense of minorities against economic interests in a scenario of multiple agents, interpreters of the Brazilian Constitution? How is it possible? How to democratize the discourse of the big media as opinion makers?

Authors: Prof. Felipe Chiarello de Souza Pinto[24], Doctorate Tais Ramos[25], Doctorate Yuri Nathan da Costa Lannes[26].

Zu 19: Die Durchsetzung der Grundrechte kann auf verfassungsrichterlichen Aktivismus nicht verzichten. Dies zeigt etwa die Judikatur des deutschen BVerfG in Karlsruhe seit den 50er Jahren. Heute müssen in Deutschland wie in Brasilien die hohen Gerichte darauf achten, dass kulturelle Rechte und der Schutz der Minderheiten in der Konfrontation mit ökonomischen Interessen nicht zu kurz kommen. „Kultur gegen Wirtschaft" könnte ein Stichwort sein (z.B. beim Schutz der Regenwälder und der Natur insgesamt). Man darf vielleicht auf die Idee der Verfassung selbst zurückgreifen. Verfassung ist theoretisch immer ein Stück Beschränkung von Macht und Schutz gegen Machtmissbrauch,

---

24. Mackenzie Presbyterian University, São Paulo (Brazil).
25. Mackenzie Presbyterian University, São Paulo (Brazil).
26. Mackenzie Presbyterian University, São Paulo (Brazil).

gehe es um staatliche oder gesellschaftliche Macht. So wichtig der Markt ist, in ihm kommt es zu Kumulation wirtschaftlicher Macht, zu grenzenlosem Wachstum und zu uferlosen Gewinnen, die für die Offenheit des politischen Prozesses gefährlich sind. Einschlägig wird hier die Pluralismus-Idee, wie sie das deutsche BVerfG mit seiner Unterscheidung zwischen Außen- und Binnenpluralismus für die Medien erarbeitet hat. Der Schutz der Offenheit des demokratischen Diskurses in der Auseinandersetzung mit den wirtschaftlich mächtigen Medien ist ebenso wichtig, wie schwer zu verwirklichen. Vielleicht hilft ein Ombudsmann gegenüber den Medien (Beispiel Schweiz). In Deutschland wurde die Formulierung geprägt: Zähmt den Kapitalismus! Der Markt ist kein Wert an sich, er hat nur instrumentale Bedeutung. Dem Fundamentalismus der Marktideologie muss die Offenheit der – kulturellen – Gesellschaft gegenüber gestellt werden. Wegen der Globalisierung kommt es zu neuen Schwierigkeiten. Letztlich ist nur eine Berufung auf die *kulturellen Werte* hilfreich, leider kann ich nicht mehr dazu sagen. Ich freue mich, dass auch Doktoranden aus Sao Paulo diese schwierige Frage gestellt haben und danke dafür.

20) The balance between rights has been a resource used by constitutional courts in their decisions. The European Court of Human Rights, the German Federal Constitutional Court and the Federal Supreme Court in Brazil, for example, are some of the courts that use this practice. Two situations are especially sensitive. The first, with the consideration for adoption of a position against legem; the second, in cases of indetermination of

the constitutional text. Given these two situations, should not the constitutional court adopt a self-restraint stance to guarantee the primacy of the majority choices?

Author: Fausto Santos de Morais[27].

Zu 20: Die *Güterabwägung* zwischen einzelnen Grundrechten und anderen Verfassungswerten ist ein Schlüssel für alle Verfassungsgerichte (vgl. auch das Symbol in der Kunst: Justitia mit der Waage). In Deutschland wurde sie schon in der Weimarer Zeit entwickelt (u.a. von *R. Smend*). Dramatisch und umstritten sind heute die Abwägungen zwischen der Meinungs- und Pressefreiheit einerseits, dem Persönlichkeits- und Privatheitsschutz andererseits. Man denke aber auch an den Konflikt zwischen dem Umweltschutz und dem gemeinwohlpflichtigen Privateigentum (z.B. der Ölfirmen). Verfassungsgerichte können sich oft mit Hilfe der „verfassungskonformen Auslegung" von Gesetzen ihren Weg bahnen. In den Fällen, in denen ein verfassungsrechtlicher Text unbestimmt ist, dürfen sich die Verfassungsgerichte eher zurückhalten, um den Vorrang der im Gesetz zum Ausdruck gekommenen Mehrheit des Parlaments bzw. ihren Wertungen Rechnung zu tragen. Dies verlangt viel Takt und Feingefühl. In den USA gibt es die Formel: „The supreme court follows the elections". Sie ist kühn und sollte nur sehr vorsichtig verwendet werden: keine Tyrannei der Mehrheit.

21) There is a very great criticism in the present time about the fact that the Brazilian Federal Supreme Court is wasting a

---

27. Southern College, Rio Grande do Sul (Brazil).

lot of time on issues that are not constitutional, such as the forum by prerogative of function. What is your view on these non-constitutional functions of a court that should be almost entirely concerned with the interpretation of the Constitution?

Author: Prof. Dr. Emerson Ademir Borges[28].

Zu 21: Ich verstehe die Kritik am Obersten Bundesgericht in Brasilia insofern es Fälle entscheidet, in denen es nicht um *spezifisch* verfassungsrechtliche Fragen geht. Aus funktionellrechtlichen Gründen sollte Brasilia den sogenannten „Fachgerichten" im ganzen Land Raum lassen. Man denke an Zivil- oder Strafgerichte. Man sollte nicht alles einer „Allgegenwart der Verfassung" unterwerfen. Die klassischen Rechtsgebiete, z.B. das Bürgerliche Recht haben ihr *Proprium*, oft mit klassischen Rechtsweisheiten, etwa zum Interessenausgleich. Expandiert die Verfassungsgerichtsbarkeit zu weit, bringt sie sich auf lange Sicht selbst in Gefahr.

22) Are you aware of decisions of the Brazilian Federal Supreme Court? Do you see in the current decisions of the Ministers of the Brazilian Federal Supreme Court any application of the theory of open interpretation?

Author: Prof. Dr. Flávia Leite[29].

Zu 22: Ich kenne manche Entscheidungen des Bundesgerichts in Brasilia. Herr Bundesrichter G. *Mendes* hat sie auch in Deutschland bekannt gemacht und in einem Aufsatz im Jahrbuch des öffentlichen Rechts genau dargestellt, gerade auch in Sachen

---

28. University of Marília, São Paulo (Brazil).
29. Sao Paulo State University, São Paulo (Brazil).

offener Verfassungsinterpretation. Mehr kann und will ich dazu nicht sagen, doch freue ich mich natürlich, wenn man als Wissenschaftler gelegentlich der Praxis helfen kann. Wir sind alle *Diener* des Rechts, über nationalstaatliche Grenzen hinweg. Besonders den jungen Juristen sollte dies vorgelebt werden.

23) It has been observed that some judges in Brazil believe that an open society of interpreters allows each judge to interpret independently of the limits imposed by the constitutional text. Thus, does the use of your work in Brazil in a wrong understanding and as an instrument for "decisionism" discomfort you in anyway?

Author: Prof. Dr. Flávio Pansieri[30].

Zu 23: Die „offene Gesellschaft der Verfassungsinterpreten" darf nicht dazu führen, dass jeder Richter unabhängig von den Grenzen des Verfassungs*textes* interpretiert. In Deutschland gibt es eine große Diskussion darüber, ob der „Wortlaut des Gesetzes" eine Grenze markiert. Ich meine, dass wir die klassischen vier Auslegungsmethoden, die *Savigny* 1840 kanonisiert hat, zur *Selbstdisziplinierung juristischer Auslegung* brauchen. Hinzugefügt sei freilich die Rechtsvergleichung als „fünfte" Auslegungsmethode. Das Zusammenspiel der vier bzw. fünf Auslegungsmethoden ist je nach Materie und Gesetz, in Raum und Zeit variabel. Verlangt ist das klassische „Judiz" des erfahrenen Richters. Es darf nicht zur Beliebigkeit und einem versteckten Dezisionismus kommen. Manches wird dazu in

---

30. Pontifical Catholic University of Paraná, Paraná (Brazil).

Europa unter dem Stichwort „Richterstaat" und seine Grenzen diskutiert, auch als Kritik am BVerfG.

24) What, in your opinion, is the international role of German public law in face of the rise of American techniques and methods? Is German public law - abstract, philosophical, and conceptual - being superseeded, in terms of preference, by jurisdictions that were traditionally sensitive to it by methods, pragmatists and empiricists of American inspiration?

Author: Prof. Dr. José Vicente Mendonça[31].

Zu 24: Man darf in aller Bescheidenheit sagen, dass die internationale Ausstrahlung des heutigen deutschen Verfassungsrechts zum GG, auch dank der Autorität des BVerfG in aller Welt groß ist. Es gibt sogar Äußerungen aus den USA, wonach das deutsche Rechtsdenken dem US-amerikanischen überlegen sei. Ich bin nicht dieser Auffassung. Wir brauchen den eher pragmatischen fallorientierten Ansatz der USA und auch Großbritanniens. Ich bleibe ein Bewunderer des US-Supreme-Courts und freue mich zugleich über die Leistungen des deutschen BVerfG und seine systematischen Errungenschaften und dogmatischen Erfindungen, z.B. in Sachen Schutzpflichten für Grundrechte.

25) In an open and plural society of interpreters, it is questioned: what is the ethical minimum to be sought in constitutional decisions so that effectiveness can be obtained in the 21st

---

31. Rio de Janeiro State University, Rio de Janeiro (Brazil).

century?

Author: Prof. Dr. Frederico Antonio Lima de Oliveira[32].

Zu 25: Die Kernfrage aus Amazonien bezieht sich auf das *ethische Minimum* in verfassungsrichterlichen Entscheidungen. Daran ist immer wieder zu erinnern. Das ethische Minimum findet sich z.B. in der Garantie der Menschenwürde, im Verfassungsprinzip der Toleranz, in der staatlichen und gesellschaftlichen Gewaltenteilung und im pluralistischen Demokratieverständnis. Das ethische Minimum muss durch eine Art ungeschriebene Ewigkeitsgarantie geschützt bleiben. Der Schutz von Minderheiten gehört hinzu, ebenso die soziale Gerechtigkeit, so konkretisierungsbedürftig diese ist. Der Schutz des ethischen Minimums ist in einem politischen Gemeinwesen *allen Bürgern* und Gruppen anvertraut, nicht nur dem Verfassungsrichter. Er beginnt in den Schulen mit den dortigen Erziehungszielen, z.B. in Sachen Toleranz und Respekt vor der Würde des Anderen, und er endet vorläufig in verfassungsrichterlichen Entscheidungen. Die Gefahren im 21. Jahrhundert haben wir schon angesprochen. Sie sind vor allem wegen der Globalisierung groß (Stichwort: unkontrollierter Finanzkapitalismus, Internet, Massenmedien, entgrenztes Wachstum, uferlose Gewinnmaximierung). Auch die Migration über Kontinente hinweg, stellt neue Herausforderungen. Hier geht es um einen Ausgleich zwischen der Humanität einerseits und den Grenzen der Integrationsfähigkeit eines Landes andererseits. Deutsche Bundespräsidenten weisen zu Recht darauf hin, dass unsere Kapazitäten für Zuwanderer begrenzt

---

32. University of Amazônia, Amazonas (Brasil).

sind. Gleiches gilt für Länder wie Griechenland und Italien, die dem Zustrom von Flüchtlingen besonders ausgesetzt sind.

26) Considering that cooperative federalism comprises an institutional articulation on not only normative bases, but that involve an economic support for the implementation of public policies, how it is possible to overcome the obstacles to a cooperative federalism in Brazil, in a scenario, in which many municipalities, endowed with few financial resources, prefer to invest in efforts to obtain resources from the Union, submitting to federal government regulation, but lacking any interest for local governments in pursuing a particular public policy?

Author: Prof. Dr. Álisson José Maia Melo[33].

Zu 26: Mitte der 80er Jahre hatte ich für Deutschland und darüber hinaus die Idee der *gemischten Bundesstaatstheorie* entwickelt. Es gibt Elemente des Trennungsföderalismus („separative federalisme"), des kooperativen Föderalismus, des unitarischen Bundesstaates und des fiduzarischen Föderalismus. Letztere Wortprägung stammt von mir, sie meint die Hilfe, die im Rahmen der deutschen Wiedervereinigung nach 1989 von Westdeutschland aus für die ostdeutschen Länder geleistet wurde, auf Bundes- und Landesebene. 1949 stand in Deutschland bzw. seinem GG der Trennungsföderalismus im Vordergrund. Heute beobachten wir (leider) Erscheinungsformen einer starken Unitarisierung. 1968 wurde der „kooperative Föderalismus" im deutschen GG institutionalisiert, Stichwort: Gemeinschaftsaufgaben.

---

33. Setembro, 7 Law School, Ceará (Brasil).

Formen des kooperativen Föderalimus finden sich auch in den USA oder in Australien. Im Laufe der Geschichte lässt sich ein Wechselspiel zwischen diesen Formen des Föderalismus beobachten. Heute wird in Deutschland um das sogenannte „Kooperationsverbot" gestritten. Es geht um die Frage, ob der Bund etwa im Bildungsbereich direkt die Universitäten und Gemeinden bzw. Schulen in den Ländern finanziell unterstützen darf, obwohl die Kulturhoheit und die Gemeindehoheit zu den Länderkompetenzen gehört, So will heute der Bund den Kommunen zugunsten der Flüchtlinge finanzielle Hilfen zukommen lassen. Offenbar stellt sich in Brasilien dieselbe Frage. Dort und auch bei uns kann nur eine formale Verfassungsänderung der Bundesverfassung weiterhelfen. Der Bund darf nicht extrakonstitutionell handeln, so groß die finanzielle Not der Gemeinden sein mag und so sehr die Idee des kooperativen Föderalismus in Brasilien wegleitend ist. Ihr Land sollte alle genannten Elemente des „gemischten Föderalismus" harmonisch miteinander verbinden. Der vergleichende Föderalismus ist gefragt.

27) Considering the importance of peace in the contemporary world and considering that without peace there is no right to freedom, which is also a right of the personality, is it possible to affirm that peace is also a paradigm for civil law, as it should illuminate all areas of the law?

Author: Prof. Dr. Maria Helena Diniz[34].

Zu 27: Diese Frage in Sachen *Frieden* kommt mir sehr gelegen.

---

34. Pontifical Catholic University of São Paulo, São Paulo (Brazil).

Ich habe Ende September 2017 ein Buch veröffentlicht mit dem Titel: Die „Kultur des Friedens – Thema der universalen Verfassungslehre". Dort bin ich der Frage nachgegangen, wie weltweit die nationalen Verfassungen mit dem Thema Frieden umgehen. Die „Sprache des Friedens" habe ich auch im Europaverfassungsrecht und dem internationalen Recht systematisch erarbeitet. Sie haben Recht: ohne Frieden ist alles nichts. Alle Freiheitsrechte hängen vom präexistierenden Friedenszustand ab. Wir brauchen hier die Unterscheidung der Klassiker zwischen friedlosem *Natur*zustand und friedlichen *Kultur*zustand. Das Prinzip Frieden prägt auch das gesamte Zivilrecht. Man denke an den Zugang zum Recht als Element des Friedens oder an das Rechtsschutzinteresse als Ausdruck der Friedensordnung, auch den Ausgleich privater Interessen. Frieden durch Recht ist der übergreifende Gedanke (auch im Strafrecht). In klassischen Schriften wurde seit vielen Jahrhunderten zu Recht oft auf die Zusammengehörigkeit von pax und justitia hingewiesen. Das verfassungsstaatliche Gewaltmonopol ist dabei unverzichtbar.

28) The theoretical formulation on the open society of the interpreters represents an important attempt to legitimize the social actors in the process of the constitutional decision. On the other hand, could not this openness diminish the potential of popular sovereignty in democratic politics, since the people and the political parties could be replaced by these social actors?

Author: Prof. Dr. Martonio Mont'Alverne Barreto Lima[35].

---

35. University of Fortaleza, Ceará (Brazil).

Zu 28: Sie nehmen zu Recht den sozialen Sektor in den Blick. Hierher gehört vor allem auch der kulturelle Bereich. Es geht darum, eine *Verfassungstheorie der Zivilgesellschaft* zu entwickeln. An ihr fehlt es bisher. Man denke an die wichtigen NGO's auf vielen Feldern der Kultur, der Wirtschaft, dem Sozialen und der Umwelt. Der Kollege aus Fortaleza fragt zu Recht nach der Rolle der Volkssouveränität. Hier arbeite ich an einer neuen Sicht. Mit dem Politologen *D. Sternberger* meine ich, dass *nicht* alle Staatsgewalt vom Volk aus geht. Es gibt allgemeine Rechtsgrundsätze, es gibt die vorgegebene Menschenwürde und die Unabhängigkeit der Dritten Gewalt, die die Volkssouveränität von *vorneherein* begrenzt. Im Verfassungsstaat geht es von vorneherein um „*rechtsstaatliche* Demokratie". Der Rechtsstaat liefert Regeln, die die Volkssouveränität beschränken. Hier sind die NGO's einzuordnen. Meine gedankliche Arbeit ist bislang nur bis an diese Stelle gelangt. Wie so oft in diesem Interview räume ich die Grenzen meiner eigenen Wissenschaft immer wieder ein. Wissenschaftliche Bescheidenheit ist gefragt, nur ein ehrlicher Dialog kann weiterführen.

29) In your inspiring book *Europäische Verfassungslehre* (8. Auflage, with Markus Kotzur), a very interesting connection between the uncertainty on the future of the European integration process and the need to rediscover the cultural roots of the European identity is strongly underlined. In this perspective, the main question seems to be not only «Quo vadis, Europe?», but more specifically «where do you come from, Europe?». In order to cope with the European crisis, it is therefore necessary to

direct the scientific interest «Ad fontes Europae». This approach is inspired by a sincere trust in the enhancement of an *Europäische Öffentlichkeit,* as the key to build and strengthen an European public space and a sound political community, based on the principle of democracy and on the respect of fundamental rights. Key actors of the public space, at the national level, are political parties. Is it the same at the European level? What can be the role of European political parties, if any, in this process? As you noted, they do not have an exclusive (a «Monopol») in the European political process. However, they can be crucial «Intermediäre». In this light, are they able to play any role in the effort to promote the necessary awareness on the essential connections between the past and the future of the European integration process? And, more specifically, how can they enhance an European public space and an "European identity", considering that the European democracy seems to be a "democracy" «across borders» in which Member States are very significant actors?

Author: Prof. Dr. Francesco Saitto[36].

Zu 29: In meiner Europäischen Verfassungslehre (1. Aufl. 2001/2002, 7. Aufl., 2010, 8. Aufl. zusammen mit *M. Kotzur,* 2016) habe ich mich mit *Europa* grundsätzlich beschäftigt. Sie haben Recht, dass wir angesichts der Krise „Ad fontes Europae" zurückgehen müssen (Stichwort: kulturelles Erbe). Dies kann nur mein kulturwissenschaftlicher Ansatz leisten. Man muss fragen, was Europa geistesgeschichtlich im Kern bedeutet, etwa im

---

36. Sapienza Università di Roma (Italy).

Unterschied zu Amerika, Afrika oder Asien. Bei der Beantwortung anderer Fragen bin ich darauf schon zu sprechen gekommen. Wichtig ist es, von „europäischer Öffentlichkeit" zu sprechen, etwa im Unterschied zu einer Weltöffentlichkeit oder zu nationaler Öffentlichkeit. Wie Sie schreiben, kommt hier den politischen Parteien eine Schlüsselrolle zu. Es gibt im EU-Verfassungsrecht ausdrücklich einen Artikel zu ihrer Rolle. Sie müssen am Europabewusstsein arbeiten. Gleiches gilt für intermediäre Erscheinungsformen wie die Medien, Rundfunk und Fernsehen und Wirtschaftsverbände oder Gewerkschaften. Alle haben am europäischen Integrationsprozess mitzuarbeiten, nicht nur die Staaten. Es geht um die Arbeit an der *europäischen Identität*. Sie braucht das Bewusstsein für Zukunft und Herkunft Europas. Auch unsere Wissenschaft steht hier vor großen Aufgaben. Es gibt schon eine interdisziplinäre Europawissenschaft – neben der Europa*rechts*wissenschaft. An ihr sind alle Gelehrten beteiligt. Vor allem in Sachen kontextueller Verfassungsvergleichung. So leisten die Verfassungsgerichtshöfe in Madrid und Rom, in Straßburg und Luxemburg schon sehr viel. Europa braucht auch hohe Bildungsstandards in den Schulen und Hochschulen. Darum ringt vor allem der Europarat in Straßburg. Überhaupt sollten wir das Europa im *weiteren Sinne*, nämlich den „Europarat" in den Blick nehmen. Er arbeitet ebenso effektiv wie bescheiden im Hintergrund der EU-Institutionen. Die „europäische Öffentlichkeit" hat ihre Basis in ganz Europa. Der Menschenrechtsgerichtshof in Straßburg leistet in Sachen Grundrechte und Demokratie viel. Er ist auch ein Akteur im europaweiten öffentlichen Raum – vielleicht können diese Überlegungen bei der

Strukturierung der lateinamerikanischen Integration helfen. Eines Tages sollte auch sie die „institutionelle Dichte" des europäischen Raumes erreichen – schrittweise über einen längeren Zeitraum hin.

Vielen Dank.

Entrevista traduzida*

Organizadora:

Profa. Dra. Mariana Ribeiro Santiago[1]

Tradutora:

Deborah Alcici Salomão[2]

NOTA INTRODUTÓRIA:

Com prazer respondo às perguntas que a Profa. Santiago coletou por todo o Brasil. Me alegro por este grande interesse e digo de antemão que todas as suas perguntas são melhores que minhas respostas. Não pude responder algumas das excelentes perguntas

---

* Entrevista originalmente publicada na Revista *Argumentum*, Marília/SP, V. 19, N. 1, pp. 263-287; Jan.-Abr. 2018.

1. Pós-Doutora pela Justus-Liebig-Universität Giessen (Alemanha). Doutora e Mestre em Direito pela Pontifícia Universidade Católica de São Paulo (PUC/SP). Especialista em Contratos pela Pontifícia Universidade Católica de São Paulo (PUC/SP). Graduada em Direito pela Universidade Federal da Bahia (UFBA). Professora de Pós-Graduação em Direito da Universidade de Marília (UNIMAR). Editora-chefe da Revista Argumentum. Advogada.

2. LL.M. (Marburg, Alemanha).

à altura, e por isso peço compreensão. Sobretudo na América Latina e na Espanha a "entrevista científica" é um formato conhecido. A peculiaridade desta entrevista em especial é que se trata de um "questionário coletivo", já que as perguntas foram elaboradas por diferentes personalidades. A Profa. Santiago as sistematizou de forma exemplar para que não houvesse repetições. Faço referência também às *Conversaciones Académicas con Peter Häberle* (editor: D. Valades), cuja 2ª edição foi publicada em 2017, na Cidade do México, e que quase não tem sobreposições com a entrevista aqui apresentada. Agradeço a todos os autores envolvidos de todo o Brasil, especialmente a Profa. Santiago. Fico feliz e honrado em poder reiterar minha amizade científica com a comunidade acadêmica brasileira.

01) Vossa senhoria acredita que precisaremos de uma nova Teoria Geral do Estado para entender e aplicar o Estado Constitucional Cooperativo no presente? Pensando no constitucionalismo multi-níveis, como garantir a complementariedade e não gerar conflitos com possíveis decisões contrárias de esferas diferentes sem hierarquia entre elas? Há necessidade do estabelecimento de hierarquia ou alguma regra para evitar conflito? Falando sobre a Europa, como o senhor avalia a crise dos refugiados e a garantia dos seus direitos humanos fundamentais? Por fim, o senhor acredita que a Democracia pode ser considerada uma dimensão/geração de direitos humanos?

Autor: Prof. Dr. Vladmir Oliveira da Silveira[3].

---

3. Universidade Federal do Mato Grosso do Sul – UFMS, Mato Grosso do Sul

Resposta: Elaborei a ideia de um Estado Constitucional Cooperativo em 1978. Trata-se de um tipo ideal assim como a esperança de uma "ordem mundial cooperativa". A realidade está muito aquém disto. No entanto, as interconexões dos estados constitucionais hoje são muito intensas. Isto é especialmente válido no contexto da ONU, mas também em comunidades constitucionais regionais como na União Europeia ou no Mercosul. Especialmente as garantias de direitos humanos - universais, regionais e nacionais - transmitem o elemento da cooperatividade ao estado constitucional de hoje. Pense, por exemplo, no Tribunal de Direitos Humanos na Costa Rica ou em Estrasburgo. A Organização Mundial do Comércio, com suas redes mundiais, também se enquadra aqui. Todavia, há também um contra movimento nacionalista, infelizmente desencadeado pelo atual presidente dos Estados Unidos, Trump. Ele denunciou recentemente a participação dos EUA em tratados comerciais e na UNESCO - um evento fatal, especialmente para a política cultural universal. As estruturas cooperativas da economia e da cultura, que foram construídas em todo o mundo durante um longo período de tempo, estão ameaçadas por um novo nacionalismo. Naturalmente, tenho ressalvas sobre o conceito de "constitucionalismo multinível" na medida em que o associamos ao conceito de hierarquia. Por exemplo: Na União Europeia os órgãos da UE, o parlamento europeu, a Corte Europeia de Justiça não estão "acima" nem "abaixo" dos estados nacionais, trata-se na verdade de relações de complementaridade.

(Brasil) e Universidade Católica de São Paulo – PUCSP, São Paulo (Brasil).

A Europa e a crise dos refugiados são um tema amplo. Do meu ponto de vista, a abertura das fronteiras pela chanceler alemã no outono de 2015 foi, nas primeiras semanas, um ato humanitário que merece reconhecimento. Entretanto, ele não foi discutido com os outros políticos da UE. A segurança nas fronteiras é uma tarefa indispensável para as autoridades estaduais no estado constitucional. G. Jellinek distingue classicamente três elementos do estado: povo, território e soberania. Há anos eu adiciono o quarto elemento, a cultura. Uma chanceler não pode dispor unilateralmente do território e da cultura nele ancorada. De acordo com o direito constitucional alemão, apenas o direito de asilo é ilimitado para pessoas politicamente perseguidas (artigo 16 *GG*[4]). Sobre a imigração, para trabalhadores qualificados, por exemplo, cada estado decide de acordo com seus próprios critérios. Considere os exemplos do Canadá ou dos EUA. Especialmente na UE, a proteção estatal das fronteiras externas é indispensável. Não há direito humano à imigração! Na Europa da União europeia, o princípio constitucional da solidariedade exige que os refugiados recém-chegados sejam distribuídos proporcionalmente entre os Estados membros. Uma vez no país, os recém-chegados têm todas as garantias de direitos fundamentais internacionais e nacionais.

Na minha opinião, há um direito fundamental à democracia, que decorre diretamente da garantia da dignidade humana, na Alemanha do Art. 1, parágrafo 1 *GG*. Eu desenvolvi esta teoria

---

4. Nota da tradutora: *GG* é a abreviação de *Grundgesetz* ou lei fundamental, assim chamada a constituição alemã.

pela primeira vez em 1987 no Volume 1 do *Handbuch des deutschen Staatsrechts*. O *Bundesverfassungsgericht*[5] a adotou recentemente. Durante muito tempo, a dignidade da pessoa foi entendida de forma apolítica na Alemanha. Na minha opinião, a dignidade humana e a democracia liberal estão intimamente relacionadas. Especificamente: os artigos 1 e 20 da *GG* devem ser lidos em conjunto. Em outras palavras, a democracia é a consequência organizacional da dignidade humana. Como ela é delineada em detalhes permanece aberto. Ela pode ser uma "democracia semidireta", como na Suíça, ela também pode ser primeiramente apenas representativa, como na constituição alemã. Para mim é importante apenas que haja participação na vida política, por exemplo através de eleições e referendos, que pertencem diretamente à dignidade humana. O "cidadão responsável" frequentemente citado, realiza plenamente seus direitos de participação na democracia pluralista. Se seu direito a eleições justas e igualitárias fosse questionado, ele seria atingido no núcleo de sua identidade. Mesmo os direitos culturais básicos, como os dos nativos da América Latina, não estão disponíveis, pois pertencem à dignidade do homem. Na Alemanha, há uma variedade de teorias sobre a dignidade humana, que não podem ser listadas aqui em detalhes, como a chamada fórmula do objeto: o homem não deve se tornar o objeto do estado ou dos processos sociais: ou a filosofia da identidade: o homem não deve ser ferido em sua identidade

---

5. Nota da tradutora: *Bundesverfassungsgericht* ou, abreviadamente, *BVerfG* é o tribunal constitucional alemão, comparável ao Supremo Tribunal Federal - STF no Brasil.

pessoal.

02) Como compaginar o Estado Constitucional Cooperativo frente ao encrudecimento dos movimentos discriminatórios contrários a assunção de direitos das minorias? Como promover o Estado Constitucional Cooperativo no momento em que o Estado nacional se encontra em crise, ante a implementação do novo capitalismo financeiro, que pressupõe a concentração e delegação de poderes às estruturas não estatais?

Autores: Profa. Dra. Valesca Raizer Borges Moschen[6] e Prof. Odilon Borges[7].

Resposta: Esta pergunta é especialmente difícil de responder. O entrevistado não tem o conhecimento do "espírito do mundo" como propõe Hegel e também não tem uma "visão de mundo" como propõe Goethe. Aqui vão apenas alguns pensamentos-chave: os direitos coletivos e individuais das minorias podem ser encontrados no direito internacional e nas constituições nacionais. Eles são efetivamente protegidos pelos tribunais constitucionais em muitos países. Atos discriminatórios, como são atualmente temidos nos EUA, devem ser condenados política e/ou juridicamente. Como se pode ver, o terceiro poder, especialmente nos EUA, é o baluarte contra a discriminação que o presidente Trump ordenou. Em geral, deve-se notar que existem pelo menos três poderes reais de proteção contra violações dos direitos fundamentais: eleições livres, imprensa livre e o terceiro poder do

---

6. Universidade Federal do Espírito Santo – UFES, Espírito Santo (Brasil).
7. Universidade Federal do Espírito Santo – UFES, Espírito Santo (Brasil).

judiciário. As crises causadas pelo novo capitalismo financeiro são uma grande ameaça para o Estado Constitucional. Pense em paraísos fiscais ou evasão fiscal direcionada, até mesmo em ganhos especulativos horrendos. Especialmente aqui na Europa, os estados não fazem o suficiente. Pense em paraísos fiscais como Luxemburgo e os Países Baixos. A opinião pública em cada país ou em toda a Europa teria a tarefa de intervir eficazmente e limitá-lo (por exemplo, através da transparência). A ciência não pode dizer mais. O estado constitucional cooperativo, como um ideal, nunca é uma posse segura, ele deve sempre ser trabalhado e renovado. Aqui há sempre grandes retrocessos, mesmo na "União Constitucional" da UE, como se vê no exemplo da Hungria, Polônia e República Tcheca, que não querem receber aqueles que têm direito a asilo ou como na Polônia que a partir do direito constitucional processual quer relativizar o Estado de Direito. A capacidade do cientista de controlar processos políticos abrangentes é limitada. Não obstante, o otimismo científico e tentativas constantes de combater o domínio do capitalismo são necessários. Isto começa no direito social trabalhista, com direitos dos trabalhadores apropriados, e termina na luta contra corporações internacionais, por exemplo os chamados Hedge-Fonds. Eu mesmo entendo muito pouco sobre a economia e não consigo responder nada melhor. O importante é a percepção de que a economia deve estar em prol da vontade do homem e não o contrário. Da mesma forma, há de se advogar por uma "economia compatível com a democracia" e não por uma democracia econômica, como a chanceler alemã Merkel formulou uma vez de forma infeliz. O mercado não é a medida de todas as coisas. A ideia clássica da separação de poderes também deve ser lembrada, ela não existe tendo em vista apenas a divisão de poderes no Estado três poderes, mas também socialmente. Assim, o mundo da mídia deve ser dominado pela ideia de pluralismo (acima de tudo, rádio e televisão, e a jurisdição do *BVerfG*). A economia também precisa da estrutura com divisão de poderes. Concentração excessiva de poder e monopólios devem ser combatidos. A única questão é saber quais poderes políticos podem perseguir tais objetivos e cumpri-los.

03) As diferenças marcantes no sistema político da América Latina, mais pautada, ainda, por uma concepção de sobreranismo, onde a presença do Estado é mais referencial, não poderiam se contrapor à ideia de Estado Constitucional Cooperativo? Se a base do Estado Constitucional Cooperativo são os processos de integração entre as normativas nacionais e internacionais, como interpretar essa teoria diante dos casos de rompimento, como no exemplo do Brexit? Esse fato seria a negação absoluta da ideia do Estado Constitucional Cooperativo?

Autor: Prof. Dr. Wagner Menezes[8].

Resposta: Eu sou cuidadoso com o pedido de avaliar a América Latina, eu admiro o constitucionalismo latino-americano, como possui excelentes textos constitucionais, como na Colômbia e no Brasil e a agradável jurisdição dos tribunais locais. A integração latino-americana, aqui na forma de colaboração de cientistas, especialmente professores de direito constitucional, o

---

8. Universidade de São Paulo – USP, São Paulo (Brasil).

intercâmbio nas decisões dos tribunais superiores e as teorias individuais de professores de direito do estado merecem muitos aplausos, especialmente da Europa. Sobre sua pergunta com relação ao Brexit da Grã-Bretanha, esta foi decidida por uma estreita maioria dos votos dos cidadãos votantes. A democracia, entendida como democracia majoritária, está contra a ideia do estado constitucional cooperativo. Embora os participantes tentem um "Brexit cooperativo", o Brexit é um desastre para o "mundo do estado constitucional" e um desastre para a Europa. A Grã-Bretanha e a UE trabalham em novos elementos de cooperação fora da UE, já existem modelos de sucesso, por exemplo no que diz respeito à Suíça ou à Noruega. No entanto, o Brexit é um retrocesso para a ideia de um estado constitucional cooperativo, como tem sido intensamente promovido dentro da UE por décadas. Como jurista constitucional, você tem que admitir repetidas vezes que a realidade pode negar ou passar por cima das melhores teorias. Estas são as horas amargas para a doutrina constitucional comparativa, como vimos na anexação ilegal da Crimeia pela Rússia ou na invasão ilegal do Iraque pelos EUA.

04) A partir de suas reflexões sobre o direito constitucional que mantém certa abertura ao plano internacional, vossa senhoria acredita que os princípios constitucionais das relações internacionais, Art. 4 da Constituição Federal brasileira (como: Bosnia Herzegovinia - Preâmbulo, Art. II, 1, 2 e 8, Art. III, 2, a -; Burkina Faso - Preâmbulo -; Cape Verde - Art. 10; Djibout - Art. 9 e Art. 22-; Iraq - Art. 8 -; Ireland - Art. 29, 1,2 e 3 -; Italy - Art. 11 -; Kazakhistan - Art. 8 -; Mozambique - Art. 17, 1, e Art. 19 -;

Nicaragua - Art. 5, 8-; Norway - Art. 115-; Oman - Art. 10-;Philippines - Art. 2, 2-; South Sudan - 43 -; Sudan - Art. 17-; Suriname - Art. 7 -; Taiwan - Art. 141 -; Togo - Preâmbulo -; Uzbejistan - Art. 17 -; Vietnam - Art. 12 -; Zimbabwe - Art. 12, 1, b e c, 2 -; Portugal - Art. 7, 1, 2 e 3 -; Venezuela - Art. 152 -; Paraguai - Art. 143, Art. 144 -; Equador - Art. 416 -; Bolívia - Art. 255 -; República Dominicana - Art. 26 -; Afganistan - Art. 8 -; Algeria - Art. 27, Art. 28 -; Angola - Art. 12, 1, 2 e 3 -; Bangladesh - Art. 25 -; Belarus - Art. 18 -; Bhutan - Art. 9, 24 -), constituem uma espécie de consenso internacional e que, de alguma forma, poder-se-ia tê-los como base constitucional para formação de uma "constituição internacional"?

Autores: Prof. Dr. Guilherme Camargo Massaú[9] e Prof. Thiago Ribeiro Rafagnin[10].

Resposta: O direito constitucional nacional no estágio atual de desenvolvimento é, de fato, caracterizado por muitos elementos de abertura ao mundo. Os Srs. fizeram uma excelente compilação de níveis de texto constitucional que muitos países criaram em termos de abertura ao mundo. Alguns se referem a direitos humanos internacionais, outros normatizam a cooperação internacional, outros clamam por paz internacional e jurisdição internacional. Nós gostamos de falar sobre "estado aberto". Sugeri que falássemos sobre o *direito constitucional mundial nacional*. Existem principalmente exemplos na Suíça, federal e cantonal. O mundo deve ser estruturado por elementos constitutivos dos

---

9. Universidade Federal de Pelotas – UFPEL, Rio Grande do Sul (Brasil).
10. Universidade Federal do Oeste da Bahia – UFOB, Bahia (Brasil)

estados nacionais, como direitos humanos, paz, cooperação, humanidade e justiça. Todos estes são elementos do que eu chamo de "doutrina constitucional universal" (2013). Inclui também referências a tribunais internacionais e à solução pacífica de controvérsias internacionais. A meu ver, estas já são "constituições parciais universais", que são complementares à lei constitucional nacional dos países em questão. É de se esperar que este direito constitucional mundial nacional continue a crescer e que os constituintes nacionais busquem, no futuro, novos tópicos, ferramentas e procedimentos nesse sentido. Seus muitos exemplos de todo o mundo são um incentivo; eles também mostram o que a comparação constitucional contextual global pode fazer. Felicito por esta compilação sistemática de textos.

05) Na sua visão, há aspectos dentro do Direito Constitucional Internacional que indicam a existência de um constitucionalismo universal? Quais seriam os diplomas jurídicos já promulgados no âmbito do Direito Internacional que compõem esse sistema constitucional global? Seria viável a criação de um Tribunal Constitucional Internacional para lidar com esses assuntos de índole constitucional no Direito Internacional?

Autores: Profa. Dra. Lívia Gaigher Campello[11] e Prof. Gustavo Santiago Torrecilha Cancio[12].

---

11. Universidade Federal do Mato Grosso do Sul – UFMS, Mato Grosso do Sul (Brasil).
12. Universidade Federal do Mato Grosso do Sul – UFMS, Mato Grosso do Sul (Brasil).

Resposta: Imediatamente conectado com os temas acima discutidos, está a questão sobre um Tribunal Constitucional Internacional. Lembramos que já existem vários tribunais internacionais que eu chamo de "tribunais constitucionais parciais". Pense na CIJ em Haia, nos tribunais da ONU para Ruanda e ex-Iugoslávia. Estes Tribunais Constitucionais Internacionais estão limitados a determinados assuntos. Apenas o CIJ em Haia é um tribunal permanente. Ademais, há o novo Tribunal Penal Internacional criado sob o Estatuto de Roma (também em Haia). Na minha opinião, não seria realista criar um tribunal geral em termos gerais para todas as questões constitucionais do direito internacional. Seria uma sobrecarga considerando o trabalho que os juízes dão conta de fazer hoje. É aconselhável submeter assuntos pontuais a um tribunal, pensa-se em aspectos da mudança climática ou da proteção ambiental, inclusive de comércio. Um tribunal mundial continua sendo uma utopia no espírito de Kant, mas necessário para tornar o mundo melhor, passo a passo, a longo prazo. Mesmo o tribunal constitucional nacional se desenvolveu na Europa em longo tempo, passo a passo, hoje vive até mesmo sob a constituição alemã somente de acordo com o princípio da enumeração. Talvez possamos também nos referir ao paradigma da técnica fragmentada de Popper. O racionalismo crítico de Popper, em minha opinião, é útil para o trabalho comparativo sobre o estado constitucional - desde que seja baseado na cultura: o estado constitucional cooperativo da cultura e enquanto cultura (2013).

06) No seu artigo "A Força de integração da Constituição",

publicado na Revista *Argumentum* (2017), o senhor menciona os limites dos processos de comunitarização, entre outros pelo princípio da subsidiariedade e, ainda, a tentativa de estabelecimento de uma "doutrina de direito constitucional europeu". Neste contexto, sob o aspecto da integração, com a autorização da adesão da União Europeia à Convenção Europeia de Direitos Humanos, qual o papel do interprete da Constituição neste momento de transição, em que é permitida a adesão da União Europeia à Convenção Europeia de Direitos Humanos, mas ainda não há um acordo firmado de forma que possa valer para a proteção dos Direitos Humanos na doutrina de direito constitucional europeu?

Autoras: Profa. Dra. Anair Isabel Schaefer[13] e Mestranda Priscilla Saraiva Alves[14].

Resposta: O processo de comunitarização na Europa deve, mais do que nunca, que seguir o princípio da subsidiariedade, devido ao ensino social católico. Existe até a possibilidade de uma "queixa de subsidiariedade" no texto. É muito raramente usada na prática no direito constitucional europeu. Pode-se acusar "Bruxelas" de ter desenvolvido uma tendência à centralização. Especialmente, aqui, hoje há de se ter cautela. Distinguimos entre o direito europeu no sentido mais amplo do direito europeu na acepção mais lata do Conselho da Europa em Estrasburgo. É lamentável que o Tribunal de Justiça tenha obstruído o caminho do

---

13. Universidade Dom Bosco de Porto Alegre, Rio Grande do Sul (Brasil).
14. Universidade Federal do Rio Grande do Sul – UFRGS, Rio Grande do Sul (Brasil).

TJCE para a Convenção Europeia dos Direitos do Homem, em Luxemburgo. Além disso, eu tentei esboçar recentemente uma nova teoria: o direito europeu como uma ciência cultural. Esta palestra foi publicada em Granada, assim como em outras revistas (por exemplo, no Peru). O que distingue a Europa é a sua cultura diversificada. Isso se manifesta não apenas na diversidade linguística, mas também na formação das chamadas capitais culturais. A identidade da Europa é palpável na sua cultura: alimenta-se da rica herança cultural de Jerusalém, Atenas e Roma, bem como de Bolonha, Paris e Londres. Citamos a filosofia grega e o direito romano, incluindo os estilos românico, gótico e renascentista. Devemos também mencionar a música clássica de muitos séculos, do gregoriano à segunda escola vienense. Esta música é uma língua mundial, mas vem da Europa. Renascimento, humanismo, iluminismo, bem como judaísmo e cristianismo são acrescentados. Este retorno à cultura (incluindo os direitos humanos e o Estado de direito) poderá emergir da atual crise na UE. O muito citado discurso de Paris do presidente francês Macron na Sorbonne vai nessa direção, quando ele fomenta vinte universidades verdadeiramente europeias. Aliás, há muito tempo existe um "direito constitucional europeu" genuíno, não apenas o direito europeu da era de sua fundação. Já existem o "direito constitucional europeu" (1991) - como a antiga comunidade Jus. Além disso, é debatido atualmente se a UE deve ser desenvolvida em duas velocidades, uma Europa central com os antigos estados-nação e uma Europa menos comunitarizada (expressão-chave: geometria variável). A inclusão de países dos Balcãs Mundiais, como a Sérvia, Monte Negros e até a Macedônia, discutida nos dias de hoje, parece prematura demais.

07) Sua concepção pluralista dos direitos humanos foi concebida apenas à luz das experiências eurocêntricas ou recebeu influências também de experiências não-eurocêntricas?

Autor: Prof. Dr. José Edmilson de Souza Lima[15].

Resposta: Devo admitir que minha teoria original dos direitos fundamentais dos anos 1962 (*Die Wesensgehaltgarantie des Art. 19 Abs. 2 GG*, 3. Aufl. 1983, diversas traduções) e 1971 („*Grundrechte im Leistungsstaat*") era inicialmente centrada na Europa. Apenas no final da década de 1980 que comecei a fazer um trabalho comparativo constitucional, olhando para o exterior. Apenas a Suíça teve minha consideração mais cedo, pois foi caracterizada desde o início por muitas reformas constitucionais criativas em nível cantonal. Hoje, aprendo muito com os direitos constitucionais dos países estrangeiros. Penso, acima de tudo, na proteção dos nativos e na garantia da identidade cultural dos cidadãos e outras coisas (como o direito humano à água e à comida). Sobre isso o Tribunal Constitucional Internacional na Costa Rica ainda tem muito a contribuir.

08) Vossa Senhoria considera que a interpretação constitucional deve ser colocada e examinada o mais amplamente possível a partir de um modelo de sociedade aberto, plural e processual, com novos mecanismos de participação no processo político-

---

15. Centro Universitário Curitiba – UNICURITIBA, Paraná (Brasil).

constitucional, eminentemente público, para contemplar a complexidade das sociedades democráticas. Como decidir os conflitos decorrentes de comportamentos diferentes determinados por grupos sociais, como o sacrifício de animais em cultos religiosos?

Autor: Prof. Dr. Heron Gordilho[16].

Resposta: Em 1975, desenvolvi o paradigma da sociedade aberta de intérpretes constitucionais. Naquela época, eu não tinha consciência dito, direcionado pela Reforma ou Protestantismo de Martinho Lutero: o sacerdócio de todos os crentes. Minha tese: Qualquer um que viva a constituição também a interpreta. Isso se comprova, por exemplo, na relevância de cientistas e artistas para a liberdade da ciência e da arte (considerando o auto entendimento de cientistas e artistas). A sociedade aberta, é claro, deve permanecer culturalmente fundamentada, caso contrário ela mergulha no sem fundo. A coesão cívica alimenta a cultura comum de todos os cidadãos. Certamente, a complexidade das sociedades democráticas está aumentando. Mas não deve haver "sociedades paralelas". O consenso básico das democracias liberais deve ser trabalhado de novo por todos. Ao mesmo tempo, grupos marginais, como os estrangeiros, precisam ser integrados. Mas isso deve ser feito de bom grado. A liberdade religiosa tem seus limites, pense em sacrifícios humanos proibidos ou no sacrifício de animais. Presumivelmente, os países latino-americanos enfrentam essas questões em face da cultura indígena. Infelizmente, eu mesmo não posso mais contribuir cientificamente e

---

16. Universidade Federal da Bahia, Bahia (Brasil).

peço compreensão. Todavia aqui coloca ainda a indicação de um déficit. Até o momento não existe uma teoria constitucional das ONGs, referindo-se a tarefas, estruturas, procedimentos e fronteiras. Eles pertencem à "sociedade civil". Isso é muito citado e, na Alemanha, seria preciso lidar com a diferença entre Estado e sociedade atribuída a Hegel.

09) No contexto de uma sociedade aberta de intérpretes da constituição, quem detém, se é que "alguém" pode deter, a última palavra quanto à interpretação constitucional?

Autor: Prof. Dr. Marcelo Cattoni[17].

Resposta: Na minha visão e contrário ao entendimento do BVefG, que nos é tão caro, não há uma "interpretação final". Além disso, o direito constitucional, como ciência, não pode pretender formular "últimas palavras". A interpretação da Constituição é um processo público permanente em que muitos atores estão envolvidos. Tão importante quanto são os tribunais constitucionais, eles não podem reivindicar a autoridade da "última palavra". Neste ponto, a feliz invenção dos votos especiais constitucionais (*Sondervoten*) deve ser considerada, eles existem na Alemanha, Espanha e Estrasburgo, mas não no TJCE em Luxemburgo. Eu gosto de falar de "judiciário alternativo" (no sentido do meu pensamento alternativo). Recordo também a prática das votações especiais no Supremo Tribunal dos EUA. Votos especiais podem desenvolver força normativa ao longo do tempo e literalmente "ultrapassar" a opinião da maioria preliminar dos

---

17. Universidade Federal de Minas Gerais – UFMG, Minas Gerais (Brasil).

juízes. Há exemplos sobre isso na recente jurisprudência do Tribunal Constitucional Federal alemão, por exemplo, em matéria de propriedade privada.

10) O senhor defende que não há como negar a "comunicação entre norma e fato" (Kommunikation zwischen Norm und Sachverhalt) e, assim, que é necessário que juízes constitucionais adotem meios ampliados de informação. Isso é uma crítica importante à visão tradicional, de matriz kelseniana, sobre o alcance do chamado "controle abstrato" da constitucionalidade das leis. Com o tempo foi possível constatar que muitas técnicas podem ser adotadas para atingir esse objetivo de aprimorar a comunicação entre norma constitucional e fatos. Uma das mais conhecidas é inspirada em sua teoria de que a interpretação da constituição deve ser aberta à comunidade democrática, de modo a garantir o diálogo racional e constitucional entre a Suprema Corte e a sociedade. O Brasil adotou a sua teoria. E o Supremo Tribunal Federal já experimentou 22 audiências públicas e adota o diálogo com amici curiae no controle abstrato há 19 anos. Depois de ver esses procedimentos sendo implementados no Brasil e em outros países, o senhor entende que sua teoria já foi suficientemente testada? O caso brasileiro tem alguma importância para a confirmação (ou não) de suas hipóteses quanto ao alcance e às possibilidades de mecanismos dialógicos aprimorarem a democracia pela interpretação aberta do texto constitucional?

Autor: Prof. Dr. Carlos Luiz Strapazzon[18].

Resposta: Há uma conexão intensiva entre a norma e os fatos. O positivismo não pode reproduzi-la. A sociedade aberta dos intérpretes constitucionais (1975) caracteriza-se por uma dupla abordagem: de uma abordagem baseada nos direitos fundamentais e numa base democrática. Isto leva a um diálogo entre o tribunal constitucional e a sociedade ou a comunidade de cidadãos (palavras-chave: democracia cívica, sociedade civil). Para minha alegria, a Justiça Federal em Brasília, em muitos casos, graças às ideias do professor Mendes, utilizou os instrumentos de audiências públicas e *amicus curiaes*. Existem diálogos constitucionais intensivos e de longo alcance. Isso não pode ser superestimado. Na Europa, há também uma nova conversa sobre o diálogo dos tribunais constitucionais, por exemplo, entre Madrid, Roma e Karlsruhe e nos tribunais de Luxemburgo e de Estrasburgo. Eu não sei se outras nações já estão fazendo coisas semelhantes. O que é necessário é uma democracia madura e um Tribunal Constitucional muito profissional, como conseguiu o Brasil. Não tenho a "visão global" de um Goethe para dizer se existem outros instrumentos de diálogo em outros continentes. Tudo o que sei é que o Peru, por exemplo, refinou enormemente sua lei constitucional. O Chile e a Colômbia também estão em um bom caminho. Minha teoria do direito constitucional como "direito constitucional concreto" é relevante aqui. A próxima geração de cientistas em todo o mundo deve lutar por uma interpretação

---

18. Universidade do Oeste de Santa Catarina – UNOESC, Santa Catarina (Brasil) e Universidade Positivo, Paraná (Brasil).

constitucional aberta nesse sentido. Os Tribunais Constitucionais Internacionais, como na Costa Rica ou em Estrasburgo, teriam uma nova tarefa aqui. Eu também aproveito para agradecer a excelente pergunta.

11) O seu livro mais repercutido no Brasil, "Hermenêutica constitucional – A sociedade aberta dos intérpretes da Constituição: Contribuição para interpretação pluralista e 'procedimental' da Constituição", propiciou grande reforma no direito constitucional brasileiro. Grande exemplo é a inserção jurisprudencial, no Supremo Tribunal Federal, da possibilidade da colaboração processual do "amicus curiae", modelo posteriormente inserido na legislação nacional como uma regra processual aberta a inúmeros casos, não mais restrito a questões constitucionais. Passados alguns anos desta obra, qual o desafio atual para concretizar essa abertura constitucional preconizada? Qual o futuro da "sociedade aberta"?

Autor: Prof. Dr. Daniel Barile da Silveira[19].

Resposta: Agradeço o fato de que, no Brasil, a abordagem da sociedade aberta de intérpretes constitucionais no Tribunal Constitucional foi tomada em consideração com seriedade. No entanto, penso que apenas em casos constitucionais específicos deve ser utilizada esta abordagem processual. O direito penal e o direito civil, incluindo o direito tributário, não têm a ver com abertura nesse sentido. Eu represento uma metodologia de domínio específico: no direito constitucional deve ser argumentado

---

19. Universidade de Marília, São Paulo (Brasil).

diferentemente do que, por exemplo, no direito penal como uma típica "lei de interferência". O futuro da sociedade aberta no sentido de Poppers hoje está exposto a muitos perigos, pensa-se nas estruturas autoritárias que estão crescendo na Polônia e na Turquia, e no populismo muito citado, que provavelmente levou o presidente americano Trump ao poder. Há também ameaça de perigos na Internet. Ela não deve ser um espaço sem lei e sem estado. As mídias sociais infelizmente dão vazão às *fake news*. Contra as mentiras e falsas notícias, o Estado constitucional deve, por uma questão de verdade, proceder com todos os procedimentos e instrumentos possíveis. Anos atrás, publiquei um livro sobre "Problemas da Verdade no Estado Constitucional". As chamadas Comissões da Verdade, como na África do Sul e na Tunísia, são invenções bem-sucedidas das sociedades abertas de lá. Hoje, algo novo tem que ser criado para preservar a sociedade aberta. O judiciário estatal, com seu postulado de verdade diário, permanece indispensável.

12) **Sobre suas considerações sobre o "tempo" adequado para a reforma do Estado e o "custo" de sua negligência para a sociedade, apresentadas no artigo "O Estado Constitucional e seus requisitos de reforma" (2000), quase duas décadas dessas reflexões passaram e, durante esses anos, os governos desenvolveram muitas ações visando disposições constitucionais efetivas sobre boas práticas de governança, e, considerando o cenário da América Latina, especialmente o Brasil, que medidas vossa senhoria poderia apontar como os principais casos de sucesso em relação à abertura do Estado para incluir os cidadãos na tomada de**

decisões? Ao mesmo tempo, quais são os problemas mais graves que comprometem a abertura da democracia formal proposta pelos atores sociais? Acredita-se que tenha ocorrido um retrocesso no último biênio na democracia deliberativa brasileira. Por esse motivo, qual seria agora o papel da Suprema Corte frente a esses desafios?

Autora: Profa. Dra. Luciana Cristina de Souza[20].

Resposta: Eu, de fato, há muitos anos pensei em como um Estado constitucional pode aproveitar o momento certo para reformas constitucionais: o *"momentum"*, o *"kairos"*. Este problema é um trecho do tema "Tempo e Constituição" (1974), que recentemente foi publicado como um livro em Lima, em espanhol. Eu não me permito opinar sobre a situação geral do Brasil. Por um lado, sou amigo do seu país por muitas razões; por outro lado, não estou informado sobre todos os perigos. Perigosa é certamente a corrupção, frequentemente mencionada em muitos campos. Não sei como remediar esse déficit na cultura política do seu país. Mesmo nas escolas, uma espécie de ética cívica teria que ser desenvolvida. Também é possível pensar em oficiais ou comissões especiais de corrupção do governo (*Ombudsman*). Sua corte federal em Brasília já está fazendo muito neste sentido como um baluarte contra o executivo. No geral, verifica-se que o terceiro poder no Brasil merece e exige muita confiança. Também valeria a pena considerar uma democracia mais direta, como demonstrado pela Suíça. O cidadão tem uma boa intuição sobre corrupção ou abuso de poder. Talvez eu seja um pouco otimista

---

20. Faculdade Milton Campos, Minas Gerais (Brasil)

demais ou ingênuo nesse aspecto? Mas eu agradeço por esta pergunta, que eu não posso responder tão bem.

13) Como as transformações da comunicação por meio das redes sociais impactam na sociedade aberta de intérpretes da Constituição? Quais são os pontos positivos e negativos que Vossa Senhoria identifica para o debate democrático, tendo em vista que ele acaba sendo influenciado pelo furor imediatista daquilo que "viraliza" nas redes, em contraposição com uma pauta de interesses públicos que acaba sendo, por consequência, deixada de lado, diante desse fenômeno?

Autora: Profa. Dra. Irene Patrícia Nohara[21].

Resposta: A transformação do mundo da mídia exige procedimentos, instrumentos e instituições completamente novos. Por um lado, há alguns pontos positivos de crescente intensificação e ativação do processo democrático. Por outro lado, enfrentamos grandes perigos. Já falei da luta contra notícias falsas e também do papel da confiança no terceiro poder. Na Alemanha, a chamada "Lei de execução da internet" (*Netzwerkdurchsetzungsgesetz*) é muito controversa porque dá à mídia o direito de excluir mensagens ofensivas sem base judicial. Na França, uma lei semelhante foi anunciada. Infelizmente, não posso dizer mais.

14) A partir das premissas da sociedade dos intérpretes, a liberdade de expressão alcança uma "liberdade de desinformar",

---

21. Universidade Presbiteriana Mackenzie – UPM, São Paulo (Brasil).

como ocorre com as fake news?

Autor: Prof. Dr. Sandro Marcelo Kozikoski[22].

Resposta: Se pensamos na sociedade aberta dos intérpretes constitucionais, então não deve haver liberdade para desinformação. Infelizmente, a diferenciação entre informação e desinformação é difícil. A liberdade de expressão é conhecida por ser um dos fundamentos mais importantes da democracia, mas também deve ter seus limites, por exemplo, na proteção dos direitos da personalidade e privacidade dos afetados. Também os processos de sigilo no interesse do bem-estar do estado, devem ser considerados. Todavia também esta pergunta, infelizmente, só posso responder de forma rudimentar.

15) Qual é a aproximação e a principal diferença entre a tese da "sociedade aberta dos intérpretes" da Constituição e as teorias normativas que defendem a influência da opinião pública sobre as decisões das cortes constitucionais como uma espécie de "legitimação sociológica" da jurisdição constitucional?

Autor: Prof. Dr. Carlos Alexandre de Azevedo Campos[23].

Resposta: Meu paradigma da sociedade aberta dos intérpretes constitucionais (1975) vive acima de tudo embasado na ideia de que nosso olhar deve ser dirigido aos atores, isto é, aos participantes, da interpretação da constituição. Este círculo de participantes está aberto. O conceito de opinião pública é muito pouco

---

22. Universidade Federal do Paraná – UFPR, Paraná (Brasil).
23. Universidade do Estado do Rio de Janeiro – UERJ, Rio de Janeiro (Brasil).

estruturado e muito geral para mim. De Hegel vem a assertiva: Na opinião pública, tudo é verdadeiro e falso ao mesmo tempo. Eu não me voltaria contra o conceito de legitimidade sociológica do tribunal constitucional. Mas eu não quero ser empurrado para a estrada da sociologia em geral. A realidade é considerada pela constituição, (expressões-chave: realidade da constituição, interpretação constitucional orientada para a realidade). A propósito, a sociedade aberta não é uma porta de entrada para a arbitrariedade. Ela é legalmente estruturada e culturalmente fundamentada. É uma "sociedade constitucionalizada".

16) Como Vossa Senhoria analisa o "ativismo judicial" para interferência em questões políticas e sua repercussão na Democracia, desenvolvimento, na estabilidade e credibilidade dos Poderes, principalmente em tempos em que as decisões políticas parecem de fato inadequadas em seu conteúdo, provocando o clamor popular.

Autores: Profa. Dra. Mariana Ribeiro Santiago[24] e Prof. Dr. Jonathan Vita[25].

Resposta: De um ponto de vista abstrato, não é possível dizer quando o ativismo judicial deve ocorrer em um estado constitucional e quando a contenção judicial é devida. Imagina-se é uma interação: intervenção judicial e contenção judicial. Assim, nos Estados Unidos, a legislação do *New-Deal* foi julgada de maneira diferente pelo presidente Roosevelt. Na Alemanha, era

---

24. Universidade de Marília – UNIMAR, São Paulo (Brasil).
25. Universidade de Marília – UNIMAR, São Paulo (Brasil).

apropriado que as questões de reunificação fossem co-organizadas com ativismo judicial do Tribunal Constitucional em Karlsruhe. Parece-me que no Brasil hoje, quando se trata de corrupção, há uma necessidade particular de atitude do terceiro poder, pois outras funções do Estado parecem falhar.

17) Qual a sua opinião sobre o adensamento do questionamento do denominado "ativismo judicial", mormente a crescente valorização de certo "economicismo" no entendimento da aplicação das políticas públicas, sobretudo, mas não só, pela *mass media*? Sem deixar de valorizar a importância de determinada ortodoxia no tratamento das contas públicas, bem como a questão relevante da responsabilidade fiscal etc., a avaliação que vêm sendo dada a estes aspectos trás perspectiva de valorização da "reserva do possível" em detrimento da "extensividade constitucional", com ataque - mormente virulento - ao nosso sistema de controle de constitucionalidade e sua aplicação. Qual é a sua eventual avaliação perspectiva?

Autor: Prof. Dr. Rubens Beçak[26].

Resposta: Esta pergunta também é difícil. Eu sempre me posiciono contra a disseminação mundial da "economia". A economia está aí para a vontade do Homem, e não o contrário. O famoso "*homo oeconomicus*" é, na melhor das hipóteses, uma verdade parcial. Não se trata apenas de maximização racional da utilidade, as tarefas de bem-estar público não devem ser relativizadas pela economia passada. Isso também inclui a questão dos

---

26. Universidade de São Paulo – USP, São Paulo (Brasil).

limites do lobby (palavra-chave: transparência). No caso dos direitos de participação dos direitos fundamentais (direitos fundamentais de serviço), a "reserva do possível" é necessária, porque as funções públicas não podem exigir o economicamente impossível. Esta reserva de possibilidade foi proposta por mim em 1971. Ela também aponta limites de jurisdição constitucional. Isso, por mais doloroso que seja, deve ser lembrado com frequência.

18) No que diz respeito ao tema do "ativismo judicial no Brasil", seria adequado falar em "valores" para fundamentar sentenças, se os valores não possuem uma base racional para a mediação discursiva?

Autora: Profa. Dra. Ana Carla Pinheiro Freitas[27].

Resposta: O ativismo judicial no Brasil exige um grande orçamento criativo de argumentos e sua divulgação. O estado constitucional é uma comunidade nacional de valores. Julgamentos devem se referir a esses valores, pensar nos direitos fundamentais e em questões de paz e boa convivência, no bem comum e na justiça social. Aspectos emocionais também entram em jogo. Considere os casos de saudação da bandeira nos EUA. Hinos nacionais, bandeiras nacionais (como elementos de identidade cultural de um estado constitucional) e outros momentos emocionais, por exemplo, na cultura da lembrança, podem fornecer bons argumentos quando se trata de sua proteção. Tenho trabalhado repetidamente estes temas como parte da minha doutrina constitucional como ciência cultural. Relevante é a "imagem humana" de

---

27. Universidade de Fortaleza – UNIFOR, Ceará (Brasil).

uma constituição: o homem é um ser racional e ao mesmo tempo emocional, especialmente em sua comunhão. Esta ideia também pretendia guiar o discurso democrático no âmbito da constituição: *ratio* e *emotio*.

19) Como efetivar os direitos fundamentais sem que o Judiciário promova o ativismo judicial? É possível conciliar os valores de manifestação cultural da Constituição Federal e a defesa das minorias frente aos interesses econômicos em um cenário de múltiplos agentes interpretes da Constituição brasileira? Como? Como democratizar o discurso dos meios de comunicação enquanto agentes formadores de opinião?

Autores: Prof. Felipe Chiarello de Souza Pinto[28], Profa. Doutoranda Tais Ramos[29], Prof. Doutorando Yuri Nathan da Costa Lannes[30].

Resposta: A aplicação dos direitos fundamentais não pode dispensar o ativismo constitucional. A jurisprudência do *BVerfG* alemão em Karlsruhe mostra isso desde os anos 50. Hoje, tanto na Alemanha como no Brasil, os tribunais superiores devem garantir que os direitos culturais e a proteção das minorias no confronto com os interesses econômicos não sejam negligenciados. "Cultura *versus* Economia" pode ser uma expressão-chave (por exemplo, para proteger as florestas tropicais e a natureza como um todo). Talvez se possa recorrer à idéia da própria constituição.

---

28. Universidade Presbiteriana Mackenzie – UPM, São Paulo (Brasil).
29. Universidade Presbiteriana Mackenzie – UPM, São Paulo (Brasil).
30. Universidade Presbiteriana Mackenzie – UPM, São Paulo (Brasil).

Constituição é, teoricamente, sempre um limite de poder e proteção contra o abuso de poder, seja sobre o estado ou sobre o poder social. Tão importante quanto o possa ser mercado, há nele um acúmulo de poder econômico, crescimento ilimitado e ganhos ilimitados que são perigosos para a abertura do processo político. É relevante aqui a ideia de pluralismo, tal como desenvolvida pelo Tribunal Constitucional Federal alemão, com a sua distinção entre pluralismo externo e interno para a mídia. A proteção da abertura do discurso democrático ao lidar com a mídia economicamente poderosa é tão importante quanto difícil de ser percebida. Talvez um *ombudsman* ajude a mídia (exemplo: Suíça). Na Alemanha, a frase foi cunhada: Domar o capitalismo! O mercado não é um valor em si, tem apenas significado instrumental. O fundamentalismo da ideologia do mercado deve ser confrontado com a abertura da sociedade cultural. Por causa da globalização, chega-se a novas dificuldades. Em última análise, apenas uma referência aos valores culturais é útil, infelizmente não posso dizer mais sobre isso. Estou satisfeito que os estudantes de doutorado de São Paulo tenham feito essa pergunta difícil e obrigado por isso.

20) A ponderação entre direitos vem sendo um recurso utilizado pelas cortes constitucionais nas suas decisões. A Corte Europeia de Direitos Humanos, o Tribunal Constitucional Federal Alemão e o Supremo Tribunal Federal no Brasil, por exemplo, são alguns dos tribunais que empregam essa prática. Duas situações são especialmente sensíveis. A primeira, com a ponderação para adoção de uma posição contra legem; a segunda, em

casos de indeterminação do texto constitucional. Diante dessas duas situações, não deveria o tribunal constitucional adotar uma postura self-restraint para garantir o primado das escolhas majoritárias?

Autor: Fausto Santos de Morais[31].

Resposta: Pesar os valores entre os direitos fundamentais individuais e outros valores constitucionais é uma chave para todos os tribunais constitucionais (ver também o símbolo na arte: *Justitia* com a balança). Na Alemanha, isso já foi desenvolvido no período de Weimar (*inter alia*, por R. Smend). Hoje, dramáticos e controversos são os *trade-offs* entre a liberdade de expressão e a liberdade de imprensa, por um lado, e a proteção da personalidade e da privacidade, por outro. Mas pense também no conflito entre proteção ambiental e a propriedade privada de interesse público (como as empresas de petróleo). Os tribunais constitucionais podem muitas vezes abrir caminho com a ajuda da "interpretação constitucional" das leis. Nos casos em que um texto constitucional é indeterminado, os tribunais constitucionais devem ter cautela, para fazer jus àquilo que veio à tona na lei pela maioria do parlamento, aos valores expressos em lei. Isso requer muito tato e sensibilidade. Nos EUA existe a fórmula: "O Supremo Tribunal segue as eleições". É ousado e deve ser usado com muito cuidado: não há tirania da maioria.

21) Há uma crítica muito grande na atualidade sobre o fato do Supremo Tribunal Federal brasileiro perder muito tempo em

---

31. Faculdade Meridional – IMED, Rio Grande do Sul (Brasil).

questões que não são de cunho constitucional, como o foro por prerrogativa de função. Qual a visão do professor sobre estas funções não constitucionais de um tribunal que deveria preocupar-se quase totalmente com a interpretação da Constituição?

Autor: Prof. Dr. Emerson Ademir Borges[32].

Resposta: Compreendo as críticas ao Supremo Tribunal Federal em Brasília, na medida em que decide casos que não tratam de questões constitucionais específicas. Por razões de direito funcional, Brasília deve abrir espaço para os chamados "tribunais especializados" em todo o país. Pense em tribunais civis ou criminais. Não se deve sujeitar tudo a uma "onipresença da constituição". As áreas clássicas do direito, por exemplo o direito civil tem o seu *proprium*, muitas vezes com sabedoria jurídica clássica para conciliar interesses. Se o tribunal constitucional se estender demais, ele se colocará em perigo a longo prazo.

22) Vossa senhoria tem conhecimento de decisões do Supremo Tribunal Federal brasileiro? Vislumbra nas decisões atuais dos Ministros do Supremo Tribunal Federal brasileiro alguma aplicação da teoria da interpretação aberta?

Autora: Profa. Dra. Flávia Leite[33].

Resposta: Eu conheço algumas decisões do tribunal federal em Brasília. O ministro G. Mendes também as deu a conhecer na Alemanha e apresentou-as em um ensaio no anuário do direito

---

32. Universidade de Marília – UNIMAR, São Paulo (Brasil).
33. Universidade Estadual Paulista – UNESP, São Paulo (Brasil).

público (*Jahrbuch des öffentlichen Rechts*), especialmente em termos de interpretação constitucional aberta. Eu não posso e não quero dizer mais sobre isso, mas é claro que estou feliz se, como cientista, você puder ocasionalmente ajudar com a prática. Somos todos servos da lei, além das fronteiras nacionais. Isso deve ser vivido especialmente como exemplo para os jovens advogados.

23) Tem sido observado que alguns juízes de primeiro grau no Brasil acreditam que uma sociedade aberta de intérpretes permite que cada julgador tenha sua interpretação independentemente dos limites impostos pelo texto constitucional. De certa forma, a leitura da sua obra no Brasil, como um instrumento para o decisionismo, não o incomoda?

Autor: Prof. Dr. Flávio Pansieri[34].

Resposta: A "sociedade aberta dos intérpretes constitucionais" não deve levar cada juiz a interpretar independentemente dos limites do texto constitucional. Na Alemanha, há muita discussão sobre se a "redação da lei" marca um limite. Acredito que precisamos das quatro formas clássicas de interpretação que Savigny canonizou em 1840 para autodisciplinar a interpretação jurídica. O direito comparado é um "quinto" método de interpretação. A interação dos quatro ou cinco métodos de interpretação é variável no espaço e no tempo, dependendo da matéria e da lei. Exigido é o clássico "*Judiz*" do juiz experiente. Não se deve chegar à arbitrariedade e a um decisionismo oculto. Algumas coisas

---

34. Pontifícia Universidade Católica do Paraná – PUCPR, Paraná (Brasil).

são discutidas na Europa sob o lema "juiz do Estado" e suas fronteiras, também como críticas ao *BVerfG*.

24) Qual é, na sua opinião, o papel internacional do direito público alemão diante da ascensão de técnicas e métodos norte-americanos? Estará o direito público alemão – abstrato, filosófico e conceitualista – sendo superado, em termos de preferência, por jurisdições que lhe eram tradicionalmente sensíveis, por métodos e pragmatistas e empiristas, de inspiração norte-americana?

Autor: Prof. Dr. José Vicente Mendonça[35].

Resposta: Pode-se dizer com toda a modéstia que o reflexo internacional do direito constitucional alemão de hoje para a *GG*, também graças à autoridade do *BVerfG* em todo o mundo é grande. Há até declarações dos EUA, segundo as quais o pensamento legal alemão é superior ao dos EUA. Eu não compartilho esta opinião. Precisamos da abordagem mais pragmática e orientada a casos concretos dos EUA e do Reino Unido. Continuo a ser um admirador da Suprema Corte dos EUA e, ao mesmo tempo, sinto-me satisfeito com as realizações do *BVerfG* alemão e com as suas concretizações sistemáticas e invenções dogmáticas, por exemplo, em matéria de proteção dos direitos fundamentais.

25) Em uma sociedade aberta e plural de intérpretes, indaga-se: qual o mínimo ético a ser buscado nas decisões

---

35. Universidade Estadual do Rio de Janeiro – UERJ, Rio de Janeiro (Brasil).

constitucionais para que a eficácia seja obtida no século XXI?

Autor: Prof. Dr. Frederico Antonio Lima de Oliveira[36].

Resposta: A questão central da Amazônia refere-se ao mínimo ético nas decisões constitucionais. Isso deve ser sempre lembrado. O mínimo ético é encontrado, por exemplo, na garantia da dignidade humana, no princípio constitucional da tolerância, no estado e na separação social dos poderes e na compreensão pluralista da democracia. O mínimo ético deve ser protegido por uma garantia de eternidade não escrita. A proteção das minorias é incluída, assim como a justiça social, mesmo que ela ainda tenha grande necessidade de concretização. A proteção do mínimo ético é confiada a uma comunidade política e a todos os cidadãos e grupos, não apenas ao juiz constitucional. Começa nas escolas com os seus objetivos educacionais, por exemplo, em termos de tolerância e respeito pela dignidade dos outros, e ele está temporariamente terminando em decisões constitucionais. Já mencionamos os perigos do século XXI. Acima de tudo por causa da globalização, eles são grandes (questões-chave: capitalismo financeiro descontrolado, Internet, mídia de massa, crescimento ilimitado, maximização ilimitada do lucro). A migração entre os continentes também apresenta novos desafios. Trata-se de um equilíbrio entre a humanidade, por um lado, e os limites da capacidade de integração de um país, por outro. Os presidentes alemães apontam, com razão, que nossa capacidade de receber imigrantes é limitada. O mesmo se aplica a países como a Grécia e a Itália, particularmente expostos ao afluxo de refugiados.

---

36. Universidade da Amazônia – UNAMA, Amazonas (Brasil).

26) Considerando que o federalismo cooperativo compreende uma articulação institucional em bases não apenas normativas, mas que envolvem um suporte econômico para implementação de políticas públicas, como superar os obstáculos para um federalismo cooperativo no Brasil, num cenário em que muitos municípios, dotados de poucos recursos financeiros, preferem investir esforços para obter recursos da União, submetendo se à regulação do governo federal, mas faltando aos governos locais qualquer interesse em realizar determinada política pública?

Autor: Prof. Dr. Álisson José Maia Melo[37].

Resposta: Em meados da década de 80, desenvolvi a ideia da teoria federal mista para a Alemanha e outros. Existem elementos do federalismo da separação ("federalismo separatista"), do federalismo cooperativo, do estado unitário e do federalismo fiduciário. A última expressão é de minha autoria, ela significa a ajuda que foi fornecida no contexto da reunificação alemã depois de 1989 da Alemanha Ocidental para os países da Alemanha Oriental, a nível federal e estadual. Em 1949, o federalismo de separação estava em primeiro plano na Alemanha e na *GG*. Hoje observamos (infelizmente) manifestações de uma forte unitarização. Em 1968, o "federalismo cooperativo" foi institucionalizado na *GG* alemã, expressão-chave: tarefas comunitárias. Formas de federalismo cooperativo também podem ser encontradas nos EUA ou na Austrália. Ao longo da história, uma interação entre essas formas de federalismo pode ser observada. Hoje na Alemanha, a

---

37. Faculdade 7 de setembro – UNI7, Ceará (Brasil).

chamada "proibição de cooperação" é contestada. Trata-se da questão de saber se o governo federal deve fornecer diretamente apoio financeiro para a educação, universidades, comunidades e escolas nos estados, embora a soberania da cultura e a soberania da comunidade sejam matérias de competência dos estados. Então o governo federal quer prestar assistência financeira aos municípios para os refugiados. A mesma questão surge no Brasil. Lá e também aqui, apenas uma emenda constitucional formal da Constituição Federal pode ajudar. O Estado não deve agir de forma extra constitucional, não importa quão grande seja a dificuldade financeira dos municípios, e que tanto a ideia do federalismo cooperativo é aplicada no Brasil. Seu país deve harmoniosamente combinar todos os elementos do "federalismo misto" mencionados acima. O federalismo comparativo deve ser trazido à tona.

27) Considerando a importância da paz no mundo contemporâneo e considerando que sem paz não há direito à liberdade, que também é um direito da personalidade, é possível afirmar que a paz é um paradigma também para o direito civil, assim como deve iluminar todas as áreas do direito?

Autora: Profa. Dra. Maria Helena Diniz[38].

Resposta: Esta questão sobre paz vem a calhar para mim. No final de setembro de 2017, publiquei um livro intitulado "A Cultura da Paz - O Tema do Ensino Constitucional Universal" (*„Kultur des Friedens – Thema der universalen Verfassungslehre"*). Lá,

---

38. Pontifícia Universidade Católica de São Paulo – PUCSP, São Paulo.

explorei a questão de como as constituições nacionais em todo o mundo lidam com o tema da paz. Também trabalhei sistematicamente a "linguagem da paz" no direito constitucional europeu e no direito internacional. A Sra. está certa: sem paz não há nada. Todas as liberdades dependem de um estado de paz pré-existente. Aqui precisamos distinguir classicamente entre um estado pacífico da natureza e uma cultura pacífica. O princípio da paz também molda todo o direito civil. Pense no acesso à justiça como um elemento de paz ou no interesse na proteção legal como uma expressão da ordem de paz, incluindo o equilíbrio de interesses privados. A paz através do direito é a ideia dominante (também no direito penal). Por muitos séculos, os textos clássicos apontaram, com razão, para a unidade da *pax* e da *justitia*. O monopólio constitucional do poder pelo Estado é indispensável para isso.

28) A formulação teórica de Vossa Senhoria sobre sociedade aberta dos intérpretes representa importante tentativa de legitimação dos atores sociais no processo da decisão constitucional. Por outro lado, não poderia esta abertura diminuir o potencial da soberania popular na política democrática, já que o povo e partidos políticos poderiam vir a ser substituídos por estes atores sociais?

Autor: Prof. Dr. Martonio Mont'Alverne Barreto Lima[39].

Resposta: Com razão o Sr. menciona o setor social. Nele pertence sobretudo a área cultural. Trata-se de desenvolver uma teoria constitucional da sociedade civil. Isso ainda não existe. Pense

---

39. Universidade de Fortaleza – UNIFOR, Ceará (Brasil).

nas ONGs importantes em muitos campos da cultura, na economia, no social e no meio ambiente. O colega de Fortaleza pergunta corretamente sobre o papel da soberania popular. Aqui eu trabalho em uma nova visão, juntamente com o politólogo D. Sternberger, pretendo dizer que nem todo poder estatal vem do povo. Existem princípios legais gerais, há a dignidade humana prescrita e a independência do Terceiro Poder, que limitam a soberania do povo desde o início. Desde o início, o estado constitucional está preocupado com a "democracia constitucional". O Estado de Direito fornece regras que limitam a soberania popular. Aqui estão as ONGs. Meu trabalho mental até agora só chegou até este ponto. Como tantas vezes nesta entrevista, eu chego nos limites da minha própria ciência. A modéstia científica é necessária, somente o diálogo honesto frutifica.

29) No seu inspirador livro Europäische Verfassungslehre (8. Auflage, with Markus Kotzur), está fortemente sublinhada uma ligação muito interessante entre a incerteza sobre o futuro do processo de integração europeia e a necessidade de redescobrir as raízes culturais da identidade europeia. Nesta perspectiva, a questão principal parece ser não apenas "Quo vadis, Europa?", mas mais especificamente "De onde você vem, Europa?". A fim de lidar com a crise europeia, é necessário, portanto, dirigir o interesse científico "Ad fontes Europae". Esta abordagem é inspirada por uma confiança sincera no aprimoramento de um Europäische Öffentlichkeit, como a chave para construir e fortalecer um espaço público europeu e uma comunidade política sólida, baseada no princípio da democracia e no respeito dos

direitos fundamentais. Os principais atores do espaço público, a nível nacional, são partidos políticos. É o mesmo no nível europeu? Qual pode ser o papel dos partidos políticos europeus, se houver, neste processo? Como vossa senhoria observou, eles não têm exclusividade (um monopólio) no processo político europeu. Entretanto, podem ser um intermediário crucial. Nesta perspectiva, eles são capazes de desempenhar algum papel no esforço para promover a consciência necessária sobre as conexões essenciais entre o passado e o futuro do processo de integração europeia? E, mais especificamente, como eles podem melhorar um espaço público europeu e uma "identidade européia", considerando que a democracia européia parece ser uma "demoicracy" "através das fronteiras", na qual os Estados membros são atores muito importantes?

Autor: Prof. Dr. Francesco Saitto[40].

Resposta: No meu livro *Europäischen Verfassungslehre* (1. Aufl. 2001/2002, 7. Aufl., 2010, 8. Aufl. zusammen mit *M. Kotzur*, 2016), em princípio, lidei com a Europa. O Sr. tem razão que devemos, diante da crise, voltar à *„Ad fontes Europae"* (expressão-chave: herança cultural). Isso eu só posso responder com meus estudos de ciência cultural. É preciso se perguntar o que a Europa é em seu núcleo em termos de consciência histórica, ao contrário da América, África ou Ásia. Ao responder outras perguntas, eu já falei um pouco sobre isso. É importante falar de "publicidade europeia", em contraste com uma publicidade mundial ou nacional. Como o Sr. disse, os partidos políticos desempenham um papel

---

40. Sapienza Università di Roma (Itália).

fundamental aqui. Existe um artigo explícito no direito constitucional da UE sobre o seu papel. É necessário trabalhar na consciência europeia. O mesmo se aplica às manifestações intermediárias, como a mídia, rádio e televisão e associações comerciais ou sindicatos. Todos participam do processo de integração europeia, não apenas os estados. Trata-se de trabalhar na identidade europeia. Precisa-se da consciência do futuro e da origem da Europa. Nossa ciência também enfrenta grandes tarefas aqui. Já existe uma ciência europeia interdisciplinar - além do direito europeu. Todos os estudiosos estão envolvidos nisso. Especialmente em termos de comparação constitucional contextual. Os tribunais constitucionais de Madrid, Roma, Estrasburgo e Luxemburgo já estão fazendo muito. A Europa também precisa de altos padrões educacionais em escolas e faculdades. É para isso que o Parlamento da Europa luta em Estrasburgo. Em geral, devemos olhar para a Europa num sentido mais amplo, nomeadamente o "Parlamento Europeu". Ele trabalha tão eficazmente como modestamente no fundo das instituições da UE. O "público europeu" tem sua base em toda a Europa. O Tribunal dos Direitos Humanos em Estrasburgo faz muito em termos de direitos fundamentais e democracia. Ele também é ator no espaço público pan-europeu - talvez essas considerações possam ajudar na estruturação da integração latino-americana. Um dia, também ela deve alcançar a "densidade institucional" da Europa – passo a passo, ao longo de um período de tempo mais longo.

Muito obrigado.

A ORDEM ECONÔMICA NO MERCADO GLOBALIZADO E O CONSTITUCIONALISMO COOPERATIVO CULTURAL, FACE AS NOVAS REGRAS GERAIS DE PROTEÇÃO DE DADOS

THE GLOBALIZED MARKET ECONOMIC ORDER AND THE CULTURAL COOPERATIVE CONSTITUTIONALISM IN THE FACE OF THE NEW GENERAL RULES OF DATA PROTECTION

Bruno Torquete Barbosa

Vinícius Mendes e Silva

Resumo: O presente trabalho pretendeu traçar uma análise sobre a teoria do Estado Constitucional Cooperativo Cultural de Peter Härbele, levando-se em conta a responsabilidade social e solidária da empresa no que concerne ao cumprimento de legislações e regulamentos, tomando-se como exemplo as regras de proteção de dados em vigor no âmbito da União Europeia, mas que produzem seus efeitos a nível global. Para alcançar o objetivo de estudo, apresentou-se inicialmente a teoria que o embasa. Em seguida enfrentou-se o tema da responsabilidade social e solidária das atividades empresariais sob o prisma constitucional, para, enfim, ao se ilustrar a perspectiva apresentada com o regramento de proteção de dados que como dito possui seus reflexos em território extra bloco comercial, demonstrar que não há incompatibilidade com a soberania dos Estados. O referencial teórico ancora-se na teoria do Estado Constitucional Cooperativo Cultural de Peter Härbele e optou-se pelo método dialético jurídico essencialmente embasado em pesquisa bibliográfica.

Palavras-chave: Constitucionalismo Cooperativo; Responsabilidade Social da Empresa; Globalização; Soberania.

Abstract: The present work intended to draw up an analysis on the theory of the Cultural Cooperative Constitutional State of Peter Härbele, taking into account the company's social and solidarity responsibility as regards compliance with laws and regulations, taking as an example the rules for data protection in force within the European Union, but which produce its effects at a global level. In order to achieve the study objective, the theory that bases the study was initially presented. Then faced the subject of social responsibility and solidarity of business activities under the constitutional prism, at last to illustrate the perspective presented with the regulation of data protection that as said has its reflexes in Extra territory commercial block, demonstrate that there is no incompatibility with the sovereignty of the States. The theoretical reference is anchored in the theory of the Cultural Cooperative Constitutional State of Peter Härbele. And it was opted for the legal dialectical method essentially based on bibliographical research.

Keywords: Cooperative Constitutionalism; Company's Social Responsibility; Globalization; Sovereignty.

INTRODUÇÃO

Como se sabe a Constituição de um país é sua base legislativa, pois dela decorre o ordenamento jurídico, inclusive seus princípios, havendo que se destacar que levando-se em conta o ordenamento constitucional brasileiro a carta magna traz como fundamento a soberania a dignidade da pessoa humana e os valores sociais do trabalho e da livre iniciativa.

Também se apresenta no art. 170 e seguintes da carta política novamente a soberania nacional e a livre concorrência. Entrementes, evidencia-se que o desenvolvimento econômico, deve se pautar por aspectos que vão além da simples geração de lucros, pois há que se desenvolver a economia de forma saudável à sociedade, surge assim a necessidade de se ater à regras que visam a obediência aos ditames concernentes à responsabilidade social e solidária.

Assim, no presente estudo busca-se inicialmente traçar uma análise sobre a teoria que ancora o estudo, passando-se à análise da responsabilidade social e solidária da empresa, e trazendo como ilustração à compatibilização das premissas as regras de proteção de dados em vigor no âmbito da união europeia, mas que gera efeitos globais.

Justifica-se o presente estudo em face da globalização das relações negociais e dos mercados de consumos, onde se observa a inexistência de fronteiras, sendo evidente que a atuação da empresa pode acarretar problemas fora dos limites territoriais de onde encontra-se instalada, afetando outras populações, que não se submetem à soberania nacional brasileira, nem mesmo ao ordenamento jurídico posto no Brasil.

Assim, com a apresentação sob o prisma das regras

estabelecidas pela "GDPR" sigla em inglês para as "Regras Gerais de Proteção de Dados", que como dito vige no âmbito do bloco econômico denominado União Europeia, mas que traz inclusive determinações à empresas que não possuem suas sedes no bloco.

O método de abordagem será o dialético jurídico, abrangendo pesquisa bibliográfica e análise de fatos concretos, como exemplos, de forma a alcançar os resultados propostos, tendo como referencial a teoria do Estado Constitucional Cooperativo Cultural de Peter Härbele, observando que ao se tratar de comportamento empresarial que respeita as responsabilidades social e solidária da atividade não há desrespeito à soberania dos Estados, mas sim uma compatibilização de interesses.

1. O CONSTITUCIONALISMO COOPERATIVO CULTU-RAL

Antes de tratar especificamente do constitucionalismo cooperativo cultural, conforme teoria de Peter Häberle, é necessário abordar o próprio constitucionalismo, em sua origem e seu desenvolvimento.

Inicialmente cumpre esclarecer que o termo constitucionalismo tem dois sentidos, um amplo – que diz respeito ao fato de todo Estado possuir uma constituição, independentemente do regime político ou perfil jurídico adotado; e, um estrito – que se refere à técnica jurídica de tutela das liberdades, impedindo ao Estado a opressão pelo uso da força e do arbítrio (BULOS, 2014, p. 64). De acordo com Canotilho (2003, p. 51), pode-se conceituar o constitucionalismo como:

> [...] teoria (ou ideologia) que ergue o princípio do governo limitado indispensável à garantia dos direitos em dimensão estruturante da organização político-social de uma comunidade. Neste sentido, o constitucionalismo moderno representará uma técnica específica de limitação do poder com fins garantísticos. O conceito de constitucionalismo transporta, assim, um claro juízo de valor. É, no fundo, uma teoria normativa da política, tal como a teoria da democracia ou a teoria do liberalismo.

Já André Ramos Tavares (2002, p. 1), traz quatro pilares para a formação do conceito de constitucionalismo, assim delineados:

> [...] numa primeira acepção, emprega-se a referência ao movimento político-social com origens históricas bastante remotas que pretende, em especial, limitar o poder arbitrário. Numa segunda acepção, é identificado com a imposição de que haja cartas constitucionais escritas. Tem-se utilizado, numa terceira acepção possível, para indicar os propósitos mais latentes e atuais da função e posição das constituições nas diversas sociedades. Numa vertente mais restrita, o constitucionalismo é reduzido à evolução histórico-constitucional de um determinado Estado.

Nota-se que o constitucionalismo é essencial à vida e saúde de um Estado, na medida em que há a necessária existência de regras que limitam o seu poder, bem como devem estar presentes normas relativas aos direitos fundamentais do homem. Neste sentido:

> Constitucionalismo significa, em essência, limitação do poder e supremacia da lei (Estado de direito, rule of the law, Rechtsstaat). O nome sugere, de modo explícito, a existência de uma Constituição, mas a associação nem sempre é necessária ou verdadeira. Há pelo menos um caso notório em que o ideal constitucionalista está presente independentemente de Constituição escrita - o do Reino Unido - e outros, muito mais numerosos, em que ele passa longe, apesar da vigência formal e solene de Cartas escritas. Exemplo inequívoco é o fornecido pelas múltiplas ditaduras latino-americanas dos últimos quarenta anos. Não basta, portanto, a existência de uma ordem jurídica qualquer. E preciso que ela seja dotada de determinados atributos e que tenha legitimidade, a adesão voluntária e espontânea de seus destinatários (BARROSO, 2015, p. 29).

Sem desprezar o histórico apresentado pela doutrina sobre a evolução do constitucionalismo, importa ao presente estudo as suas acepções mais recentes, conforme se verá a seguir. O constitucionalismo contemporâneo é uma fase do constitucionalismo que se destaca: "pela existência de documentos constitucionais amplos, analíticos, extensos, a exemplo d Constituição brasileira de 1988" (BULOS, 2014, p. 76). De acordo com a doutrina de Lenio Luiz Streck (2014, p. 29-30), sobre o constitucionalismo contemporâneo, pode-se afirmar que:

> Nessa medida, pode-se dizer que o Constitucionalismo Contemporâneo representa um

redimensionamento na práxis político-jurídica, que se dá em dois níveis: no plano da Teoria do Estado e da Constituição, com o advento do Estado Democrático de Direito, e no plano da Teoria do Direito, no interior da qual acontece a reformulação da teoria das fontes (a supremacia da lei cede lugar à onipresença da Constituição), da teoria da norma (devido à normatividade dos princípios) e da teoria da interpretação (que, nos termos que proponho, representa uma blindagem às discricionariedades e aos ativismos).

Nota-se na doutrina que o constitucionalismo contemporâneo é sinônimo de neoconstitucionalismo e tem forte carga principiológica. Uadi Lammêgo Bulos (2014, 80), apresenta algumas de suas características:

Para os defensores do neoconstitucionalismo, ele apresenta as seguintes características: (i) equivale a uma nova teoria do Direito Constitucional; (ii) promoveu a decodificação do Direito, cujos ramos saíram da órbita infraconstitucional, passando para o campo constitucional; (iii) inaugura um novo período da hermenêutica constitucional; (iv) reflete a pujança da força normativa da Constituição; (v) corresponde a uma nova ideologia ou método de análise do Direito; (vi) retrata o advento de um novo sistema jurídico e político; (vii) inaugura um novo modelo de Estado de Direito; e (viii) reúne novos valores que se prenunciam vigorosamente.

Dentre estas características do neoconstitucionalismo,

importam especificamente ao presente estudo a da força normativa da constituição e o novo período de hermenêutica constitucional. Quanto à força normativa da constituição, nas palavras de Konrad Hesse (1991, p. 24):

> A constituição jurídica logra conferir forma e modificação à realidade. Ela logra despertar 'a força que reside na natureza das coisas', tornando-a ativa. Ela própria converte-se em força ativa que e determina realidade política e social. Essa força impõe-se de forma tanto mais efetiva quanto mais ampla for a convicção sobre a inviolabilidade da Constituição, quanto mais forte mostrar-se essa convicção entre os principais responsáveis pela vida constitucional. Portanto, a intensidade da força normativa da Constituição apresenta-se, em primeiro plano, como uma questão de vontade normativa, de vontade de Constituição (*Wille zur Verfassung*).

Dessa forma e, de acordo com a teoria de Hesse, a Constituição de um país deve garantir, através de seu texto, com reflexos na sociedade, a eficácia normativa de seu próprio conteúdo, não devendo, deste modo, ignorar a cultura, os princípios políticos e socioeconômicos que regem a sociedade na qual ela impera.

Quanto à nova hermenêutica constitucional, tem-se que há uma proposta de reaproximação entre o Direito e a Ética, baseada na concretização e efetividade dos direitos fundamentais, com a valorização dos princípios constitucionais. Neste sentido:

> Em razão dessa nova compreensão da experiência normativa, operaram-se radicais

> mudanças nos domínios da hermenêutica jurí-
> dica, abandonando-se os tradicionais métodos
> e critérios de interpretação – que aprisionavam
> o aplicador do direito à estrita literalidade da lei
> – para se adotarem pautas axiológicas mais am-
> plas e flexíveis, não raro indeterminadas, que
> permitam aos operadores do direito ajustar os
> modelos jurídicos às necessidades de um
> mundo cada vez mais complexo e, por isso,
> cada vez menos propício a toda forma de arru-
> mação (COELHO, 2011, p. 101).

Nota-se que os princípios, nesta nova hermenêutica constitucional, têm dupla função, na medida em que são o ponto de partida para a interpretação da norma, bem como o limite ao interprete, uma vez que este está vinculado à observância dos princípios constitucionais.

Superada o breve estudo do neoconstitucionalismo, resta analisar o movimento chamado de transconstitucionalismo, que nas
palavras de Bulos (2014, p. 90) é: "o fenômeno pelo qual diversas
ordens jurídicas dc um mesmo Estado, ou de Estados diferentes,
se entrelaçam para resolver problemas constitucionais". Com a
evolução das relações estatais, políticas, sociais, comerciais do
mundo pós-moderno, surgem problemas de ordem jurídica em
que a soberania estatal se contrapõe ao modelo de convivência e
relacionamentos.

Assim, o transconstitucionalismo surge como um movimento
que útil à solução dos possíveis conflitos, na medida em que a vai-
dade e discórdia abrem espaço para o entendimento e cooperação
entre os Estados (BULOS, 2014, p. 90). Sobre o assunto, elucida

Marcelo Neves (2014, p. 208):

> O transconstitucionalismo não toma uma única ordem jurídica ou um tipo determinado de ordem como ponto de partida ou ultima *ratio*. Rejeita tanto o estatalismo quanto o internacionalismo, o supranacionalismo, o transnacionalismo e o localismo como espaço de solução privilegiado dos problemas constitucionais. Aponta, antes, para a necessidade de construção de "pontes de transição", da promoção de "conversações constitucionais", do fortalecimento de entrelaçamentos constitucionais entre as diversas ordens jurídicas: estatais, internacionais, transnacionais, supranacionais e locais.

Nota-se que o transconstitucionalismo demonstra a necessidade de um diálogo entre os ordenamentos jurídicos, mas sem que haja a supressão da soberania de um ou de outro, mas sim um entrelaçamento entre os ordenamentos jurídicos, com a finalidade de solução pacífica dos problemas. Dessa forma e entrelaçando os temas, vem à tona a teoria de Peter Häberle (2003, p. 68-69), na medida em que o Estado constitucional cooperativo imprescinde de redes de cooperação econômica, social, humanitária, desenvolvendo-se uma consciência e cultura de cooperação, internacionalizando a sociedade.

Para Häberle (2002, p. 124-125), no plano internacional, a abertura do Estado constitucional à comunidade internacional, a qual se deu, por exemplo, através dos pactos internacionais de direitos humanos, fez nascer uma "Comunidade internacional de Estados constitucionais", que buscou a criação de um "Estado-nação supraestatal", de forma a conferir um condicionamento estatal ao supraestatal.

A evolução do constitucionalismo até a sua concepção de Estado constitucional cooperativo apresenta dois fatores preponderantes, o sociológico-econômico e o ideal-moral. Quanto ao primeiro, tem-se que o constitucionalismo cooperativo é efeito das relações econômicas intensificadas pela globalização; o segundo, é fruto da proteção aos direitos humanos e fundamentais, que resguardam não apenas os nacionais, como também os estrangeiros.

Na ótica de Gilmar Mendes (2009, p. 70-71), o constitucionalismo cooperativo:

> Para Häberle, mesmo que, em uma perspectiva internacional, a cooperação entre os Estados ocupe o lugar de mera coordenação e de simples ordenamento para a coexistência pacífica – ou seja, de mera delimitação dos âmbitos das soberanias nacionais –, no campo do direito constitucional nacional tal fenômeno, por si só, pode induzir a tendências que apontem para um enfraquecimento dos limites entre o interno e o externo, gerando uma principiologia de prevalência do direito comunitário sobre o direito interno.

O Estado constitucional cooperativo introduz, assim, uma "comunidade universal de Estados constitucionais", em um cenário no qual os Estados constitucionais não existem mais para si mesmos, mas como referências para os outros. A ordem internacional influencia de forma direta a soberania do Estado nacional, o qual, em razão dessa influência, não é mais soberano, nos moldes clássicos, mas, sim, cooperativo.

Para Häberle (2003, p. 75), a manifestação do constitucionalismo cooperativo acontecerá pelos princípios gerais do direito, ou da internacionalização dos direitos humanos universais, como uma política exterior, favorecendo os direitos humanos, como aquelas de objetivos educacionais, paz mundial, proteção ao meio ambiente, amizade, cooperação e ajuda ao desenvolvimento e ajuda humanitária. É cristalino que a soberania estatal pode sofrer influências externas, na concepção do constitucionalismo cooperativo, mas isto não a elimina, apenas confere-a uma nova interpretação, conforme destaca Mendes (2009, p. 71):

> De tal forma, o modelo de cooperação permitiria que os Estados constitucionais preservassem suas características constitucionais, mas com vocação crescente para o intercâmbio no plano internacional. **A ordem internacional influenciaria de forma direta a soberania do Estado nacional, o qual, por essa influência, deixa de ser soberano, nos moldes clássicos, para ser cooperativo.** g.n.

Finalmente, quanto à ótica cultural do constitucionalismo cooperativo, Häberle, unifica todas os aspectos constitucionais (sociológico, político e jurídico), remetendo à cultura do povo em que vige a Constituição, para favorecer o surgimento de novos valores, que emanam do povo e por ele devem ser seguidos, neste sentido:

> Por fim, criada por Peter Häberle, a concepção *cultural* entende que a Constituição, em verdade, tem um aspecto sociológico, político e

> jurídico, remetendo a um conceito de Constituição total (isto é, em todos os aspectos). Ao mesmo tempo em que uma Constituição é resultante da cultura de um povo, ela também é condicionante dessa mesma cultura com seu surgimento, contribuindo para formação de novos valores.
>
> Tal ângulo de observação parte da premissa de que o direito é um objeto cultural e, como tal, produto da atividade humana. Ora, se a cultura é algo feito por humanos, para ser consumido por outros humanos, significa que uma concepção cultural de direito implica algo que é concebido por humanos para autorregulação. O homem cria as regras que vai seguir e não pode simplesmente modificá-las quando delas não mais precisar, pois, antes disso, deve se certificar de que um número considerável de congêneres também preza pela modificação (LAZARI, 2012, p. 297).

Nota-se, em verdade, que a Constituição de um Estado, em sua concepção cultural, deve intensificar esforços que permitam uma releitura das relações entre dignidade da pessoa humana e povo, razão e liberdade, Direito e realidade, bem como entre ideologia e interesses econômicos. A interpretação constitucional efetuada à luz da perspectiva científico-cultural pode lograr melhores fórmulas de compreensão na relação entre os textos jurídicos e seus respectivos contextos, considerando que toda manutenção ou mudança constitucional sempre é revitalizada mais intensamente a partir das cristalizações culturais próprias. (HÄBERLE, 2000, p. 160)

Com isso e, levando-se em conta a importância da proteção dos dados pessoais, é imprescindível que se faça uma análise e integração das Constituições e, na verdade, de todo o ordenamento jurídico dos Estados, que mantém entre si relações comerciais, especialmente em razão do comércio eletrônico, advindo da globalização e abertura de mercados, para que preservem-se os dados das partes envolvidas, por se tratar de direito da personalidade, tudo em consonância com o constitucionalismo cooperativo cultural, desenvolvido por Peter Häberle.

2. A RESPONSABILIDADE SOCIAL E SOLIDÁRIA DA EMPRESA

Há que se destacar a importância de apontar a responsabilidade social e solidária da empresa, quando se tem por ponto de observação o constitucionalismo cultural e cooperativo, tendo-se por premissa que as empresas podem não vislumbrar barreiras territoriais para o desempenho de suas atividades, uma vez que ela detém papel relevante na construção de ambos os sistemas, com vistas ao conceito de justiça social proposto por Rawls.

Assim, neste cenário de ausência de fronteiras para a relação entre as empresas e seus consumidores é necessário destacar que os mercados, e as instituições, não podem ser analisadas de forma isolada, neutra a impessoal, somente sob o prisma de oferta e demanda, oriundas de sujeitos cujas relações limitam-se às que advém dos sinais que recebem do funcionamento do sistema de preços, concebido pela economia neoclássica. Ao contrário, as empresas são estruturas sociais, isto é, formas recorrentes e estáveis de interação, submetidas a sanções (SWEDBERG, 2005).

Nesse contexto também merece destaque o sistema que pode ser classificado como de economia colaborativa, dentro dessa perspectiva de inter-relação, cumprindo conceituar:

> conjunto de experiências coletivas de trabalho, produção, comercialização e crédito, organizadas por princípios solidários e que aparecem sob diversas formas: cooperativas e associação de produtores, empresas autogestionárias, bancos comunitários, clubes de troca, e diversas organizações populares urbanas e rurais (SINGER; SOUZA, 2000, p. 123).

Assim, a atividade pressupõe a formação de um grupo (trabalhadores, consumidores, etc.), intervindo na produção de sua história e procurando apresentar projetos para a sociedade, como por exemplo experiências participativas abordam a economia distributiva operada pelo Estado, responsável por organizar a produção da riqueza social.

Sempre de forma a incentivar os espaços de formação de redes de trocas entre indivíduos ou grupos, propiciando uma adequação de modo a garantir o valor social e a dimensão pública do território, como espaço da interação e da troca, pois:

> (...) uma vez que o poder político é sempre coercitivo – apoiado no monopólio que o Estado tem da força legal –, num regime democrático ele é também o poder do público, isto é, o poder dos cidadãos livres e iguais como um corpo coletivo. Mas, se cada cidadão tem uma mesma parcela de poder político, então, na medida do

> possível, o poder político deveria ser exercido, pelo menos quando os elementos constitucionais essenciais e questões de justiça básica estão em discussão, de uma maneira que todos os cidadãos possam endossar publicamente à luz de sua própria razão (RAWLS, 2003, p. 128).

Esse é o ambiente onde a empresa pode se posicionar demonstrando sua responsabilidade, seja social ou solidária, pois, sendo instrumento para o exercício de atividades econômicas, há que ser reconhecida pelo cumprimento de suas obrigações perante a coletividade, uma vez que:

> Se a livre iniciativa é a possibilidade de agir antes de qualquer outro, sem influência externa, como uma expressão da liberdade, o valor social, no caso, significa que essa atividade deve ser socialmente útil e que se procurará a realização da justiça social, do bem-estar social (CRETELLA JR.,1992, p. 140-141 *apud* SANTIAGO; CAMPELLO, 2016).

Assim, é possível se extrair da Constituição Federal, que o direito privado tem fundamento de validade na função social e na solidariedade, na medida em que a República Federativa do Brasil tem por fundamento o princípio da dignidade da pessoa humana, bem como tem por objetivos construir uma sociedade solidária, através da justiça social (PAYÃO; SANTIAGO, 2016).

Definindo função social da empresa:

> O exercício pelo administrador da sociedade por ações das atribuições legais e estatutárias para a consecução dos fins e do interesse da

> companhia, usando do seu poder de modo a atingir a satisfação das exigências do bem comum. (DINIZ, 1998, p. 613).

Ora, a toda evidencia que a empresa tem como objetivo a circulação de bens e serviços e com tal atividade buscar lucros, o que não pode ser considerado de forma pejorativa ao contrário é a própria finalidade. Ocorre que, nessa busca pela satisfação da finalidade, há que se buscar também a melhora nos contingentes da sociedade em que inserida, atingindo assim, a completude de sua missão constitucional. Neste sentido:

> A função social da empresa possui o mesmo sentido, ou seja, a empresa deve cumprir com as finalidades principais para as quais fora estruturada, uma vez que são úteis ao desenvolvimento econômico do país. Por outro lado, não pode atuar inerte á realidade social, educacional, cultural do meio em que se encontra, devendo contribuir com o cumprimento dos direitos e objetivos constitucionais, que, por óbvio, vão além do estatuto da empresa (PAYÃO; SANTIAGO, 2016, p. 248).

Assim, ao realizar sua função social, é imperioso que haja uma compatibilização dos interesses da empresa, com os interesses coletivos, pois o Estado, por si só, não tem condições de realizar todas as necessidades sociais. Logo, a consecução dos objetivos primários da empresa (função econômica e financeira) deve coadunar-se com a sua função eminentemente social (PAYÃO; SANTIAGO, 2016).

Além da função social, a empresa também tem que ter

responsabilidade solidária, que nas palavras de Paulo Luiz Netto Lôbo (2009, p. 81):

> Como categoria ética e moral que se projetou para o mundo jurídico, significa um vínculo de sentimento racionalmente guiado, limitado e auto-determinado que impõe a cada pessoa deveres de cooperação, assistência, amparo, ajuda e cuidado em relação às outras. A solidariedade cresce de importância na medida em que permite a tomada de consciência da interdependência social.

Nesse prisma ressalta-se que a atividade econômica há que se pautar pela boa-fé, honestidade e cidadania, pois, a empresa e sua atividade têm papel relevante no modo de vida da sociedade em que atua como observado no conceito de economia colaborativa. Portanto, a função solidaria, surge arraigada nas práticas empresarias, possibilitando que a atividade cumpra o seu papel constitucional:

> A função solidária da empresa expressa justamente a junção dos conceitos de solidariedade e cidadania na atividade econômica, ao lado da função social da empresa, busca uma atuação mais humana na atividade empresarial, uma atuação mais positiva, com ações concretizadas (PAYÃO; SANTIAGO, 2016).

Em que pese aparentemente abstrato o conceito de função solidária da empresa é simples, e há que se iniciar no interior da organização, ao se oferecer condições salubres e seguras de trabalho, instalações adequadas. Além disso, conferindo direitos aos familiares de seus colaboradores; proteção ao meio ambiente, etc. Nesse sentido, Manoel de Queiroz Pereira Calças e Simone Bento (2015) explicam:

> A empresa pode agir com responsabilidade solidária direcionando suas ações para seus próprios empregados, como, por exemplo, ensejando boas condições no local de trabalho, conforto, qualidade de material, segurança, salários justos e incentivadores, plano de carreira, treinamento tecnológico, atividades educacionais, culturais e de lazer, contratação de deficientes e idosos. As ações da empresa podem também se dirigir aos familiares de seus empregados, fornecendo clubes para lazer e prática de esportes, creches, escolas, planos de saúde, educação continuada etc. O respeito aos direitos humanos como não exploração de mão-de-obra infantil, não utilização do chamado trabalho escravo, adoção de conduta baseada na igualdade das pessoas, sem levar em conta a diferença de sexo, religião, nacionalidade ou raça.

Ora, como observado, a função solidária da empresa exige que os deveres dela sejam mais do que os seus compromissos de mercado, mas também as suas iniciativas voluntárias que beneficiem a comunidade, com respeito ao próximo. Assim, a empresa deve compatibilizar seus interesses pessoais com os interesses sociais, na busca da justiça social (PAYÃO; SANTIAGO, 2016).

Como meio de que a própria atividade empresarial possa ser considerada legítima, de acordo com os preceitos constitucionais, ela deve atuar com estrita observância da sua responsabilidade social e solidária, com vistas aos ditames da justiça social, expressamente previsto no artigo 170 da Constituição da República.

Na medida em que a justiça social tem sua conformação na própria dignidade da pessoa humana, como fim da ordem econômica (GRAU, 2010, p. 228), deve ser buscada pela empresa a todo momento.

Ainda, de acordo com Rawls (2000, p. 145): "(...) Uma concepção do justo é um conjunto de princípios, gerais em sua forma e universais em sua aplicação, que deve ser publicamente reconhecido como uma última instância de apelação para a ordenação das reivindicações conflitantes de pessoas éticas (...)".

Atuando de acordo com as normas, e ainda atendendo suas funções social e solidária, haverá consonância entre a atividade e dos preceitos da justiça social.

3. AS REGRAS GERAIS DE PROTEÇÃO DE DADOS

Ora, nesse conjunto de ideias, onde se correlaciona o constitucionalismo cultural cooperativo e a responsabilidade social e solidária da empresa, surge uma preocupação no que concerne à proteção de dados dos consumidores por partes das empresas.

É notório o valor econômico dos dados dos consumidores, e há que se ampliar a análise sobre a palavra dados que não pode se restringir à uma análise simplista no que se refere a informações básicas concernentes à números de contato, documentação etc, mas ao contrário ao se focar no quesito dados observa-se o interesse empresarial em toda e qualquer informação que possa determinar qualquer padrão que possa gerar finalidade econômica.

Observa-se que informações sobre preferências, buscas na rede mundial de computadores, comportamento de consumo, e até inter-relação entre produtos, são de extrema importância para os empreendedores que pretendem atender uma demanda que mesmo oculta possa ser convertida em negócios.

Surge então a chamada GDPR (*General Data Protection Regulation*), que traduzindo trata-se de Regras Gerais de Proteção de Dados, em vigor na União Européia desde maio de 2018, apresenta uma série de regras e punições para a atuação de empresas no ambiente virtual. Fazendo a correlação com o constitucionalismo cooperativo é imperioso se destacar que não se trata de uma regulamentação de caráter global, entretanto, no ambiente virtual fronteiras são barreiras inexistentes, que somente determinam algumas siglas no endereço eletrônico de uma página da rede mundial dos computadores.

Merece destaque também o fato de que não é necessariamente apresentado ao usuário de um aplicativo ou de um serviço disponibilizado em uma página onde no globo se localiza a empresa prestadora, e em tais ambientes dados serão fornecidos e disponibilizados, dados esses importantes como número de cartão de crédito, endereços, etc, bem como padrões de comportamento de consumo, com alhures citado.

Assim, cumpre destacar que em que pese ser uma regulação que determina regras vigentes para a União Europeia, seu alcance como dito não encontra fronteiras, e inclusive há determinações para quem não pertence ao bloco econômico. Alguns aspectos relevantes do novo ordenamento devem ser apresentados:

> O presente regulamento aplica-se ao tratamento de dados pessoais no contexto das actividades de estabelecimento de um controlador ou de um transformador na União, independentemente de o tratamento ter lugar na União ou não (art. 3º da GDPR)[1].

Ora, claramente há pretensão de efeito externo em legislação que haveria que regrar os Estados que pertencem ao bloco econômico que criou e promulgou a regulamentação. Há ainda outras questões extremamente relevantes no texto legal, que determina seus efeitos extra bloco:

> 1. o presente regulamento aplica-se ao tratamento de dados pessoais de sujeitos de dados que se encontram na União por um controlador ou por um transformador não estabelecido na União, sempre que as actividades de transformação estejam relacionadas com:
>
> 1. a oferta de bens ou serviços, independentemente de se exigir um pagamento da pessoa em causa, a essas matérias de dados na União; ou
>
> 2. o controlo do seu comportamento no que se refere ao seu comportamento na União.

---

1. This Regulation applies to the processing of personal data in the context of the activities of an establishment of a controller or a processor in the Union, regardless of whether the processing takes place in the Union or not. (Disponível em <https://gdpr-info.eu/art-3-gdpr>. Acesso em 15 de julho de 2018)

> 2. o presente regulamento aplica-se ao tratamento de dados pessoais por um auditor não estabelecido na União, mas num local em que a legislação dos Estados-Membros se aplique em virtude do direito internacional público (art. 3º da GDPR)[2].

Ora, há previsão explícita para situações em que o operador do serviço ou atividade não esteja sediado nos Estados Membros, conforme se observa:

> Art. 27. Representantes dos controladores ou processadores não estabelecidos na União
>
> 1. quando se aplica o artigo 3.2, o controlador ou o processador deve designar por escrito um representante da União.
>
> 2. a obrigação prevista no n. o 1 do presente artigo não se aplica:
>
> 1. processamento que é ocasional, não inclui, em grande escala, de categorias especiais de dados referidos no artigo 9(1) ou de transformação dc dados pessoais relativos a condenações penais e infracções referidas no artigo 10º e é

---

2. *1. This Regulation applies to the processing of personal data of data subjects who are in the Union by a controller or processor not established in the Union, where the processing activities are related to: 1. the offering of goods or services, irrespective of whether a payment of the data subject is required, to such data subjects in the Union; or 2. the monitoring of their behaviour as far as their behaviour takes place within the Union.*
    2. This Regulation applies to the processing of personal data by a controller not established in the Union, but in a place where Member State law applies by virtue of public international law.

improvável que resultar em um risco para os direitos e liberdades das pessoas singulares, tendo em conta a natureza, âmbito, escopo e finalidades do tratamento; ou

2. uma autoridade pública ou organismo.

3. o representante é estabelecido em um dos Estados-Membros onde os titulares dos dados, cujos dados pessoais são tratados em relação a oferta de bens ou serviços a eles, ou cujo comportamento é monitorado, são.

4. o representante deve ser mandatado pelo controlador ou processador para ser endereçado para além ou em vez do controlador ou o processador por, em particular, supervisão temas autoridades e dados, todos os assuntos relacionados ao processamento, para fins de assegurar o cumprimento do presente regulamento.

5. a designação de um representante pelo controlador ou processador prejudica a acções judiciais que poderia ser iniciada contra o processador ou o controlador de si mesmos3.

---

3. *Art. 27. Representatives of controllers or processors not established in the Union:*
1.Where Article 3(2) applies, the controller or the processor shall designate in writing a representative in the Union.
2. The obligation laid down in paragraph 1 of this Article shall not apply to:
1. processing which is occasional, does not include, on a large scale, processing of special categories of data as referred to in Article 9(1) or processing of personal data relating to criminal convictions and offences referred to

Portanto ao se coadunar o fato de quem mesmo uma legislação aparentemente interna gera seus efeitos externos, não se está diante a priori de uma possível insurgência contra a soberania dos Estados, mas há que ser entendido tais relações como um sistema interconectado de legislações, que encontram no constitucionalismo cooperativo amparo capaz de motivar essa compreensão.

CONCLUSÃO

Ao se deparar com o conceito do constitucionalismo cooperativo cultural apresentado, em primeiro se busca entender os efeitos dessa teoria sem que se pressuponha qualquer interferência interna que se demonstre afronta à soberania.

Ora, há que se firmar a análise posicionando no fato de que o mandamento constitucional brasileiro determina em seu art. 170 da Constituição de 1988 que a ordem econômica deve pautar-se

---

in Article 10, and is unlikely to result in a risk to the rights and freedoms of natural persons, taking into account the nature, context, scope and purposes of the processing; or 2. a public authority or body.

3. The representative shall be established in one of the Member States where the data subjects, whose personal data are processed in relation to the offering of goods or services to them, or whose behaviour is monitored, are.

4. The representative shall be mandated by the controller or processor to be addressed in addition to or instead of the controller or the processor by, in particular, supervisory authorities and data subjects, on all issues related to processing, for the purposes of ensuring compliance with this Regulation.

5. The designation of a representative by the controller or processor shall be without prejudice to legal actions which could be initiated against the controller or the processor themselves.

nos ditames da da justiça social.

Assim, baseado na observância de desigualdades do mercado mundial no que se refere à preocupação com uma economia sustentável, questões como a responsabilidade social e solidária surgem como meios de dar efetividade à busca inicial.

Na medida que impõe aos operadores do mercado que toda a atividade deve respeitar certos limites no que diz respeito à luta por justiça, envolvendo toda a sociedade, respeito às leis, ao meio ambiente, e ao consumidor.

Nesse aspecto, há que se observar que havendo um mercado sem quaisquer fronteiras, como é o caso do havido em ambiente virtual, tal controle se faz necessário com determinações que podem ser estabelecidas em blocos econômicos envolvendo várias nações soberanas, ou ainda mesmo que haja o estabelecimento em uma única nação, possam ser observados efeitos que vão além das fronteiras do Estado.

Indubitavelmente o mercado globalizado gera a necessidade de regulações e o presente trabalho buscou ilustrar essa dinâmica do constitucionalismo cooperativo cultural, com a determinação de efeitos práticos de uma política de proteção de dados, que em que pese ter surgido no âmbito da união europeia, trouxe efeitos globais que não necessariamente ferem a individualidade de cada Estado.

A GDPR, que vige no âmbito da união europeia surge com marco universal pois, dá tratamento regulatório à proteção de dados, já estabelecendo em seu texto, os reflexos extra bloco, sendo evidente que não há uma clara especificação ao consumidor quando se utiliza de um produto ou serviço ofertado na rede mundial de computadores em páginas ou aplicativos, se está ou não vinculado às regras propostas pela União Europeia.

Assim, seja o consumidor cidadão do bloco econômico seja o desenvolvedor da atividade sediado no bloco, a proteção prevista na legislação há que ser cumprida, sendo certo que inclusive em relações totalmente externas ao bloco medidas de segurança devem ser adotadas em homenagem ao estabelecimento de regras de conduta, principalmente levando-se em consideração o valor dos dados que são disponibilizados em rede.

Portanto, é forma de atender as determinações atinentes à responsabilidade social e solidária da empresa, no que tange à atividade que desempenha perante a seus clientes, a efetivação da proteção dos dados que lhe são fornecidos, como meio de que a atividade, seja em seu âmbito interno ou externo possa se desenvolver em conformidade aos ditames constitucionais, mas também atentando-se com os efeitos que legislações externas possam ser afetas haja vista a evidente inexistência de fronteiros, como observado principalmente em ambiente virtual.

REFERÊNCIAS

BARCELLOS, Ana Paula de. *Neoconstitucionalismo, Direitos Fundamentais e Controle das Políticas Públicas*. Revista Diálogo Jurídico. n. 15; 31. Disponível em <http://dx.doi.org/10.12660/rda.v240.2005.43620>. Acesso em 01 de setembro de 2018.

BARROSO, Luís Roberto. *Curso de Direito Constitucional Contemporâneo: Os Conceitos Fundamentais e a Construção do Novo Modelo*. 5.ed. São Paulo: Saraiva, 2015.

BONAVIDES, Paulo. *Curso de Direito Constitucional*. 13.ed. São Paulo: Malheiros, 2003.

BULOS, Uadi Lammêgo Bulos. *Curso de Direito Constitucional*. 8.ed. São Paulo: Saraiva, 2014.

CALÇAS, Manoel de Queiroz Pereira; BENTO, Simone. *A Empresa: Responsabilidade Solidária e Sustentabilidade*. Disponível em <http://www.publicadireito.com.br/artigos/?cod=674f3c2c1a8a6f90>. Acesso em 21 de janeiro de 2018.

CANOTILHO, J.J. Gomes. *Direito Constitucional e a Teoria da Constituição*. 7.ed. Coimbra: Almedina, 2003.

COELHO, Inocêncio Mártires. *Interpretação Constitucional*. 4.ed. São Paulo: Saraiva, 2011.

DINIZ, Maria Helena. *Dicionário Jurídico*. São Paulo: Saraiva, vs. 2-4, 1998.

HÄBERLE, Peter. *Hermenêutica Constitucional – A Sociedade Aberta dos Intérpretes da Constituição: Contribuição para a Interpretação Pluralista e "Procedimental" da Constituição*. Porto Alegre: Sérgio Fabris, 1997.

______. Teoria de la Constitución como Ciencia de la Cultura. Trad. Emilio Mikunda. Madrid: Tecnos, 2000.

______. Pluralismo y Constituición: Estudios de Teoría Constitucional de la Sociedade Abierta. Madid: Tecnos, 2002.

______. *El Estado Constitucional*. Trad. Hector Fix-Fierro. México: Universidad Nacional Autônoma de México, 2003.

HESSE, Konrad. *A Força Normativa da Constituição*. Porto Alegre: Sérgio Antônio Fabris Editor, 1991.

LAZARI, Rafael José Nadim de. *Peter Häberle e os Primeiros Aportes por uma Concepção Cultural de Processo*. Revista da AJURIS, v. 39, n. 127. Disponível em <http://www.ajuris.org.br/OJS2/index.php/REVAJURIS/article/view/768/462>. Acesso em 06 de setembro de 2018.

LÔBO, Paulo Luiz Netto. *Direito Civil: Parte Geral*. São Paulo: Saraiva, 2009.

MENDES, Gilmar Ferreira. *La Construcción de un Derecho Común*

Iberoamericano: Consideraciones en Homenaje a la Doctrina de Peter Häberle y su Influencia en Brasil. Revista de Derecho Constitucional Europeo, ano 6, n. 11, jan.-jun. 2009, p. 65–86. Disponível em <https://dialnet.unirioja.es/servlet/articulo?codigo=3126505>. Acesso em 02 de setembro de 2018.

NEVES, Marcelo. *Transconstitucionalismo*. São Paulo: Martins Fontes, 2009.

______. *(Não)Solucionando Problemas Constitucionais: Transconstitucionalismo além de Colisões*. Lua Nova, 93: 201-232. Disponível em <http://www.scielo.br/pdf/ln/n93/08.pdf>. Acesso em 05 de setembro de 2018.

PAYÃO, Jordana Viana; SANTIAGO, Mariana Ribeiro. *A Função Social e Solidária da Empresa no âmbito das Relações de Trabalho*. Revista Direito da Cidade, vol. 08. n. 3. Disponível em <http://www.e-publicacoes.uerj.br/index.php/rdc/article/view/22109>. Acesso em 22 de janeiro de 2018.

RAWLS, John. *Justiça e Democracia*. Trad. Irene A. Peternot. São Paulo: Martins Fontes, 2000.

SANTIAGO, Mariana Ribeiro; CAMPELLO, Livia Gaigher Bósio. *Função Social e Solidária da Empresa na Dinâmica da Sociedade de Consumo*. Scientia Iuris, Londrina, v. 20, n. 1, p. 119-143. Disponível em <http://www.uel.br/revistas/uel/index.php/iuris/article/view/19877>. Acesso em 22 de janeiro de 2018.

SARLET, Ingo Wolfgang; MARINONI, Luiz Guilherme; MITIDIERO, Daniel. *Curso de Direito Constitucional*. 6.ed. São Paulo: Saraiva, 2017.

SINGER, Paul; SOUZA, André Ricardo de. *A Economia Solidária no Brasil: A Autogestão como Resposta ao Desemprego*. São Paulo: Contexto, 2000.

STRECK, Lenio Luiz. *O Que é Isto – O Constitucionalismo Contemporâneo*. Revista do CEJUR/TJSC: Prestação Jurisdicional. Florianópolis, v. 1. n. 02, p. 38. Disponível em: <https://revistadocejur.tjsc.jus.br/cejur/article/view/64>. Acesso em 03 de setembro de 2018.

SWEDBERG, Richard. Markets in Society. *In*: SMELSER, Neil J.;

SWEDBERG, Richard. *The Handbook of Economic Sociology*. 2.ed. Princeton: Princeton University Press e Sage Editions, 2005.

______. *Lições de Crítica Hermenêutica do Direito*. 2.ed. Porto Alegre: Livraria do Advogado Editora, 2016.

TAVARES, André Ramos. *Curso de Direito Constitucional*. 4.ed. São Paulo: Saraiva, 2002.

BARBOSA, Bruno Torquete; SILVA, Vinícius Mendes e. A Ordem Econômica no mercado globalizado e o constitucionalismo cooperativo cultural, face as novas regras gerais de proteção de dados. *In:* SANTIAGO, Mariana Ribeiro; SILVEIRA, Vladmir Oliveira da; MALISKA, Marcos Augusto (Coord.); FERNANDES, Ana Carolina Souza (Org.). **Estudos em homenagem ao professor Peter Häberle**. Uberlândia: LAECC, 2021. p. 121-151.

Capítulo **2**

A CONCRETIZAÇÃO DO ESTADO CONSTITUCIONAL COOPERATIVO ATRAVÉS DA PROMOÇÃO DO DESENVOLVIMENTO SOCIOCULTURAL

THE CONCRETIZATION OF THE COOPERATIVE CONSTITUTIONAL STATE THROUGH THE PROMOTION OF SOCIOCULTURAL DEVELOPMENT

Gabriela Eulalio De Lima

Sinara Lacerda Andrade

Resumo: A pesquisa irá propor uma análise da atual conjuntura constitucional brasileira diante da probabilidade de concretização do Estado Constitucional Cooperativo segundo a matriz de Peter Häberle, através da promoção do desenvolvimento sociocultural. A problemática que circunda o tema encontra respaldo na efervescente crise política-institucional, que tem como principal consequência, a inefetividade progressiva e sistemática dos direitos fundamentais. Desta feita, o trabalho analisará a relação havida entre o desenvolvimento cultural e a materialização do Estado Constitucional Cooperativo, buscando aclarar que o desenvolvimento da identidade cultural está intimamente ligado ao alcance desse modelo de Estado, justificando aqui a relevância da temática em discussão. O objetivo do artigo terá por premissa argumentar cientificamente que a identidade cultural se consubstancia em um instrumento apto para a promover e a concretizar o Estado Constitucional Cooperativo. Como resultado preliminar, proporá que o fomento, a promoção e a proteção do desenvolvimento cultural trarão como consequência uma pulsão colaborativa ao enfrentamento da crise de inefetividade de direitos e de garantias fundamentais, então assegurados na Carta da República de 1988, sem se desvincular, contudo, do valor cívico de um modelo cultural harmônico e heterogêneo, buscando a construção de uma sociedade culturalmente constitucionalizada, apta a garantir subsídios para a efetividade das linhas constitucionais. Para o desenvolvimento do tema, o método utilizado será a pesquisa bibliográfica, com amparo na doutrina estrangeira e nacional, bem como, na legislação codificada, utilizando-se ainda do método dedutivo, com o fito de responder à problemática apontada.

Palavras-chave: Desenvolvimento sociocultural; Estado Constitucional Cooperativo; Inefetividade.

Abstract: The research will propose an analysis of the current Brazilian constitutional situation in view of the probability of achieving the Constitutional Cooperative State according to the matrix of Peter Häberle, through the promotion of a sociocultural development. The problem surrounding the theme is supported by the effervescent political-institutional crisis, which has as its main consequence, the progressive and systematic ineffectiveness of fundamental rights. This paper shall analyze the relationship between cultural development and the materialization of the Constitutional Cooperative

State, seeking to clarify that the development of cultural identity is closely linked to the reach of this State model, justifying here the relevance of the topic under discussion. The purpose of this article shall reply upon the scientific argument that cultural identity is an instrument capable of promoting and realizing the Constitutional Cooperative State. As a preliminary result, it will propose that the promotion, promotion and protection of cultural development will bring about a collaborative drive to face the crisis of ineffectiveness of fundamental rights and guarantees, then ensured in the 1988 Brazilian Constitution, without disengaging, however, the civic value of a harmonious and heterogeneous cultural model, seeking the construction of a culturally constitutionalized society, able to guarantee subsidies for the effectiveness of the constitutional lines. For the development of this paper, the method used will be bibliographic research, supported by foreign and national doctrine, as well as, in codified legislation, also using the deductive method, in order to answer the pointed out problem.

Keywords: Sociocultural Development; Cooperative Constitutional State; Ineffectiveness.

INTRODUÇÃO

A proposta dessa pesquisa será avaliar a atual conjuntura constitucional brasileira e a infetividade dos direitos e garantias fundamentais, sopesando a probabilidade da concretização material do Estado Constitucional Cooperativo – teoria defendida por Peter Häberle –, a partir do valor da identidade cultural do Estado brasileiro que será discutido à luz da teoria da complexidade de Edgard Morin.

Para tanto, abordar-se-á no primeiro tópico uma visão da teoria da complexidade, suas peculiaridades e suas contraposições, evidenciando toda a sistemática da supressão do direito constitucional ao desenvolvimento cultural, mediante o paradigma da globalização econômica e seu imperativo da cultura de massa.

Num segundo momento, será realizada uma breve exposição sobre a ordem constitucional de 1988, abordando aspectos como seu caráter garantista e protecionista, resultado de um longo período repressor, marcado pela ditatura militar, examinando os motivos da atual crise sistêmica e como tal tem refletido para a inefetividade dos direitos e garantias constitucionais.

Por fim, examinar-se-á propriamente o cerne da pesquisa, que se consubstancia na materialização do estado constitucional cooperativo mediante o desenvolvimento cultural, elucidando a íntima relação havida entre a constituição, sua carga valorativa e a cultura.

O estudo justifica-se pela complexidade da estrutura social diante da parcial distribuição de renda, pelo caos instaurado, devido, dentre vários fatores, à falta de concretização dos direitos fundamentais e pelo distanciamento do cidadão brasileiro de sua identidade cultural.

No tocante ao objetivo da pesquisa, está a necessidade de aprofundar a discussão sobre a teoria da complexidade aplicada ao desenvolvimento social, demonstrando a possibilidade de concretização do Estado Constitucional Cooperativo, por meio de ações que promovam o cooperativismo como fundamento para as relações dos brasileiros e a preservação da identidade cultural, mediante a promoção do desenvolvimento sociocultural.

Para a sua concretização, a investigação descritivo-explicativa, utilizará a pesquisa bibliográfica e documental, com amparo na doutrina estrangeira e nacional. Na abordagem, o método dedutivo-dialético será o aplicado, partindo da análise das observações gerais para alcançar as especificidades da temática proposta.

1. O DIREITO À CULTURA SOB A ÓTICA DA TEORIA DA COMPLEXIDADE

A expressão "direito à cultura" é, em sua universalidade, muito abrangente. Tanto que pode incorporar uma série de definições. A própria palavra cultura foi congregada a nossa linguagem com o significado que tem atualmente, dificultando, nos tempos contemporâneos, definir o seu conceito de forma apartada ao contexto social.

Com essa mesma compreensão, a teoria da complexidade, propõe que a compreensão fidedigna de determinado conhecimento, não se baseia em disjuntivas limitantes:

> [...] Por que nossa educação nos ensinou a separar e isolar as coisas? Separamos os objetos de seus contextos, separamos a realidade em disciplinas compartimentadas umas das outras. Mas, como a realidade é feita de laços e interações, nosso conhecimento é incapaz de perceber o *complexus* – o tecido que junta o todo (MORIN, 2006, p. 11).

Partindo da definição de cultura como: "[...] o conjunto de soluções originais que um grupo de seres humanos inventa, a fim de se adaptar ao seu ambiente natural e social". (VERHELST, 1992, p. 37), trata-se, assim, de algo que abrange todos os aspectos da vida, como conhecimentos técnicos, costumes em geral, religião, valores, língua, comportamento socioeconômico, que se faz necessário avalia-la sob a lógica reintegradora da complexidade.

Segundo Maider Maraña (2010, p. 5) há, não mais do que 300 anos, que o significado do léxico 'cultura' deixou de se vincular à ideia de cultivar a terra, para assumir um teor mais abstrato, como cultivar o espírito.

Possivelmente foi essa imaterialidade, intangividade e subjetividade na definição do termo cultura, que nos retirou a compreensão, assimilação e o re-conhecimento sobre o que é a identidade cultural.

Essa ausência de definição perfeita ou ao menos certeira, associada ao processo de globalização econômica, fez surgir uma nova ordem global denominada, a cultura de massa. Que promoveu a supressão da identidade cultural autóctone e gerou como consequência, uma desapropriação cultural nos países subdesenvolvidos.

Evidente que globalização econômica, origina transformações e enseja consequências tanto positivas como negativas nos mais diversos aspectos da vida humana e da convivência social. Consequências, que vão muito além dos aspectos meramente econômicos, devido a influencia dos sistemas de comunicação, observados no final da década de 1960 (GIDDENS, 2002, 17, p. 20/21).

A globalização manifesta-se mediante três grandes processos: a mundialização, a planetarização e a miniaturização; ações que ocorrem de maneira integrada e concomitante. A mundialização relaciona-se aos os fenômenos do consumismo, da massificação e da homogeneização de estilos de vida, atrelada à dimensão cultural; a planetarização está associada às políticas governamentais e às instituições, responsável pela "miniaturarização" do Estado-nação; e a globalização tecnológica afeta diretamente os modos de produzir, impulsionados por redes transnacionais, de produção, de finanças e de comércio (DELGADO, 1997, p. 133).

Para Edgar Morin há uma forte relação entre a globalização de hoje com o processo de conquista das Américas e a expansão do ocidente europeu sobre o planeta. O autor ainda revela que o dano principal, contudo, inegavelmente coube aos conquistados, isso se considerar o processo de escravização de suas populações, dos negros que foram transportados para as Américas, dos povos colonizados promovendo, consequente e lamentavelmente, a aniquilação de suas culturas (MORIN, 2001, p. 39).

Sobre a crise sociocultural decorrente da unificação tecnoeconômica do globo, há ainda um juízo que há uma íntima relação entre a proliferação de Estados soberanos, o crescimento de sua interdependência e seu fechamento etnorreligioso.

> Essa [relação] não é fortuita. Ela se explica: a) pelas resistências nacionais, étnicas e culturais à ocidentalização; b) pela queda generalizada da esperança depositada no Progresso. [...] Concomitantemente, e a despeito da hegemonia tecnoeconômica e militar dos Estados Unidos, desenvolve-se um mundo multipolar dominado

> por blocos de interesses simultaneamente coo-
> perativos e conflitantes, em que as múltiplas
> crises aumentam as necessidades de coopera-
> ção e, ao mesmo tempo, os riscos de conflitos.
> [...] Dessa forma, a globalização, simultanea-
> mente uma e plural, conhece sua própria crise,
> que reúne e desune, unifica e separa (MORIN,
> 2013, p. 23/24).

O artigo 216 da Constituição da República traçou os conceitos constitutivos do patrimônio cultural brasileiro, mencionando expressamente bens de natureza material e imaterial, individuais ou coletivos, carregados de referência a identidade e a memória de diferentes grupos formadores da sociedade brasileira, incluindo formas de expressão, criação e vida; obras e espaços destinados às manifestações artístico-culturais; locais de valor histórico, paisagístico, artístico, arqueológico, paleontológico, ecológico e científico (BRASIL, 1988).

A análise cultural sob a ótica da teoria da complexidade mostra-se adequada, pois propõe alcançar um pensamento no qual:

> a) o conhecimento das partes considere o co-
> nhecimento do todo e vice-versa; b) os fenôme-
> nos sejam analisados de forma multidimensio-
> nal, sem o isolamento das suas dimensões; c) as
> realidades sejam reconhecidas e tratadas de
> forma, concomitantemente, solidária e confli-
> tuosa, sem se desprezar os antagonismos; d) a
> diferença seja respeitada, ao mesmo tempo em
> que se reconhece a unicidade. Dentro dessas di-
> retrizes, é possível substituir a forma de pensa-
> mento que isola, separa e reduz por uma que
> distingue e une (MORIN, 2015, p. 89).

A conclusão é de que a globalização, a par dos inegáveis benefícios que apresentou a humanidade, também avançou de forma perniciosa, ampliando o foco das desigualdades sociais e devastando as culturas locais, numa nova roupagem de imperialismo, sinalizando a necessidade do fortalecimento e da valorização da identidade cultural nacional, como um fator de resistência frente a esse processo (CAMPELLO; SANTIAGO; ANDRADE, 2018, p. 11).

2. A CRISE SISTÊMICA DOS DIREITOS FUNDAMENTAIS NA ORDEM CONSTITUCIONAL DE 1988

A Constituição da República de 1988 rendeu ao direito constitucional brasileiro um grande salto progressista, um texto que além de aristocrático em comparação aos seus antecessores, apresentou à dogmática constitucional um estilo sofisticado para o manejo social a propósito da realidade político-jurídica nacional (FACHIN, 2015, p. 21).

Precedido de um longo período autoritário, marcado pelo regime militar, o direito constitucional era conduzido como história, longe do alcance e do "interesse" acadêmico e científico, que por força das represálias que imperavam naquela época, não se havia um compromisso de desenvolvê-lo sob o pálio de um saber jurídico desenvolvimentista (BONAVIDES, 2016, p. 20/24).

Num sentido inverso, o constituinte de 1988 apresentou uma racionalidade jurídica emancipatória, ou seja, o direito constitucional saiu daquele estado asséptico, desnudo de comprometimento com a vida humana e com as relações sociais e se transformou num marco dogmático e principiológico, trazendo ao Estado brasileiro uma responsabilidade de construção igualitária, particularmente volvida num prisma em que a atuação positiva deveria girar em prol da garantia dos direitos e garantias fundamentais (CLÈVE, 2000, p. 33).

A transposição do encargo estatal nesse novo cenário é clarividente, o Estado sob as linhas constitucionais, só se revelaria útil se estivesse a serviço dos direitos e garantias fundamentais propostos como sua responsabilidade. O fato é que esse direito constitucional do homem, do cidadão, da dignidade da pessoa humana, dos direitos e garantias fundamentais, não foi necessariamente calculado sob o real vigor e as probabilidades fidedignas para o cumprimento de todos os seus termos e era certo que esses seriam reclamados cada vez com mais ímpeto pelos seus titulares, até que a máquina estatal se degradasse em uma latente crise sistêmica de inefetividade dos direitos fundamentais no núcleo da ordem constitucional de 1988 e no seio da sociedade brasileira.

Não obstante, juntamente com a mutação do panorama constitucional, vislumbrou-se também uma automática exteriorização do sentimento constitucional por parte da doutrina brasileira, dos centros acadêmicos dedicados ao seu estudo, das teses que começaram a florescer das cortes de justiça, todos compondo uma nova geração de constitucionalistas nacionais. O empenho desde a promulgação do Texto Constitucional de 1988, tem circundado os aspectos dogmatistas e positivistas e a contingência principiológica, como vetor instrumental da atuação estatal (BARROSO, 2009, p. 77).

É como se nessa nova ordem, as pautas devessem ser observadas não porque viabilizam ou asseguram a busca de determinados objetivos sociais ou políticos que sejam considerados adequados, mas, sim, porque a sua observância corresponderia a um imperativo de justiça constitucional (GRAU, 2006, p. 158). Essa, para tanto, estaria intimamente ligada a efetividade ou a eficácia da Letra Constitucional, ou seja, implicaria na materialização dos efeitos jurídicos no mundo dos fatos. Na concepção de Luiz Roberto Barroso, a efetividade "[...] simboliza a aproximação, tão íntima quanto possível, entre o dever ser normativo e o ser da realidade social" (BARROSO, 2009, p. 92).

No caso dos direitos e garantias fundamentais, o artigo 5º, §1º, da Carta Maior, declara expressamente que eles têm aplicabilidade imediata e sob a defesa da corrente majoritária, tendo como um dos seus expoentes Ingo Wolfgang Sarlet, esse realça que o sentido impresso no § 1º não é restritivo e abrange todo o Título II do Texto Constitucional – "Dos direitos e garantias fundamentais" –, de forma que o entendimento contrário a esse, é baseado numa interpretação topográfica equivocada ou literal do dispositivo (SARLET, 2003, p. 248).

A responsabilidade estatal tem sido objeto de acirrada polemização, tomada dentro de um contexto garantista incondicional dos direitos fundamentais; entretanto, a verdade é que o próprio sistema está se sustentando a base de uma crise profunda, fundada no caos político embalado pela cultura brasileira, então desenvolvida sob o pilar da individualidade, que dá como significado social, uma busca inapropriada dos variados tipos de relacionamentos – sejam os elos familiares, as amizades, os compadrios ou ainda os jeitinhos –, como um caminho facilitador para o alcance das necessidades e dos vãs desejos, preterindo o bem coletivo em favor do interesse subjetivo.

Todos esses fatores são determinantes para refletir sobre a ineficácia do texto tão efervescente e sofisticado apresentado pelo constituinte de 1988 e, essa discussão não deve ser uma preocupação exclusiva do campo jurídico; dada a complexidade de valores desses direitos para toda a sociedade, não é mais inteligente esperar o impossível do Estado brasileiro; é dever de todos reconhecer a crise sistêmica envolta nos direitos e nas garantias fundamentais e a partir daí, considerar a necessidade de uma reestruturação dos elementos caracterizados nos limites do Estado Nacional.

Passados trinta anos da vigência da Carta Magna de 1988, chega-se o momento categórico de conjeturar o aprimoramento da hermenêutica constitucional, não é possível apenas esbravejar pelo cumprimento da Letra Constitucional, faz-se imprescindível ponderar o amadurecimento cultural de todos – da participação coletiva –, a partir da corporização da teoria do Estado Constitucional Cooperativo no conceito desenvolvimentista da cultura brasileira, a fim de adicionar a estrutura nacional elementos de abertura, de cooperação e de integração, capacitando o Estado Nacional a democratizar a sua interpretação constitucional (HABERLE, 2004, p. 25) e consequentemente, ter ferramentas para desbravar o cenário hodierno da crise sistêmica dos direitos e garantias fundamentais, então vivenciada pela sociedade, em razão da realidade político-jurídica nacional.

3. A MATERIALIZAÇÃO DO ESTADO CONSTITUCIONAL COOPERATIVO MEDIANTE O DESENVOLVIMENTO CULTURAL

O termo desenvolvimento cultural é utilizado em diversas disciplinas, como economia, direito, sociologia, antropologia, psicologia, filosofia e até mesmo em abordagens místicas; o que pode gerar dificuldades em sua delimitação e, ao mesmo tempo, sugerir uma análise interdisciplinar e transdisciplinar, ou seja, complexa (SANTIAGO; ANDRADE, 2018, 185).

Quanto à efetivação os direitos fundamentais culturais manifestam-se de diversas formas: a) prestações estatais positivas que consistem em obrigações de fazer, a exemplo de políticas públicas no setor; b) liberdades culturais essenciais ao desenvolvimento da personalidade humana, verdadeiros direitos subjetivos que implicam faculdades ou poder de exigir na não ingerência estatal, como a censura ou restrições indevidas à livre manifestação do pensamento; c) garantias institucionais do pluralismo cultural a serem tuteladas pelo legislador ordinário; d) competências constitucionalmente conferidas aos entes federativos em matéria cultural (SARMENTO, 2016, n.p.).

Para Peter Häberle, o Estado Constitucional contemporâneo fundamenta-se na dignidade da pessoa humana como premissa de fato antropológica, mas também, cultural. Defendendo que a Constituição deve ser considerada um contrato que inclui fins educativos e valores orientadores de determinada coletividade. Sendo um grande equívoco entendê-la apenas como um texto normativo, sem considerá-la um marco do estágio evolutivo do próprio Estado. Ela é o retrato dos avanços e dos retrocessos culturais, que passam pela conquista da liberdade, igualdade solidariedade e democracia (HÄBERLE, 2003, p. 5).

José Carlos Vieira de Andrade elucida que a Constituição deve ser considerada um quadro normativo aberto que implica e exprime uma unidade em sentido cultural. Nesse modelo, é reservado um vasto espaço para a participação popular e escolhas democráticas. Assim, o conceito de cultura não pode ser predeterminado pelo legislador. O alto grau de abstração exigirá a mediação concretizadora para a construção de seu conteúdo nos casos concretos (ANDRADE, 2004, p. 410).

Propondo uma abordagem constitucional culturalista, Peter Häberle considera a Constituição um objeto de cultura cuja construção se dá a partir de um processo histórico e socialmente aberto do qual participam todos os segmentos sociais com seus valores, crenças, tradições. Ela é o produto do processo aberto da ação interpretativa de todos os cidadãos, por isso é um importante instrumento de integração das diversas culturas que convivem em um mesmo território (HÄBERLE, 2003, p. 5).

A expressão constituição cultural foi desenvolvida por José Joaquim Gomes Canotilho para conceituar as normas que prescrevem o direito à educação e à cultura, direito ao ensino e direito ao desporto. Essa concepção parte da premissa de que os DESC não devem ser vistos apenas em sua dimensão econômica, mas como prerrogativas essenciais e indissociáveis a uma existência digna. Seu fundamento axiológico é a igualdade de pontos de partida no que se refere ao acesso à participação na vida cultural. Decorre daí que esse direito supraestatal configura condição *sine qua non* ao real desenvolvimento da personalidade e à emancipação da pessoa humana (CANOTILHO, 2003, p. 349).

O Pacto Internacional dos Direitos Econômicos, Sociais e Culturais, adotado pela Resolução nº 2.200-A da Assembleia Geral das Nações Unidas, em 16 de dezembro de 1966 e ratificado pelo Brasil em 24 de janeiro de 1992, dispõe em seu preâmbulo, que a Dignidade da Pessoa Humana se consubstancia, além de outros, no direito à cultura:

> [...] em conformidade com os princípios proclamados na Carta das Nações Unidas, o reconhecimento da dignidade inerente a todos os membros da família humana e dos seus direitos iguais e inalienáveis constitui o fundamento da liberdade, da justiça e da paz no mundo, Reconhecendo que esses direitos decorrem da dignidade inerente à pessoa humana, Reconhecendo que, em conformidade com a Declaração Universal dos Direitos Humanos, o ideal do ser humano livre, liberto do temor e da miséria, não pode ser realizado a menos que se criem as condições que permitam a cada um gozar de seus direitos econômicos, sociais e culturais, assim como de seus direitos civis e políticos [...]. (BRASIL, 1992).

Sobre a Teoria do Estado Constitucional Cooperativo, Peter Häberle, adverte que: "[...] como jurista constitucional, você tem que admitir repetidas vezes que a realidade pode negar ou passar por cima das melhores teorias" (HÄBERLE, 2018, n.p.). Completando o autor:

> Elaborei a ideia de um Estado Constitucional

> Cooperativo em 1978, trata-se de um tipo ideal assim como a esperança de uma "ordem mundial cooperativa". A realidade está muito aquém disto, [por isso] o estado constitucional cooperativo, como um ideal, nunca é uma posse segura, ele deve sempre ser trabalhado e renovado (HÄBERLE, 2018, n.p.).

Ainda sobre os seus estudos, Peter Häberle diz que a cultura e a teoria constitucional seguem absolutamente fundidas, visto que, a Teoria da Constituição é percebida como ciência cultural, seu núcleo está precisamente na Constituição do Estado Constitucional, por consequência, a existência do Estado deve estar de acordo com o estipulado na Constituição. Defende que a constituição necessita ser a legítima expressão da posição cultural da nação, devendo também dinamizar, limitar e fundamentar o poder (HÄBERLE, 1998, n.p.).

Segundo a visão de Thierry G. Verhelst (1992, p. 46), o alcance do pleno desenvolvimento se daria mediante o fomento e manutenção da identidade cultural autóctone dos países considerados emergentes ou em desenvolvimento, com a finalidade de impedir uma desapropriação cultural. Segundo o autor, estes países conseguiriam salvaguardar sua própria identidade, renunciando a uma alienação cultural que no futuro tornar-se-á fonte de vida econômica, social e política.

Nesse quesito, Peter Häberle vai além e estabelece que a dignidade da pessoa humana é, propriamente, uma premissa cultural:

> *El Estado constitucional de cuno comum europeo y atlântico se caracteriza por la dignidad*

> *humana como premisa antropológico-cultural por la soberania popular y la division de poderes, por los derechos fundamentales y la tolerancia, por la pluralidad de los partidos y la independência de los tribunales; hay buenas razones entonces para caracterizarlo elogiosamente como democracia pluralista o como sociedade aberta* (HÄBERLE, 2003, p. 5).

Como medidas para a efetivação do desenvolvimento na perspectiva da complexidade, no âmbito econômico, Edgar Morin enumera:

> 1) o abandono da ideia de crescimento indefinido; 2) a instauração de um Conselho de Segurança Econômico permanente; 3) efetivação de uma cooperação norte-sul; 4) desenvolvimento ou criação de uniões econômicas na América do Sul, no Magreb, na África subsaariana e na Ásia Oriental; 5) Redesenvolvimento das economias de proximidade, como agricultura, horta, artesanato etc.; 6) desenvolvimento de uma economia verde; 7) desenvolvimento de uma economia plural ou solidária; 8) multiplicação das moedas locais subsidiárias, permitindo o crescimento das trocas; 9) ressurreição da lógica da doação, da ajuda mútua e da gratuidade; 10) desenvolvimento do comércio equitativo, eliminando parasitas atravessadores e especuladores; 11) desenvolvimento de bancos solidários; 12) desenvolvimento de microcrédito e microfinanciamento; 13) reforma das empresas, com introdução de dimensão ética e solidária; 14) desburocratização e

reumanização dos serviços públicos; 15) incentivo aos negócios de interesse geral; 16) propagação das fórmulas comunitárias geradoras do pleno emprego; e 17) desmercantilização progressiva dos bens comuns à humanidade, como a água (MORIN, 2013, p. 129/140).

A defesa de Peter Häberle é que a concretização do Estado Constitucional Cooperativo, prescinde essencialmente da figura do cidadão por meio do exercício de uma democracia participativa, que pressupõe a existência de cidadãos ativamente participativos e dispostos a percorrer a busca da verdade que só acontecerá de modo integral, se forem aptos a compreender a carga valorativo-histórica que funda a constituição e a cultura de seu Estado. Deste modo, completa-se um ciclo onde cultura e educação provoquem estímulos para corroborar com a legítima concretização da democracia (HÄBERLE, 2002, n.p.).

CONCLUSÃO

A estrutura complexa que se encontra envolta na sociedade contemporânea tem exigido dos operadores do Direito a busca de alternativas para os nefastos efeitos deixados pela globalização econômica e o seu ideário de crescimento progressista, demonstrando a necessidade de se recorrer a abordagens não convencionais e análises transdisciplinares.

A concretização do Estado Constitucional Cooperativo por meio da promoção desenvolvimento sociocultural, sem dúvidas, é uma dessas questões, que prescinde de análise otimista e embasamento teórico sistêmico, complexo e transdisciplinar.

Destarte, auferiu-se que dentre as consequências perniciosas que a globalização econômica promove, destaque para a cultura de massa, que pode ser considerada uma dentre as mais graves, visto que, ela financia a cisão entre um povo e sua cultura. Retida dele a capacidade de identificação, o sentimento de pertencimento e autorreconhecimento, condena um país inteiro à ignorância sobre origem, história e identidade.

Assim, a concretização do Estado Constitucional Cooperativo, somente ocorrerá por meio do desenvolvimento cultural, visto que, a Constituição de um país está dotada de carga valorativa cultural. As normas nela inseridas, refletem os costumes, crenças, interesses e valores que, de alguma forma, fazer sentido para os cidadãos a ela submetidos.

Para a efetivação de um Estado Constitucional Cooperativo, primeiramente será necessário gerar um sentimento de coalizão entre o Estado brasileiro e os seus cidadãos, um sentimento de pertencimento que pode ser revigorado mediante o fomento de políticas públicas voltadas à criação de manutenção de projetos socioculturais.

Posteriormente será necessário fomentar o desejo de participação e de construção no exercício prático da democrática, que pressupõe a existência de cidadãos ativamente participativos e dispostos a per(seguir) sua identidade cultural, partindo-se da compreensão da carga valorativo-histórica que funda a constituição país.

Dessa forma, estima-se fechar um círculo que contempla

elementos como cultura, educação, cooperação, solidariedade e, consequentemente, desenvolvimento social e não apenas econômico. Valores capazes de provocar estímulos que validam e legitimam a concretização da verdadeira democracia brasileira, ênfase altiva do constituinte de 1988.

REFERÊNCIAS

ANDRADE, José Carlos Vieira. *Os Direitos Fundamentais na Constituição Portuguesa de 1976*. Coimbra: Almedina, 2004.

BARROSO, Luís Roberto. *O Direito Constitucional e a Efetividade de suas Normas: Limites e Possibilidades da Constituição Brasileira*. 9.ed. Rio de Janeiro: Renovar, 2009.

BONAVIDES, Paulo. *Curso de Direito Constitucional*. 31.ed. São Paulo: Editora Malheiros, 2016.

BRASIL. *Decreto nº 591/92: Atos Internacionais. Pacto Internacional sobre Direitos Econômicos, Sociais e Culturais*. Disponível em: <http://www.planalto.gov.br/ccivil_03/decreto/1990-1994/d0591.htm>. Acesso em 20 de agosto de 2018.

CAMPELLO, Lívia Gaigher; SANTIAGO, Mariana Ribeiro; ANDRADE, Sinara Lacerda. *A Valorização da Identidade Cultural como Desafio à Concretização do Direito ao Desenvolvimento*. Revista de Direito Brasileira. São Paulo, SP, v. 19, n. 8, p. 3- 19, Jan./Abr. 2018.

CANOTILHO, José Joaquim Gomes. *Direito Constitucional e Teoria da Constituição*. 7.ed. Coimbra: Almedina, 2003.

CLÈVE, Clèmerson Merlin. *A Fiscalização Abstrata da Constitucionalidade no Direito Brasileiro*. 2.ed. São Paulo: Revista dos Tribunais, 2000.

FACHIN, Zulmar. *Curso de Direito Constitucional*. 7.ed. Rio de Janeiro: Forense, 2015.

GIDDENS, Anthony. *Mundo em Descontrole*. Tradução de Maria Luiza X. de A. Borges. 2. ed. Rio de Janeiro: Record, 2002.

GRAU, Eros Roberto. *A Ordem Econômica na Constituição de 1988: Interpretação e Crítica*. 11.ed. São Paulo: Malheiros Editores, 2006.

HÄBERLE, Peter. *El Estado Constitucional*. México: Universidad Nacional Autónoma de México, 2003.

______. *Hermenêutica Constitucional: A Sociedade Aberta dos Intérpretes da Constituição: Contribuição para a Interpretação Pluralista e "Procedimental" da Constituição*. Tradução: Gilmar Ferreira Mendes. Porto Alegre: Sérgio Antonio Fabris Editor, 2002.

______. *L´état Constitutionnel*. Tradução de Marielle Roffi. Aix-em-Provence-Paris: Presses Universitaires d''Aix-Marseille/Economica, 2004.

______. *Libertad, Igualdad, Fraternidad: 1789 como Historia, Actualidad y Futuro del Estado Constitucional*. Madrid: Trotta, 1998.

MARAÑA, Maider. *Culture and development: evolution and prospects*. Bilbao: UNESCO, 2010

______. *Entrevista. Revista Argumentum*. Marília/SP, V. 19, N. 1, pp. 263-287, Jan.-Abr. 2018.

MORIN, Edgar. *A Cabeça Bem-Feita: Repensar a Reforma, Reformar o Pensamento*. Tradução Eloá Jacobina. 22.ed. Rio de Janeiro: Bertrand Brasil, 2015.

______. *As Duas Globalizações: Complexidade e Comunicação, Uma Pedagogia do Presente*. Porto alegre: Sulina – Edipucrs, 2001.

______. *A Via para o Futuro da Humanidade*. Tradução de Edgard de Assis Carvalho e Mariza Perassi Bosco. Rio de Janeiro: Bertrand Brasil, 2013.

SARLET, Ingo Wolfgang. *A Eficácia dos Direitos Fundamentais*. 3. ed. Porto Alegre: Livraria do Advogado, 2003.

SANTIAGO, Mariana Ribeiro; ANDRADE, Sinara Lacerda. A Construção Complexa do Desenvolvimento: Uma Análise pelo Prisma da Teoria da Complexidade. *Revista Brasileira de Direito*. Passo Fundo, v. 14, n. 2, p. 180-197. Disponível em: <https://seer.imed.edu.br/index.php/revistadedireito/article/view/2667/1835>. Acesso em 09 de setembro de 2018.

SARMENTO, George. O Direito de Participar da Vida Cultural e a Promoção da Identidade Nacional. *Revista Eletrônica do Mestrado em Direito da UFAL.* V. 7, N. 1 (2016).

VERHELST, Thierry G. *O Direito à Diferença: Identidades Culturais e Desenvolvimento.* Rio de Janeiro: Vozes, 1992.

LIMA, Gabriela Eulalio de; ANDRADE, Sinara Lacerda. A concretização do estado constitucional cooperativo através da promoção do desenvolvimento sociocultural. *In:* SANTIAGO, Mariana Ribeiro; SILVEIRA, Vladmir Oliveira da; MALISKA, Marcos Augusto (Coord.); FERNANDES, Ana Carolina Souza (Org.). **Estudos em homenagem ao professor Peter Häberle**. Uberlândia: LA-ECC, 2021. p. 153-174.

Capítulo 3

A CONCEPÇÃO DE DIGNIDADE HUMANA DO ESTADO SOCIAL-CONSTITUCIONAL BRASILEIRO: UMA ABORDAGEM A PARTIR DE PETER HÄBERLE

THE CONCEPT OF HUMAN DIGNITY OF THE BRAZILIAN CONSTITUTIONAL WELFARE STATE: AN APPROACH FROM PETER HÄBERLE

Guilherme Massaú

Thiago Refagnin

Resumo: O texto tem como objetivo estabelecer, a partir da concepção teórica de Peter Häberle, limites de sentido para a compreensão do princípio da dignidade da pessoa humana (Art. 1º, III, da CF). Dessa maneira, utilizar-se-á da concepção alemã da *Menschenbild* para identificar a forma da *imagem do ser humano* no que condiz com a sua dimensão vinculada ao Estado social. Para isso, fundamentar-se-á no texto normativo constitucional brasileiro a *Menschenbild*, pois é com base na constituição que os Poderes do Estado possuem sua legitimidade; e é nela que os cidadãos encontram seus direitos, garantias e deveres essenciais. Por conseguinte, deve se encontrar na própria constituição o norte da compreensão da dignidade da pessoa humana com a finalidade de interpretá-la.

Palavras-chave: Dignidade Humana; Estado social; Peter Häberle.

Abstract: The purpose of the text is to establish, from Peter Häberle's theoretical concept, meaning limits to the comprehension of the principle of human dignity (In Article 1, III, The Federal Constitution). Thus, it shall utilize the german concept of *Menschenbild* to identify the way of the human being image consistent with its dimension linked to the Welfare State. To achieve this, the *Menschenbild* shall be based on the brazilian constitutional regulatory text, since it is on the basis of the constitution that the Three Branches of Power have their legitimacy; and it is on the constitution that the citizens find their rights, guarantees and essential duties. Therefore, the north of the human dignity comprehension must be found in the constitution itself to interpret it.

Keywords: Human Dignity; Welfare State; Peter Häberle

Cui sententiae illud Mercurii adstipulatur: Magnum, o Asclepsi, miraculum est homo.
(Pico dela Mirandola, 1990, p. 2 – **Oratio de hominis dignitate**)

Nichts mehr davon, ich bitt'euch! Zu essen gebt ihm, zu wohnen;
Habt ihr die Blöße bededt(bedeck), gibt sich die Würde von selbst.

(Friedrich von Schiller, s.d., p. 338 – **Würde des Menschen**)

INTRODUÇÃO

O texto tem como objetivo apresentar, resumidamente, uma forma, dentre as várias existentes, de compreender e interpretar o princípio da dignidade da pessoa humana (Art. 1º, III, da CF). Deseja-se destacar elementos para contribuir na hermenêutica do princípio em análise. Para isso, em homenagem ao Prof. Dr. Peter Häberle, convocar-se-á alguns marcos da teoria *häberliana* do direito, sendo o principal deles, a concepção de *Menschenbild*.

Destarte, deseja-se destacar que o dispositivo normativo em análise não pode ser compreendido de qualquer forma. Ele não é uma abertura ao tudo e ao arbítrio. Embora o espectro de significado da dignidade da pessoa humana seja amplo, ele não autoriza que qualquer *coisa* esteja compreendida por seu significado.

Em termos de pré-compreensão, a expressão dignidade da pessoa humana possui duas dimensões restritivas: 1) a semântica, quais são os significados (histórico, linguístico, político, filosófico etc.) das palavras; 2) o normativo, condizente aos significados que se pode retirar a partir da função normativa do texto e da interpretação sistemática da constituição e dos demais âmbitos do sistema jurídico. Se a dignidade da pessoa humana é o fundamento do sistema jurídico brasileiro, a compreensão jurídica do que deve ser considerado ou não dignidade da pessoa humana é o *Grund des Grundes*[1].

Sendo assim, interpretar o princípio da dignidade da pessoa humana é interpretar, no mínimo, sistematicamente a Constituição brasileira. Reside aí a importância da concepção da *Menschenbild* como um mecanismo de auxílio à interpretação do princípio do art. 1º, III, da CF. Tem-se, por conseguinte, o aporte do que deva ser considerado digno ou indigno diante do caso concreto, pressupondo-se que o princípio da dignidade da pessoa humana será interpretado em conjunto – ou em confronto – com outros dispositivos constitucionais ou infraconstitucionais. O seu suporte fático não deve incidir de forma isolada no caso concreto.

No sentido de delimitação do tema, optou-se por traçar a *Menschenbild* dos direitos sociais constitucionalizados. Ter-se-á como base o texto constitucional em que pese pudesse ser utilizada a jurisprudência, porém se caso fosse invocada a jurisprudência, violar-se-ia ao espaço físico para desenvolver a análise proposta. Como corolário, a abordagem desse tema merece outros desdobramentos e aprofundamentos a serem feitos em outras oportunidades. Entende-se que o mesmo é oportuno para homenagear, de forma singela e dentro dos limites dos autores, o

---

1. Defende-se essa perspectiva no sentido de que nenhum outro fundamento do art. 1º da CF em ponderação com o fundamento da dignidade da pessoa humana se sobreporia. Dessa forma, prevaleceria a dignidade da pessoa humana só ou acompanhada de outro(s) fundamento(s). Por isso, atribui-se a ela (aqui) o fundamento dos fundamentos, embora sabe-se que não foi objetivo do legislador constituinte, como foi o caso da Constituição alemã de 1949. Trata-se de tema controvertido. Em referência ao contexto alemão, *vide*: HÄBERLE, 1981, p. 16-20.

Prof. Dr. Peter Häberle.

A fim de desenvolver o texto, optou-se por dividi-lo em três tópicos. Cada tópico encontra subdividido em subitens que buscam direcionar o desenvolvimento do tema. O primeiro tópico aborda a forma social-constitucional do Estado brasileiro. Sendo Estado-constitucional, a força vinculante da Constituição reforça o dever do Estado na realização das prescrições dos dispositivos constitucionais. A forma social, deve-se ao fato que os direitos fundamentais sociais são partes essenciais dos direitos da pessoa humana, ofertando-lhes condições mínimas para sobrevivência na sociedade. A qualidade de social do Estado, o vincula a inclinar-se à dimensão social da pessoa e da sociedade, portanto deve ser considerada parte da dignidade da pessoa humana.

O segundo tópico contempla a perspectiva da dignidade da pessoa humana enquanto fenômeno normativo-constitucional. Analisa-se a morfologia do suporte fático do princípio da dignidade da pessoa humana, já que o problema do texto se situa em utilizar a concepção da *Menschenbild* no auxílio da compreensão do princípio citado no contexto constitucional brasileiro. Para tal, entende-se curial fixar os aspectos normativos do princípio do Art. 1º, III, da CF.

O último tópico desenvolve a concepção da *Menschenbild*, tendo como referência os direitos sociais contidos na Constituição. Pretende-se, com isso, delimitar o que é digno à pessoa humana com base nos textos normativos constitucionais dos direitos sociais. Para tudo isso buscar-se-á fundamento no pensamento do Prof. Dr. Peter Häberle. Por fim, destacar-se-á que, nesse último tópico, se optou por apontar, resumidamente, o norte da condução da interpretação da dignidade da pessoa humana no sentido da *Menschenbild*. Com isso, leva-se, geralmente, em consideração as seguintes perspectivas do Estado constitucional: I) a forma de diferenciação entre o *Sein* e o *Sollen*, ou seja, o direito constitucional e a realidade constitucional; II) a ciência jurídica como trabalho intersubjetivo e mediável nos textos positivos (textos jurídico-científicos e culturais); III) na orientação dos princípios de justiça, os quais, em parte, estão nos textos positivos (HÄBERLE, 2008, p. 29).

1. ESTADO SOCIAL-CONSTITUCIONAL BRASILEIRO

1.1. Contexto Histórico do Surgimento do Estado social

As Revoluções do fim do século XIX, em especial a francesa, puseram fim ao chamado Estado absolutista, aquele no qual a figura do monarca coincidia com o próprio Estado, tanto que se pode mencionar a célebre frase de Luiz XIV que afirmava *l'État cést moi*[2]. Com a queda da monarquia absolutista, transmuta-se a figura do Estado, não sendo mais o mesmo fundamentado na imagem de um indivíduo, mas consagrado na Constituição. Por essa razão é que se diz com "[...] a Revolução Francesa ocorre a primeira institucionalização coerente e com certo caráter geral do Estado de Direito [...]" (NOVELINO, 2017, p. 53).

Segundo leciona Bonavides (2007, 42), a burguesia, classe até

---

2. O Estado sou eu.

então dominada pela nobreza e pelo alto clero, passa a dominar "com os seus princípios filosóficos e de sua revolta moral", tanto que Carl Schmitt (2003, p. 137) menciona tratar-se do surgimento de um Estado Burguês de Direito, também chamado Estado Liberal.

É nesse período da história, ademais, que tem o surgimento dos chamados direitos fundamentais de primeira dimensão, ligados diretamente ao caráter "liberdade", um dos ideais da Revolução Francesa. Esse Estado, calcado na Constituição enquanto fundamento de validade, consubstanciava-se pelo seu caráter absenteísta como forma de garantir o respeito dos denominados direitos fundamentais recém positivados. Pode-se afirmar que o Estado Liberal é aquele no qual, para garantir a ideia de liberdade dos indivíduos, tem de se abster de interferir nas escolhas dos mesmos.

É bem verdade que "essa liberdade lhe era indispensável para manter o domínio do poder político [...]", refere-se o autor ao domínio que a burguesia passou a exercer sobre as demais classes sociais, tanto que afirma que se tratava de uma "liberdade da burguesia" (BONAVIDES, 2007, p. 44). Apesar da crítica não há como deixar de mencionar da importância do aludido processo revolucionário para a forma como o Estado passou a estruturar, principalmente em relação à separação dos poderes, enquanto técnica para limitação do poder.

A mencionada ideia de atuação estatal absenteísta ou negativa consubstanciava-se nos princípios do *laissez faire* e *laissez passer* que, também, fundamentaram a transição econômica do mercantilismo para o capitalismo. É justamente em relação ao pauperismo social decorrente de uma atuação minimalista estatal que tem o advento do denominado Estado Social, no início do Século XX. Trata-se de uma nova visão de Estado, pressionado por mudanças, pelas lutas de classes trabalhadoras (PIANA, 2009, p. 25).

Entretanto, diferentemente do que ocorre no processo revolucionário francês, não há um rompimento aqui com o "antigo regime", ou seja, não se rompe com o sistema capitalista. Embora Paulo Bonavides assevere que a base de tal Estado é capitalista[3], ressalta-se que o mesmo não deixa de intervir, mas intervém no meio social como forma de aliviar os estigmas sociais. Com seu surgimento, têm-se os denominados direitos fundamentais de segunda dimensão, conhecidos como direitos sociais que necessitam de uma atuação estatal positiva para que possam ser efetivados.

Por fim, para reforçar a escolha do constituinte originário por um Estado inclinado ao social, destaca-se que a CF de 1988 foi a primeira, no constitucionalismo brasileiro, a prever em título próprio dos direitos e garantias fundamentais, sendo que nele se encontram os direitos sociais básicos. Dessa forma, os direitos sociais ganharam força e *status* de direitos fundamentais (SARLET,

---

3. Acredita-se que a concepção capitalista, em termos do texto da Constituição de 1988, só pode ser vista pendente ao lado social, já que, como apontado, até nos princípios da ordem econômica tem-se a inclinação à proteção de aspectos sociais (art. 170, *caput*, III, V, VI, VII, da CF). Contudo, destaca-se que as alterações constitucionais tendem a reduzir os valores sociais em prol dos individuais, fortalecendo a ideia de capitalismo neoliberal.

2013, p. 534).

1.2. O Estado Social Implícito

O texto constitucional não declara expressamente o caráter social do Estado brasileiro, tal como sói ocorre, *e.g.*, com a constituição alemã (art. 20, abs. 1, da *GG*) (BADURA, 1996, p. 257; SARLET, 2013, p. 536)[4] e a Constitución Española (art. 1, 1). Contudo, a partir das características do texto constitucional brasileiro é possível inferir que o Estado brasileiro é social. O Capítulo II do Título II (Dos Direitos e Garantias Fundamentais) refere-se exclusivamente aos direitos sociais.

O art. 6°[5] da Constituição brasileira elenca um rol de direitos fundamentais sociais. Alguns desses direitos sociais possuem disposições próprias no Título VIII na Constituição brasileira como: saúde (Capítulo II, Seção II); previdência social (Capítulo II, Seção III); assistência social (Capítulo II, Seção IV); educação (Capítulo III, Seção I). Em relação ao trabalho, desde o art. 7° ao art. 11 têm-se os principais direitos dos trabalhadores. O direito à proteção da infância encontra-se no Capítulo VII do Título VIII.

Com a citação desses dispositivos constitucionais é possível afirmar o caráter e o compromisso social do Estado brasileiro

---

4. Trata-se da *Sozialstaatsklausel*.
5. Art. 6°. São direitos sociais a educação, a saúde, a alimentação, o trabalho, a moradia, o lazer, a segurança, a previdência social, a proteção à maternidade e à infância, a assistência aos desamparados, na forma desta Constituição.

decorrente de sua Constituição. No entanto, existem outros dispositivos ao longo do texto constitucional que reforçam a ideia de Estado social. O Preâmbulo reforça a concepção de efetivação dos direitos sociais, embora não possua força vinculativa no Estado brasileiro[6]. Já o art. 1º, IV do mesmo artigo, estabelece os valores sociais do trabalho e da livre iniciativa, como fundamento do Estado constitucional brasileiro. No art. 3º, denominado de cláusula transformadora (BERCOVICI, 1988, p. 36-37; VERDÚ, 2004, p. 109-112), os incisos I e III trazem como objetivos a construção de uma sociedade livre, justa e solidária e a erradicação da pobreza e da marginalização e redução das desigualdades sociais e regionais. No art. 5º, XXIII e no art. 170, III, da CF com a função social da propriedade e art. 170, VI, da CF com a redução das desigualdades regionais e sociais.

Em termos de abertura ao sistema internacional, é possível citar as seguintes normativas internacionais internalizadas pelo Estado brasileiro que tratam de direitos sociais. Têm-se os seguintes documentos internacionais: o Pacto Internacional sobre Direitos Econômicos, Sociais e Culturais (ratificado pelo Decreto Legislativo n. 226, de 12 de dezembro de 1991 – Decreto n. 591, de 6 de julho de 1992), art. 7º, art. 8º, art. 9º (trabalho e assistência social), art. 11 (alimentação e moradia), art. 12 (saúde), art. 13, art. 14 (educação); o Protocolo Adicional à Convenção Americana sobre Direitos Humanos em Matéria de Direitos Econômicos, Sociais e Culturais "Protocolo de São Salvador" (ratificado pelo Decreto

---

6. *Vide*: ADI 2.076, voto da rel. min. Carlos Velloso, j. 15-8-2002, P, *DJ* de 8-8-2003.

Legislativo n. 56, de 19 de abril de 1995 – Decreto n. 3.321, de 30 de dezembro de 1999) art. 6, art. 7, art. 8 (trabalho), art. 9 (previdência social), art. 10 (saúde), art. 12 (alimentação), art. 13 (educação), art. 16, art. 17, art. 18 (assistência aos desamparados); a Convenção Interamericana para Eliminação de todas as Formas de Discriminação contra as Pessoas Portadoras de Deficiência (ratificada pelo Decreto Legislativo n. 198, de 13 de junho de 2001 – Decreto n. 3.956, de 8 de outubro de 2001), art. III (educação, habitação, lazer, transporte); a Convenção Internacional sobre a Eliminação de todas as Formas de Discriminação Racial (ratificada pelo Decreto Legislativo n. 23, de 21 de junho de 1967 – Decreto n. 65.810, de 8 de dezembro de 1969), art. V (educação, habitação, saúde, trabalho, transporte, segurança social), art. VII (educação); a Convenção Americana sobre Direitos Humanos – Pacto de São José da Costa Rica – (ratificada pelo Decreto n. 678, de 6 de novembro de 1992), art. 7, 1 (segurança).

Destarte, diante dessa gama de dispositivos jurídicos vigentes (sem contar com as leis infraconstitucionais), não se pode pretender afastar o caráter social do Estado brasileiro. Ele pode ter elementos liberais (*e.g.*, direitos fundamentais de primeira dimensão), como os tem, mas também possui a presença dos elementos sociais (direitos fundamentais de segunda dimensão). O Estado social estabelece a relação fundamental entre liberdade e igualdade (HÄBERLE, 1998, p. 447, 462-463). Não se pode interpretar e/ou classificar o direito brasileiro como liberal (no sentido clássico). Isso faz com que a compreensão da imagem do homem, em geral, não possa ser do indivíduo isolado, própria do liberalismo. Necessariamente, a *Menschenbild* deve conter características de

um ser sociável, que interage solidariamente com os seus semelhantes e com o Estado, e não somente com e contra o Estado
(MASSAÚ, 2016, p. 87-98).

2. *LOCUS* DA DIGNIDADE HUMANA NO SISTEMA CONSTITUCIONAL

Antes de analisar a dignidade humana na CF, giza-se que se
trata de um princípio referência que pode ser encontrado em
muitos Estados constitucionais (SARLET, 2013, p. 46). Destarte,
como foi destacado na pergunta 4 (MASSAÚ; RAFAGNIN, 2018,
p. 268) com a reposta do Prof. Dr. Peter Häberle (HÄBERLE,
2018, p. 269), o princípio da dignidade humana pode ser situado
como *"doutrina constitucional universal"*, segundo o autor citado. Isso pelo fato de terem sido consultadas 193 constituições,
incluindo a brasileira, e em 151[7] constam a expressão dignidade

---

7. São as seguintes constituições: Afghanistan (2004) Art. 6; Albania (1998)
    Preamble, Art. 3; Andorra (1993) Art. 4; Angola (2010) Preamble, Art. 1;
    Antigua and Barbuda (1981) Preamble; Armenia (1995) Art. 3, 1; Azerbai-
    jan (1995) Art. 13, III, Art. 8, II, Art. 24, I, Art. 46, Art. 68, I; Bahrain (2002)
    Art. 18; Bangladesh (1972) 11; Barbados (1966) Preamble, a; Belarus
    (1994) Art. 25, Art. 42, Art. 53; Belgium (1831) Art. 23; Belize (1981) Pre-
    amble, a, 3 c; Benin (1990) Preamble; Bhutan (2008) Art. 9, 3; Bolivia
    (2009) Preamble, Art. 8, II, Art. 9, 2, Art. 21, 2, Art. 22, Art. 73, I; Bosnia
    and Herzegovinia (1995) Preamble; Bulgaria (1991) Preamble, Art. 4, 2,
    Art. 6, 1; Burkina Faso (1991) Preamble; Burundi (2005) Art. 13, Art. 14,
    Art. 21, Art. 52; Cambodia (1993) Art. 38, 2; Cape Verde (1980) Art. 1, 1,
    Art. 226; Central African Republic (2016) Preamble; Chad (1996) Pream-
    ble; Chile (1980) Art. 1; China (1982) Art. 38; Colombia (1991) Art. 1, Art.

21, Art. 51, Art. 53, 5, Art. 70, 2; Democratic Republic of the Congo (2005) Art. 11, Art. 18, 5; Côte D'Ivoire (2016) Preamble, Art. 2, 3, Art. 7, 3; Croatia (1991) Art. 25, Art. 35; Cuba (1976) Preamble, Art. 9, a, 3, Art. 16, Art, 42, Art. 43; Czech Republic (1993) Preamble; Dominica (1978) Preamble, a; Dominican Republic (2015) Preamble, Art. 5, Art. 7, Art. 8, Art. 38; Ecuador (2008) Preamble, Art. 11, 7, Art. 84, Art. 158, 3; Egypt (2004) Preamble, Art. 51, Art. 55, Art. 56, Art. 78; El Salvador (1983) Art. 10, Art. 11, 2; Equatorial Guinea (1991) Art. 5, a, Art. 13, 1, a, Art. 14; Eritrea (1997) Preamble, Art. 2, 2, Art. 16; Estonia (1992) Art. 10; Ethiopia (1994) Art. 21, 1, Art. 24, 1, Art. 29, 6, Art. 30, 2, Art. 91, 1; Fiji (2013) Preamble, Art. 1, e, Art. 3, 1, Art. 7, 1, a, Art. 13, 1, j; Finland (1999) Section 1, 2, Section 7, 2, Section 9, 4; Gambia (1996) Art. 28, 1, Art. 31, 1, Art. 37, 8; Georgia (1995) Art. 17; Germany (1949) Art. 1, Abs. 1; Ghana (1992) Art. 15, 1, Art. 33, 5, Art. 35, 4; Greece (1975) Art. 7, 2, Art. 106, 2; Grenada (1973) Preamble, c; Guatemala (1985) Art. 4; Guinea (2010) Art. 5; Guinea-Bissau (1984) Art. 17, 1; Haiti (1987) Art. 44-1; Honduras (1982) Art. 59, 2, Art. 63, Art. 68, 3, Art. 76; Hungary (2011) Preamble, (Freedom and Responsibility) Art. II, Art. IX, 4, 5, Art. 37, 4; India (1949) Preamble, 39, F, 51A, e; Indonesia (1945) Art. 28G, Art. 28H, 3, Art. 32, 2; Iran (1979) Preamble – MassCommunicationMedia –, Art. 2, 6, Art. 22, Art. 121; Iraq (2005) Art. 37, First, A; Ireland (1937) Preamble; Israel (1958) Basic Law: Human Dignity and Liberty (1992) 1A, 2, Basic Law: The Government (2001) 39, d; Italy (1947) Art. 3, Art. 41, 2; Jamaica (1962) 13, 1, b, 14, 4; Japan (1946) Art. 24, 2; Jordan (1952) Art. 8, 2; Kazakhstan (1995) Art. 17; Kenya (2010) 10, 2, b, 19, 2, 20, 4, a, 24, 1, 28, 54, 1, a, 57, c, 244, d; Republic of Korea (1948) Art. 10, Art. 32, 3, Art. 36, 1; Kosovo (2008) Art. 23; Kuwait (1962) Preamble, Art. 29; Kyrgyzstan (2010) Art. 20, 4 (6), 5 (1), Art. 22, 2, Art. 29, 1, Art. 33, 5; Latvia (1922) Preamble, Art. 95; Lybia (2011) Art. 7; Liechtenstein (1921) Art. 27bis; Lithuania (1992) Art. 25, 3, Macedonia (1991) Art. 11; Madagascar (2010) Art. 17, Art. 29; Malawi (1994) 12, 1, d, 19, 42, 1, b, 2, g, iv; Maldives (2008) 57, 68; Mauritania (1991) Preamble; Mexico (1917) Art. 1, 5, Art. 3, II, c, Art. 25, 1; Moldova (1994) Art. 1, 3, Art. 9, 2, Art. 32, 2; Monaco (1962) Art. 20, 2; Mongolia (1992) Art. 16, 17, Art. 17,

2; <u>Montenegro</u> Art. 25, 3, Art. 27, 1, Art. 28, 1, Art. 31, 1, Art. 47, 2; <u>Morocco</u> (2011) Preamble, Art. 22, 2, Art. 161; <u>Mozambique</u> (2004) Art. 48, 6, Art. 119, 3, Art. 120, 1; <u>Myanmar</u> (2008) 44; <u>Namibia</u> (1990) Preamble, Art. 8, Art. 98, 1; <u>Nepal</u> (2015) 16, 1; <u>New Zealand</u> (1952) Bill of Rights Act (1990) 23, 5; <u>Nicaragua</u> (1987) Art. 5, Art. 6, Art. 33, 2, 2.1, Art. 82, 1; <u>Niger</u> (2010) Preamble, Art. 50, Art. 74, Art. 89, Art. 158, 1; <u>Nigeria</u> (1999) 17, 2, b, 21, a, 24, c, 34, 1; <u>Oman</u> (1996) Art. 31; <u>Pakistan</u> (1973) 11, 4, b, 14, 1; <u>Panama</u> (1972) Preamble, Art. 17, 2, Art. 122; <u>Papua New Guinea</u> (1975) Preamble, 36, 1, 37, 17, 39; <u>Peru</u> (1993) Art. 1, Art. 3, Art. 7, Art. 23, 3; <u>Philippines</u> (1987) Art. II, sec. 11, Art. XIII, sec. 1; <u>Poland</u> (1997) Preamble, Art. 30; <u>Portugal</u> (1976) Art. 1, Art. 59, 1, b, Art. 67, 2, e; <u>Romania</u> (1991) Art. 1, 3; <u>Russian</u> (1993) Art. 21, 1; <u>Rwanda</u> (2003) Art. 23, 1, Art. 38, 2; <u>Saint Kitts and Nevis</u> (1983) Preamble, a; <u>Saint Lucia</u> (1978) Preamble, e; <u>Saint Vincent and Grenadines</u> (1978) Preamble, c; <u>Sao Tome and Principe</u> (1975) Preamble; <u>Saudi Arabia</u> (1992) Art. 39; <u>Serbia</u> (2006) Art. 19, Art. 23, 1, Art. 28, 1, Art. 69; <u>Seychelles</u> (1993) Preamble, 16; <u>Sierra Leone</u> (1991) 8, 2, b, 13, e; <u>Slovakia</u> (1992) Art. 12, 1, Art. 19, 1; <u>Slovenia</u> (1991) Art. 21, Art. 34; <u>Solomon Island</u> (1978) Preamble; <u>Somalia</u> (2012) Art. 10; <u>South Africa</u> (1996) 1, a, 7, 1, 10, 35, 2, e, 36, 1, 39, 1, a; <u>South Sudan</u> (2011) Preamble, 1, 5, 11, 17, 1, g, 35, 2, 38, f, 169, 6; <u>Spain</u> (1978) Section 10, 1; <u>Sri Lanka</u> (1978) Preamble; <u>Sudan</u> (2005) 1, 2, 28, 45, 1; <u>Suriname</u> (1987) Art. 16, 3; <u>Swaziland</u> (2005) 18, 1, 30, 1, 57, 2, 60, 6; <u>Sweden</u> (1974) Art. 2; <u>Switzerland</u> (1999) Art. 7, Art. 118b, 1, Art. 119, 2, Art. 119e; <u>Syrian Arab Republic</u> (2012) Preamble, Art. 19, Art. 33, 1; <u>Taiwan</u> (1947) Art. 10, 6; <u>Tajkistan</u> (1994) Art. 5, e; <u>Tanzania</u> (1977) 9, a, f, 12, 2, 13, 6, d, 25, 1; <u>Thailand</u> (2017) Section 4, Section 26, Section 32; <u>Timor-Leste</u> (2002) Art. 1, 1; <u>Togo</u> (1992) Preamble, Art. 11, 1, Art. 28, 3; <u>Trinidad and Tobago</u> (1976) Preamble; <u>Tunisia</u> (2014) Art. 23, Art. 30, 1, Art. 47, 1; <u>Turkey</u> (1982) Art. 17, 3; <u>Turkmenistan</u> (2008) Art. 4, 2, Art. 31, Art. 60; <u>Tuvalu</u> (1986) Preamble (6), 12, c, 15, 27, 3, f, 29, c; <u>Uganda</u> (1995) XVI, XXIV, 24, 35, 1; <u>Ukraine</u> (1996) Art. 3, Art. 21, 1, Art. 28, 1; <u>Uzbekistan</u> (1992) Art. 13, Art, 27, 1, Art. 34, 2, Art. 48; <u>Venezuela</u> (1999) Art. 3, Art. 46, Art. 47, Art. 55, Art. 80, Art. 81, Art, 332; <u>Viet Nam</u> (1992) Art. 20, 1; <u>Yemen</u>

humana ou similar.

É possível citar, também, os seguintes documentos normativos de direito internacional, internacionalizados pelo Estado brasileiro, que fazem referência à dignidade da pessoa humana. São eles: o Pacto Internacional Sobre Direitos Civis e Políticos (ratificado pelo Decreto Legislativo n. 226, de 12 de dezembro de 1991 – Decreto n. 592, de 6 de julho de 1992) Preâmbulo, Art. 10; o Pacto Internacional sobre Direitos Econômicos, Sociais e Culturais (ratificado pelo Decreto Legislativo n. 226, de 12 de dezembro de 1991 – Decreto n. 591, de 6 de julho de 1992) Preâmbulo; a Declaração sobre a Proteção de todas as Pessoas Contra os Desaparecimentos Forçados (ratificado pelo Decreto Legislativo n. 661, de 1º de setembro de 2010 – Decreto n. 8.767, de 11 de maio de 2016) Art. 1; a Convenção Interamericana para Prevenir, Punir e Erradicar a Violência contra a Mulher (ratificada pelo Decreto Legislativo n. 107, de 31 de agosto de 1995 – Decreto n. 1.973, de 1º de agosto de 1996) Preâmbulo; a Convenção Interamericana para Prevenir e Punir a Tortura (ratificada pelo Decreto Legislativo n. 05, de 31 de maio de 1989 – Decreto n. 98.386, de 9 de dezembro de 1989) Preâmbulo; a Convenção Interamericana para Eliminação de todas as Formas de Discriminação contra as Pessoas Portadoras de Deficiência (ratificada pelo Decreto Legislativo n. 198, de 13 de junho de 2001 – Decreto n. 3.956, de 8 de outubro de 2001) Preâmbulo; a Convenção Internacional sobre a Eliminação de todas as Formas de Discriminação Racial

---

(1991) Art. 48, a; Zambia (1991) Art. 8, d; Zimbabwe (2013) 3, 1, e, 16, 1, b, 50, 1, c, 5, d, 51, 56, 5, 62, 4, 80, 1, 86, 2, 3, b, 141, iv, Section 87, 4, 1, c.

(ratificada pelo Decreto Legislativo n. 23, de 21 de junho de 1967 – Decreto n. 65.810, de 8 de dezembro de 1969) Preâmbulo; a Convenção Americana sobre Direitos Humanos – Pacto de São José da Costa Rica – (ratificada pelo Decreto n. 678, de 6 de novembro de 1992) segurança art. 5, 2.

2.1. *Topos* da Norma

A localização do texto normativo da dignidade da pessoa humana indica, ao menos relativa e juridicamente, a importância da norma[8] no sistema constitucional. Situado no primeiro artigo que trata dos princípios estruturantes do Estado brasileiro – república, federação, união indissolúvel, democracia e Estado de Direito –, a dignidade da pessoa humana é um de seus fundamentos-estruturantes (NOVAIS, 2014, p. 43-45/51-99).

Sendo fundamento do Estado brasileiro, a norma que decorre da dignidade da pessoa humana tem incidência em todas as suas atividades – executiva, legislativa e judicativa – e em todos os níveis de poder estatal. Trata-se do princípio dos princípios[9]. A

---

8. A norma é o que resulta da interpretação do dispositivo constitucional (no caso em análise). SARLET, Ingo Wolfgang. *Dignidade (da pessoa) humana e direitos fundamentais na Constituição Federal de 1988*. 10 ed. Porto Alegre: Livraria do Advogado, 2015. p. 80-81.

9. Destacam-se as seguintes palavras: "nenhum princípio é mais valioso para compendiar a unidade material da Constituição que o princípio da dignidade da pessoa humana". BONAVIDES, Paulo. *Teoria constitucional da democracia participativa*. São Paulo: Malheiros, 2001. p. 233; SARLET, Ingo Wolfgang. *Dignidade (da pessoa) humana e direitos fundamentais na*

dignidade da pessoa humana está acima e no centro de todas as normas (regras e princípios) jurídicas.

2.2. Morfologia da Norma

Não se adentrará em diferenciações analíticas para se determinar se o texto normativo do art. 1º, III, da CF é norma-regra ou norma-princípio. Contudo, como antecipado acima, partir-se-á da forma como o texto normativo (*suporte fático*) encontra-se redigido; nota-se que ele manifesta uma norma-princípio (SARLET, 2015, p. 79-80), pelo seguintes argumentos: 1) possui mandamento de otimização, impondo a realização de algo na máxima medida, conforme as possibilidades fáticas e jurídicas existentes; 2) para ser concretizado necessita de preenchimento de concretude do legislador, do executor e/ou do julgador; 3) possui ampla abertura para a realização do direito a partir da interpretação conforme a *ratio* de inclusão de possibilidades *Sowohl-als-Auch* (*tanto...quanto*) (HÄBERLE, 1980, p. 8-9; HÄBERLE, 2009, p. 123)[10]; 4) a dignidade da pessoa humana densifica os demais

---

Constituição Federal de 1988. 10 ed. Porto Alegre: Livraria do Advogado, 2015. p. 82-83.

10. HÄBERLE, Peter. *Die Verfassung des Pluralismus.* Studien zur Verfassungstheorie der offenen Gesellschaft. Königstein: Athenäum, 1980. p. 8-9; HÄBERLE, Peter. *Verfassungsvergleichung in europa- und weltbürgerlicher Absicht.* Später Schriften. Berlin: Duncker & Humblot, 2009. p. 123. Isso indica a abertura constitucional, estatal e social que a Constituição possibilitou com os princípios em geral. No sentido de tolerância e virtude democrática, *vide*: HÄBERLE, 1998. p. 28-29.

princípios estruturantes do Estado (MASSAÚ, 2018, p. 45-50). Por conseguinte, afasta-se a ideia de se tratar de uma regra, pois todos os argumentos contrariam a sua morfologia.

Destaca-se que o princípio da dignidade da pessoa humana carrega em si um conceito "dignidade da pessoa humana". O conceito é um sistema formal lógico, constituindo-se em instrumento técnico indispensável ao exprimir uma ideia geral (ou até universal) que quando aplicado movimenta-se do geral ao particular. Ele não é regra nem princípio, ele é o conteúdo contido na regra ou no princípio (norma jurídica) (ITALIA, 2010, p. 1-2, 7).

Cada conceito terá um grau maior ou menor de indeterminabilidade e que o seu significado variará no tempo e no espaço, principalmente em se tratando do objeto conceituado, no caso, "dignidade da pessoa humana". O conceito incidente no mundo jurídico nasce pela finalidade prática, por meio da jurisprudência e da doutrina; contudo, não pode prescindir da regra e do princípio jurídicos, pois está vinculado ao sistema jurídico (ITALIA, 2010, p. 3, 5-6).

O texto normativo do qual se aduz o princípio da dignidade da pessoa humana proporciona ao intérprete/aplicador do direito critérios valorativos para estabelecer posição mediante o caso concreto (ZAGREBELSKY, 2002, p. 110, 118). No entanto, seu conteúdo não pode ser determinado somente com a incidência do sentido normativo extraído do art. 1º, III, da CF, mas do contexto histórico-constitucional axiológico a determinar o conteúdo pragmático da situação jurídico-subjetiva, pelo fato da sua vagueza[11], pois embora se possam determinar limites de sentido (LUZZATI, 1990, p. 42) do que é ou não dignidade da pessoa humana, muitas possibilidades se encaixam no que seja ou não considerado humanamente digno. Nesse espaço, o interprete/aplicador do Direito pode utilizar de discricionariedade no momento da tomada de decisão. Por isso, deve-se ter no horizonte dois tipos de significados: a) o das expressões isoladas de um paradigma abstrato aplicável a uma série ilimitada de casos possíveis; b) o que, entre diversos potenciais significados, advém de forma concreta na expressão linguística do texto constitucional a partir do contexto no qual há o ato de proferir o significado (LUZZATI, 1990, p. 43).

2.3. Aplicabilidade da Norma

Ressalta-se que os fundamentos são normas aplicáveis imediatamente, que independem de ulterior restringibilidade do legislador. Eles possuem alta densidade normativa (SARLET, 2015, p. 260-261), pelo fato de que, para concretizá-los, é preciso que em cada constituição de norma haja a presença do conteúdo dos fundamentos.

Por conseguinte, o texto normativo do art. 1° da CF torna-se critério interpretativo para todos que aplicarem as normas

---

11. A vagueza tem como característica as delimitações do significado. A área de aplicação da expressão linguística não está precisamente delimitada. Com isso, passam a existir casos limites, os quais não se sabe se o dispositivo *interpretado* é aplicável ou não. LUZZATI, 1990. p. 47 e 51.

constitucionais e infraconstitucionais – pelo critério hierárquico. Trata-se, todavia, de um critério normativo, uma vez que a cada interpretação devem ser levados em consideração os fundamentos possíveis de serem concretizado no caso específico (FREITAS, 2010, p. 27-28).

Dessa forma, cada norma extraída de texto normativo deve apresentar algum grau de densidade de um ou de alguns dos fundamentos do Estado brasileiro. O aplicador do direito, dentro das interpretações possíveis, deve optar por aquela que se incline aos incisos do art. 1° da CF. A aplicação da norma extraída do texto dos fundamentos do Estado brasileiro dá-se no encontro da norma a ser aplicada ao caso concreto com a incidência dos próprios. Assim, defende-se a vedação de delimitação e de definição normativa do conteúdo dos incisos do art. 1° da CF por parte do legislador ordinário, sob pena de restringir o âmbito interpretativo. Nesse caso estaria vedada a redução de conteúdo a ser compreendido dos fundamentos do Estado brasileiro.

3. PROJEÇÃO DA MENSCHENBILD IM BRASILIENISCHEN VERFASSUNGSSTAAT[12]

Adota-se a ideia conceitual da *Menschenbild*[13] para se estabelecer uma das dimensões[14] dos limites compreensivos do

---

12. Título e tópico foram inspirados pelo livro: HÄBERLE, 2008.

13. Giza-se que não se problematizará se o texto constitucional brasileiro contém a marca de uma *pessimistische oder optimistische Menschenbild*. *Vide*: HÄBERLE, 2008. p. 40-44.

14. Existem diversas dimensões que incidem na *Menschenbild* que formam a

princípio e fundamento constitucional da dignidade da pessoa humana, que é inalienável e irrenunciável (SARLET, 2015, p. 51). Tal ideia conceitual deve ser construída com a colaboração das ciências do espírito ou culturais[15]. Por conseguinte, essa perspectiva pode fornecer um conjunto de compreensões que deságuam em uma *imagem* do ser humano, servindo como *pré-compreensão* (ESSER) para o jurista realizar sua tarefa interpretar teleologicamente (LARENZ) o princípio nuclear da dignidade da pessoa humana (HÄBERLE, 2008, p. 25).

Acredita-se ser possível projetar o ser humano constitucional, impreterivelmente a partir da expressão normativa constitucional. Dessa forma, uma das dimensões da *Menschenbild* encontra-se na dignidade da pessoa humana. No entanto, a concepção de

---

dignidade humana a partir do contexto normativo-constitucional. Pode-se, como exemplos, citar: a dimensão política, a dimensão econômica (que perpassa os direitos sociais), a dimensão cultural, a dimensão social, a dimensão religiosa (laicidade e pluralidade), a dimensão familiar, a dimensão científica e assim sucessivamente. Cada temática constitucional, na medida em que projeta um sentido valorativo, pode se constituir em dimensão compreensiva da dignidade humana.

15. O jurista deve levar em consideração outras disciplinas ou áreas do conhecimento humano, contudo, mantendo autonomia normativa do Direito. Dessa forma, não se pode falar em manutenção da vida, *e.g.*, sem critérios biológicos. A *Menschenbild* é composta por conhecimento de outras disciplinas, ou seja, se a norma condiz com a manutenção da vida, cabe ao jurista entender manutenção da vida, *e.g.*, para aplicá-la na realidade concreta; como a manutenção da vida em termos biológicos se dá, cabe ao biólogo ou ao médico informar ao jurista das concepções existentes. HÄBERLE, 2008. p. 29.

dignidade da pessoa humana se desdobra em várias dimensões[16], sendo que uma delas se refere aos direitos sociais (art. 6º da CF). Em vista disso, se delimitará a *Menschenbild* da dignidade da pessoa humana a partir dos elementos normativo-constitucionais dos direitos sociais.

Conseqüentemente, a compreensão que se forma serve para estabelecer limites gerais do significado de dignidade humana para a CF de 1988 em relação aos direitos sociais. A *Güterabwägung* deve orientar-se pela *Menschenbild* não só calcada na projeção do indivíduo, mas na da sociedade (HÄBERLE, 1983, p. 40; SARLET, 2015, p. 62). Nesse sentido, considerar-se-ia inconstitucional a adoção de uma interpretação normativa que vá de encontro ao sentido projetado pela *Menschenbild* constitucional da dignidade da pessoa humana.

3.1. Dignidade da Pessoa Humana e Direitos Sociais: *Menschenbild*

Nesse momento, parte-se da concepção – com a finalidade didática específica para esse texto – de que a dignidade da pessoa humana equivale à *Menschenbild*. Trata-se do parâmetro a ser reconhecido e levado em consideração quando da interpretação do art. 1º, III, da CF. Por conseguinte, a dignidade da pessoa humana para a CF não trata de um indivíduo isolado (BRUGGER, 2009,

---

16. Trata-se aqui da proteção da qualidade da *pessoa humana*, constituindo-se como valor próprio. O fato de ser ser humano faz com que recaia a proteção jurídica da dignidade da pessoa humana. SARLET, 2015. p. 49.

p. 118), no sentido de o Estado brasileiro ficar completamente omisso em relação ao indivíduo e vice-versa. No primeiro caso, a impossibilidade reside no Estado social, *e.g.*; no segundo caso, no dever de pagar impostos (NABAIS, p. 2003, 750-751; BRUGGER, 2009, p. 119), participando, assim, da manutenção do Estado social, *e.g.* Por consequência, a dignidade do indivíduo está vinculada à comunidade, ao Estado e à sociedade[17].

Embora o indivíduo tenha garantido os direitos de liberdade, o art. 6º da CF indica que a vida não se resume a sobrevivência com as liberdades, mas nela inclui-se a vida com educação, saúde, moradia, alimentação, trabalho, lazer, previdência social, proteção ao início da vida (maternidade e infância). Aos desamparados tem-se a assistência social. Dessa forma, não se pode conceber uma interpretação de dignidade da pessoa humana que projete um indivíduo em todas as suas dimensões individualista. Encontra-se, dessa forma, a estrutura social da pessoa humana, reconhecidamente detentora de direitos e deveres[18]. Manter o Estado

---

17. O sentido transindividual do que se considera dignidade da pessoa humana leva em consideração o aspecto cultural, mas a ele não se resume. Dessa forma, a cultura participa da projeção da dignidade da pessoa humana, acentuando o aspecto local de sua incidência, mas também tem seu realce em uma perspectiva do *Völkerrecht*. HÄBERLE, 2013. p. 333-335 und 342-343.

18. Ambos os artigos são reproduzidos em italiano para que o leitor possa fazer sua leitura e compreendê-los a partir da originalidade do idioma. O art. 4, 2 da Constituição italiana prescreve o seguinte: *Ogni cittadino ha il dovere di svolgere, secondo le proprie possibilità e la propria scelta, una attività o una funzione che concorra al progresso materiale o spirituale della società.* Já o Art. 6 da Constituição suíça preceitua o seguinte: *Ognuno*

social requer deveres do Estado, mas também dos indivíduos, ao contribuírem com o Estado.

Com a finalidade de especificar como a dignidade da pessoa humana pode ser visualizada a partir dos direitos sociais constantes do art. 6º da CF, far-se-á uma incursão de forma resumida nos direitos constantes do citado artigo. Buscar-se-á selecionar um ou poucos aspectos que caracterizam o direito social em comento, destacando o que pode ser considerado como *Menschenbild*. Por fim, frisa-se que a densidade do acesso a esses direitos sociais constitui outro tema para análise. Dessa forma, lembra-se que os direitos sociais aqui mencionados não são de acesso ilimitados, restando, assim, margens para restrições econômico-prestacionais.

3.1.1. Direito à Saúde

Ao direito à saúde convergem diversos direitos, isso pelo fato de a saúde, individual e pública, constituir parte essencial do *bem-estar*. O ser humano doente tem maior dificuldade de realizar seus atos da vida civil e desenvolver sua personalidade. Esse direito desenrola-se em duas dimensões: a defensiva e a

---

assume le proprie responsabilità e contribuisce secondo le proprie forze alla realizzazione dei compiti dello Stato e della Società. HÄBERLE, 2009. p. 136-137. A Constituição brasileira omitiu os deveres dos indivíduos para com o Estado social. Não existe no texto pátrio nada parecido com os cidados acima. Ela estabelece muitos direitos, mas expressamente poucos deveres aos indivíduos.

prestacional. A defensiva consiste no dever de proteção à saúde por parte do Estado, de si mesmo e de terceiros (pessoa física ou jurídica). A prestacional consiste na promoção à saúde, tendo como exemplo o atendimento prestado pelo Sistema Único de Saúde (SUS). Giza-se que o texto Constitucional estabelece de forma genérica o direito à promoção, à proteção e à recuperação. Trata-se de um direito que abrange o desenvolvimento (busca da qualidade de vida), a prevenção (evitar o dano à saúde) e a cura (senão, a melhora na qualidade de vida com o tratamento contínuo) da saúde (CANOTILHO; MENDES, 2013, p. 1931-1933).

O direito ao acesso à saúde é universal e igualitário, em que pese existam algumas restrições em termos de prestações. Todos os seres humanos, sejam brasileiros e estrangeiros. O acesso à saúde constitui-se em direito subjetivo, valendo-se da judicialização para a sua concretização em casos de negativa ou de dificuldades de sua concretização por parte do prestador. Surge, por conseguinte, a questão da gratuidade do acesso à prestação do sistema de saúde. Como corolário, entende-se que deve existir um parâmetro de isonomia (igualdade substancial) para que o sistema de saúde possa abranger, efetivamente, o maior número de pessoas possíveis.

Nesse caso, a gratuidade não se estenderia para todos, sendo necessário uma ponderação das particularidades do caso concreto. Do mesmo modo, não existe a pretensão de que a integralidade do atendimento tenha que ser realizada em termos ideais. Destaca-se a existência de limites físicos, técnicos e científicos para a exigência e a realização de tratamentos ou fornecimento de medicamentos carentes de provas científicas, de segurança e de eficácia na sua aplicação ou no seu uso (CANOTILHO; MENDES, 2013, p. 1933-1937). Por fim, a *Menschenbild* é de um ser humano saudável física, mental e socialmente.

3.1.2. Direito à Educação[19]

O direito à educação previsto no art. 205 da CF estabelece a solidariedade entre o Estado e a família no dever de ofertar as condições mínimas aos indivíduos, sendo direito de todos o acesso à educação com o objetivo de desenvolver e preparar as *pessoas* (jovens, principalmente, mas não só) para o exercício da cidadania e qualifica-las ao trabalho. A importância da educação destaca-se pelos objetivos de preparar e de desenvolver pessoas para exercício da cidadania, que corresponder à qualidade do processo democrático[20], e a capacidade para o trabalho, que está ligada à autonomia econômica da pessoa. Além disso, o ensino (diga-se: a educação básica) é obrigatório e gratuito a todos, inclusive aos que não tiveram a oportunidade na idade própria (art. 208, I, da CF), constituindo-se direito subjetivo público (art. 208, §1º, da CF).

---

19. Destaca-se, em homenagem ao Prof. Dr. Peter Häberle, a referência sobre a garantia de liberdade artística no campo, especificamente da literatura, fazendo parte indispensável do direito à educação em sentido amplo. *"Literatur und Literaten sind Ledensbedingungen jeden Verfassungsstaats."* HÄBERLE, 1983. p. 84.
20. Para a importância da educação em sentido amplo para *"offenen Gesellschaften"*, *vide*: HÄBERLE, 2008. p. 45-47.

A dignidade da pessoa humana que se pode observar com base nos dispositivos constitucionais deve partir das referências de que quem não consegue acesso ao ensino básico e fundamental e ser partícipe do processo de ensino e aprendizado de qualidade, encontra sua dignidade da pessoa humana violada (art. 1º, III, da CF). Aqui tem-se a pessoa humana com capacidade de exercer alguma atividade laboral e ser ativamente cidadã na democracia. A *Menschenbild* requer um ser humano educado ao ponto de a educação possibilitá-lo a sua autonomia individual (por meio do trabalho) e social (por meio da participação no processo democrático, a cidadania).

3.1.3. Direito à Alimentação

O direito à alimentação adequada foi inserido pela Emenda Constitucional n. 64/2010, sendo que sua previsão já se encontrava no art. 25 da Declaração Universal dos Direitos Humanos de 1948. No art. 11 do Pacto de Direitos Econômicos, Sociais e Culturais sua definição foi ampliada. Esse direito social envolve o acesso físico e econômico aos alimentos e aos recursos em termos de acesso contínuo. Salienta-se que a alimentação condiz com vários aspectos, dependendo do contexto e das condições culturais, sociais, climáticas, econômicas e ecológica das pessoas, das etnias, das culturas e dos grupos sociais. *E.g*, a Lei n. 11.947/09 regula a alimentação escolar; a Lei n. 11.265/06 regulamenta a comercialização de alimentos para lactentes e crianças de primeira infância.

O direito à soberania alimentar, além da regulamentação da alimentação nos estabelecimentos de ensino, deve abranger as informações dos rótulos de alimentos, assim como o cuidado com a contaminação dos alimentos – em qualquer estágio de sua produção – com agrotóxicos ou outros produtos químicos que venham a prejudicar a saúde das pessoas. Nota-se que o direito à alimentação se vincula de forma direta com o direito à saúde e, indiretamente, com maior ou menor força, aos direitos à educação, ao trabalho, ao lazer, à proteção da maternidade e da infância. A *Menschenbild* requer um ser humano que tenha acesso aos alimentos e esteja consciente e resguardado de danos provenientes de seu sustento alimentar.

3.1.4. Direito ao Trabalho

O direito ao trabalho se expressa na proteção voltada ao trabalhador diante do Estado e dos donos dos meios de produção. Nesse sentido, a pretensão de exigir um posto de trabalho em referência ao direito ao trabalho não é legítima. Diferente da saúde e de outros direitos sociais, o direito subjetivo ao trabalho não é judicializável.

Cabe ao Estado, por meio de seus órgãos, evitar violações por parte dos empregadores dos limites estabelecidos e promover e realizar os direitos sociais dos trabalhadores (em sua designação ampla) (COUTINHO, 2013, p. 552). Para isso, cita-se os direitos e garantias constitucionais contidos nos incisos do Art. 7º da CF, não sendo um elenco exaustivo de direitos nem de garantias. A

Menschenbild expressa, nesse caso, o ser humano usufruindo de sua força laboral com segurança e – certo grau de – estabilidade no que condiz aos direitos e às garantias circundantes às relações trabalhistas.

3.1.5. Direito à Moradia

O direito à moradia não constava no texto constitucional original, foi acrescentado com a nova redação dada pela Emenda Constitucional n. 26/2000 ao art. 6º da CF (SARLET, 2013, p. 534). Destarte, sendo o direito à moradia fundamental, vinculado à dignidade humana e ao desenvolvimento da personalidade, é admissível ser o mesmo constituinte da imagem do ser humano digno. Sem moradia, o ser humano se encontra desprovido de condições essenciais para se desenvolver, pois lhe falta os padrões qualitativos mínimos para uma vida saudável, levando em consideração estruturas que ofereçam a habitabilidade saudável e acessos aos serviços básicos vinculados às condições da moradia (SARLET, 2013, p. 547).

Em termos de direito, na sua dimensão negativa (direito de defesa), tem-se o chamado bem de família que impede que o devedor e sua família fiquem ao desabrigo por ato do Estado ou de particulares (art. 3º da Lei n. 8.009/90, art. 5º, XXVI da CF, art. 37 da Lei n. 10.257/2001); logo, há que se citar as modalidades da usucapião. No que se refere à dimensão positiva (direito a prestações), políticas públicas (Lei n. 11.977/2009 – Programa do Governo Federal – Minha Casa Minha Vida) devem ser criadas e geridas com a finalidade de dar acesso à moradia às pessoas. Ressalta-se que o direito à moradia não se confunde com o direito de propriedade, podendo, dessa forma, ter-se acesso ao direito por outras modalidades, além da aquisição da propriedade.

A *Menschenbild* incorpora em seu âmbito de projeção o ser humano resguardado por uma moradia. Dessa forma, é possível dizer que uma das expressões do princípio da dignidade da pessoa humana é ter o abrigo de uma moradia dotada de salubridade, que remete ao direito à saúde no concernente, principalmente, à sua prevenção e à promoção.

3.1.6. Direito ao Transporte

O direito ao transporte foi inserido no rol de direitos sociais do art. 6º da CF por meio da Emenda Constitucional n. 90/15. Tal direito é meio a outros, considerando sua característica de acesso à mobilidade urbana. Resta densificar (não é objeto desse texto) o quê se considerará transporte como direito social e como deverá ser efetivado. Porém, reconhece-se expressamente o transporte como direito social que deve, de alguma forma, ser efetivado em prol da realização de dimensões da pessoa humana que dependam da locomoção.

Os exemplos são: a Lei n. 8.899/94 que concede passe livre às pessoas portadoras de deficiência no sistema de transporte coletivo interestadual; a Lei n. 14.307/13 do Rio Grande do Sul que estabelece o passe livre para os estudantes da região metropolitana e estabelece subsídios para o transporte de estudantes nas demais regiões do Estado. Esse direito social exige uma *Menschenbild* de um ser humano naturalmente inclinado à locomoção, a fim de que possa se realizar ao ir, vir e ficar. Para tal, necessita dos meios necessários de transportes públicos, quando não os têm de forma privada.

3.1.7. Direito ao Lazer

O direito ao lazer não possui conteúdo definido pelo texto constitucional, no entanto, não se questiona a sua qualidade de direito social fundamental. A jurisprudência inclina-se a considerar esse direito vinculado ao direito à cultural, à educação e ao desporto, no sentido de permitir as pessoas, em qualquer idade, o desenvolvimento de uma vida com saúde física, mental e social. Se o ponto de referencia for o trabalhador é possível citar o repouso semanal (art. 7º, XV), a limitação de jornada de trabalho (art. 7º, XIII) e a proibição de trabalho infantil (art. 7º, XXXIII) (SARLET, 2013, p. 548).

Percebe-se uma *Menschenbild* voltada ao cuidado com o corpo e o *espírito*, na medida em que o lazer envolve um cuidar de si sem preocupações e exigências laborais. Além disso, oportuniza a interação social entre os familiares e os amigos, fortalecendo os laços sociais de forma distinta da que ocorre no ambiente laboral.

3.1.8. Direito à Segurança

O conceito de direito à segurança, positivado no rol de direito sociais do art. 6º da Magna Carta, é amplo, pois apesar do dispositivo em comento não especificar diretamente a que espécie de "segurança" se relaciona, o mesmo está conectado à seguridade social, que engloba o direito à previdência social, bem como a todos os demais direitos sociais. Dessa feita, trata-se de um conceito de segurança referente a aspectos econômicos e prestacionais.

Nessa seara, José Afonso da Silva (2009, p. 635) menciona que o termo em comento "assume o sentido geral de garantia, proteção, estabilidade de situação ou pessoa em vários campos, dependente do adjetivo que a qualifica", ademais, "a segurança é especialmente a obtenção de uma convivência social que permita o gozo de direitos e o exercício de atividades sem perturbação de outrem. Vale dizer, direito à segurança, no artigo 6º, prende-se ao conceito de segurança pública" (SILVA, 2009, p. 187).

Além disso, é possível destacar, ainda, que há uma conexão direta com o próprio conceito de "segurança pública", na medida em que tal deve ser prestada pelo Poder Público, através de prestações materiais (KRELL, 2002, p. 19). Por essa razão, é que se pode afirmar que há conexão direta do disposto no supracitado dispositivo constitucional com o art. 144[21] do mesmo diploma legal. Destarte, a *Menschenbild* retirada do direito à segurança refere-se à segurança proporcionada aos seres humanos a partir das prestações sociais do Estado, sendo os mesmos dignos desse patamar de estabilidade gerado pela ideia de segurança.

---

21. Art. 144. A segurança pública, dever do Estado, direito e responsabilidade de todos, é exercida para a preservação da ordem pública e da incolumidade das pessoas e do patrimônio, através dos seguintes órgãos [...]

200

3.1.9. Direito à Previdência Social

O direito à previdência social (art. 201 da CF) possui caráter contributivo, sendo que os beneficiários devem possuir uma relação previdenciária com o Estado, embora a lei possa estabelecer exceções. Por conseguinte, o que predomina é a manutenção do sistema por meio de contribuições previdenciárias que ao fim do tempo de contribuição e do tempo de serviço (é de se levar em consideração as exceções de aposentadorias que por vários motivos não completam o tempo de serviço nem o de contribuição) (CORREIA; CORREIA, 2013, p. 1948-1949).

Ressalta-se que o direito à previdência social atribui ao ser humano o resguardo quando do seu declínio corporal e mental. Nesse momento, o ser humano, com a previdência, deve ter a segurança de manter suas condições materiais, mesmo que mínimas, de quando trabalhava e contribuia ao sistema previdenciário. A *Menschenbild* condiz com a manutenção das condições materiais do segurado no que diz respeito a sua perda de capacidade laborativa e/ou seu momento de vida de se desvincular de compromissos laborais e se dedicar a si mesmo e/ou família, *e.g.*

3.1.10. Direito à Proteção à Maternidade e à Infância

O direito à proteção à maternidade e à infância encontra-se conexo. Justamente pelo fato de em determinado período ao proteger à maternidade protege-se à infância, *e.g.*, a licença maternidade (art. 7º, XVIII, da CF), no que se refere ao direito do trabalho. No caso da licença maternidade tem-se a estabilidade no emprego da gestante e da mãe durante um período pré-estabelecido (120 dias); e, simultaneamente, promove-se à infância ao manter mãe e filha(o) juntos, nutrindo afetos e leite materno (art. 396 da CLT) ou outro tipo de alimento.

Ressalta-se que a proteção à maternidade redunda em prestações de saúde que envolve o acompanhamento da gestante (Lei n. 9.263/96 e Lei n. 11.634/07) para além do parto. Além disso, a proteção à maternidade desenrola-se em outros tantos direitos e garantias, que não cabe aqui se ater.

A infância, traduzida na perspectiva da criança, encontra proteção no Estatuto da Criança e Adolescente (Lei n. 8.069/90), dentre outras leis. Por conseguinte, destaca-se que a proteção à infância se desenvolve em várias dimensões, *e.g.*, resguardando-a da violência, da desnutrição, e garantindo-a a educação, a saúde e assim como outras dimensões do desenvolvimento da vida. Também, não cabe aqui se ater às minucias, mas destacar o fundamento que se deve levar em consideração quando da compreensão do ser humano em termos de projeção ao princípio da dignidade da pessoa humana, ou seja, ter-se pessoas aptas (em sentido amplo) para desenvolverem-se e contribuírem ao desenvolvimento social.

3.1.11. Direito à Assistência aos Desamparados

O direito à assistência aos desemparados art. 203 da CF foi

regulamentado, dentre outros dispositivos, pela Lei n. 8.742/93. Sua característica consiste na existência da necessidade, independente de contribuição à seguridade social, juntamente com o direito à saúde e à previdência social. Tal direito encontra-se inserido no contexto da seguridade social. Seu caráter solidário indica que a sociedade manterá os recursos com o objetivo de atender aos necessitados dentro de limites considerados mínimos e dignos.

A legislação infraconstitucional expandiu a assistência social, de tal forma que estabeleceu uma série de programas de combate à pobreza e à marginalização Art. 3º, III, da CF. A Lei n. 9.533/97 e Lei n. 10.219/01 criaram o programa Bolsa-Escola; a Lei n. 10.836/04 criou o programa Bolsa-família e absorveu o programa Bolsa-Escola (MORO, 2013, p. 1953-1956).

Por fim, o art. 203, V, da CF é um dispositivo constitucional que carrega no texto a densidade suficiente para ter sua aplicabilidade imediata, embora o Supremo Tribunal Federal não entenda dessa forma (MORO, 2013, p. 1962). Tal direito a um salário mínimo para o portador de deficiência e ao idoso, que comprovarem não possuírem meios de proverem a própria subsistência, serve para a proteção de grupos vulneráveis. Nesse caso, a assistência abrange grupos minoritário sócio-economicamente (MORO, 2013, p. 1958).

O fato da existência do direito à assistência aos desamparados demonstra a previsão de um mínimo existencial, pelo menos, no que condiz com o texto constitucional, com o portador de deficiência e o idoso. A *Menschenbild*, no caso da assistência aos desamparados projeta o ser humano que não esteja ao desabrigo de um mínimo existencial.

CONCLUSÃO

A *Menschenbild* da dignidade da pessoa humana resultante do texto constitucional brasileiro não trata de um *individuum* soberano e isolado. O texto da *Magna Carta* infere a relação entre o indivíduo e a sociedade. As normas constitucionais exigem do indivíduo um esforço em prol da sociedade e da sociedade (fundamentalmente do Estado) um esforço em prol do indivíduo. Ao legislador, ao executor e ao julgador resta o dever de trabalhar sistematicamente com o texto constitucional, incluindo na interpretação o art. 1º, III, da CF conforme as circunstâncias que se apresentam, mantendo a coerência do sistema.

Retira-se, também, da análise feita que, em face das características (preponderante) prestacional dos direitos sociais e da *Menschenbild*, a dignidade da pessoa humana exige garantia positiva de prestações sociais que ofertem as condições mínimas para o pleno desenvolvimento da personalidade de cada ser humano. Nos direitos sociais, nota-se a existência de um ser humano possuidor der dimensão material-social, necessitando, para sua existência constitucionalmente digna, de aportes de intervenções materiais próprias dos direitos sociais. Se o texto normativo constitucional estabeleceu diversos dispositivos que circunscrevem e direcionam determinadas dimensões da vida humano-social, significa que é possível desenhar, mesmo de forma geral, uma *Menschenbild* delimitadora da compreensão de ser humano a ser retirada do texto da Magna Carta.

Dessa maneira, deve-se reconhecer que se a Constituição estabelece direitos fundamentais de liberdade, de igualdade e de solidariedade, significa que situações, ações ou omissões que afetem os valores de tais direitos fundamentais são plenamente inconstitucionais. Essa lógica normativa tem validade para a dignidade da pessoa humana, ou seja, o que for contrário à dignidade, deverá ser considerado inconstitucional. Contudo, o problema que se tentou enfrentar é o que seria dignidade da pessoa humana para a Constituição. A delimitação dessa abordagem deu-se pela opção de descrever a imagem do ser humano a partir dos direitos sociais constantes do art. 6º da CF.

Por conseguinte, a *Menschenbild* que incide na compreensão da dignidade da pessoa humana com base nos direitos sociais do artigo acima citado requer um ser humano que possua acesso à educação capaz de capacita-lo para o labor e para a o exercício da cidadania de forma autônoma e consciente. Para isso, requer também um ser humano saudável que encontre no acesso ao direito à saúde as condições de desenvolvimento, prevenção e cura da saúde física, mental e social; como consequência lógica do direito à saúde, tem-se o direito à alimentação saudável e minimamente condizente a suas necessidades, pois sem ela não se tem saúde, não se consegue estudar ou exercer atos da vida, usufruir do lazer nem trabalhar com autonomia.

Ainda, projeta-se da *Menschenbild* um ser humano com acesso ao transporte, para que o mesmo possa se locomover ao trabalho, ao lazer, ao exercício da cidadania, aos serviços de acesso à saúde; dessa forma, o direito ao transporte é traduzido como mobilidade urbana de forma digna e segura. Nessa perspectiva, tem-se a compreensão da dignidade da pessoa humana os direitos e as garantias concernentes às relações de trabalho, principalmente, quando se trata do trabalhador; tais direitos e garantias devem possui efetividade suficiente para garantir relativa segurança e amparo ao trabalhador na relação de emprego.

O direito à moradia, na perspectiva da dignidade da pessoa humana, significa um espaço digno e salubre para o(s) ser(es) humano(s) constituírem seu núcleo da vida privada e da identidade pessoa, além da segurança (em sentido amplo) de se ter um espaço próprio; sem esse espaço ou sem as condições devidas, viola-se a dignidade da pessoa humana. Direito ao lazer deve ser projetado como um "alívio" para corpo e alma em face ao exercício das atividades laboras e de cidadania. Já a proteção à maternidade e à infância acarreta na *Menschenbild* da dignidade da pessoa humana, valores de cuidado e promoção do ser humano que está por vir e ao que está em desenvolvimento de enculturação; tratam-se de momentos cruciais das gerações de seres humanos, pois sem a efetiva proteção o valor vida seria fortemente relativizado.

A dignidade da pessoa humana calcada na previdência social condiz à recompensa do contribuinte que, durante seu período economicamente ativo, contribuiu e requer benefício para, no período de seu declínio da força labora, usufruir de uma vida com um padrão econômico equivalente ao que possuía quando em plena atividade laborativa. Por fim, cabe destacar a assistência social aos desamparados que, pelo fato do desabrigo de recursos, por meio de um sistema de solidariedade, podem usufrui de prestações que os situem em limites materiais mínimos para sobrevivência. No caso da assistência aos desamparados, não se exige prévia contribuição dos necessitados. Dessa forma, a perspectiva de dignidade da pessoa humana revela-se conforme a concepção do mínimo existencial, em que todos os seres humanos devem, ao menos, encontrarem-se dentro de parâmetros dignos. Por fim, cabe ressaltar o direito à segurança que engloba tudo o que foi destacado, contanto com a segurança pública. Dessa forma, a *Menschenbild* que deve ser projetada na compreensão da dignidade da pessoa humana engloba um ser humano credor de prestações por parte do Estado, que deve ser financiado pela sociedade, no que condiz à a manutenção de um mínimo de condições materiais para o desenvolvimento da personalidade e para a atuação cidadã.

REFERÊNCIAS

BADURA, Peter. *Staatsrecht: Systematische Erläuterung des Grundgesetzes für die Bundesrepublik Deutschland*. 2 Aufl. München: Beck, 1996.

BERCOVICI, Gilberto. *Constituição Econômica e Desenvolvimento: Uma Leitura a partir da Constituição de 1988*. São Paulo: Malheiros, 2005.

BONAVIDES, Paulo. *Do Estado Liberal ao Estado Social*. 8 ed. São Paulo: Malheiros Editores, 2007.

______. *Teoria Constitucional da Democracia Participativa*. São Paulo: Malheiros, 2001.

BRASIL. *Conselho de Segurança Alimentar e Nutricional*. Disponível em <http://www4.planalto.gov.br/consea/comunicacao/artigos/2014/direito-humano-a-alimentacao-adequada-e-soberania-alimentar>. Acesso em 07 de setembro de 2018.

BRUGGER, Winfried. Menschenbild. *In: Verfassungsrecht Nach 60 Jahren*. Das Grundgesetz von A bis Z. (Hrsg.) Stefan Huster und Reinhard Zintl.

Baden-Baden: Nomos, 2009. p. 118-122.

CORREIA, Érica Paula Barcha; CORREIA, Marcus Orione Gonçalves. *Comentários ao Art. 201. In*: CANOTILHO, J. J. C.; MENDES, G. F.; SARLET, I. W.; STRECK, L. L. Comentários à Constituição do Brasil. São Paulo: Saraiva:Almedina, 2013, p. 1945-1949.

COUTINHO, Aldacy Rachid. Comentário ao Art. 7º. *In*: CANOTILHO, J. J. C.; MENDES, G. F.; SARLET, I. W.; STRECK, L. L. *Comentários à Constituição do Brasil.* São Paulo: Saraiva:Almedina, 2013, p. 551-552.

FREITAS, Juarez. *A Interpretação Sistemática do Direito.* 5.ed. São Paulo: Malheiros, 2010.

HÄBERLE, Peter. A Dignidade Humana como Fundamento da Comunidade Estatal. Trad. Ingo Wolfgang Sarlet e Pedro Scherer de Mello Aleixo. *In*: Ingo Wolfgang Sarlet. *Dimensões da Dignidade Humana.* Ensaios de Filosofia do Direito e Direito Constitucional. 2.ed. Porto Alegre: Livraria do Advogado, 2013. p. 45-103.

______. *Das Grundgesetz der Literaten. Der Verfassungsstaat im (Zerr?) Spiegel der Schönen Literatur.* Baden-Baden: Nomos, 1983.

______. *Das Menschenbild im Verfassungsstaat.* 4 Aufl. Berlin: Duncker & Humblot, 2008.

______. *Der Kooperative Verfassungsstaat – Aus Kultur und als Kultur.* Vorstudien zu einer universalen Verfassungslehre. Berlin: Duncker & Humblot, 2013.

______. *Die Wesensgehaltgarantie des Art. 19 Abs.* 2 Grundgesetz. Zugleich ein Beitrag zum institutionellen Verständnis der Grundrechte und zur Lehre vom Gesetzesvorbehalt. 3 Aufl. Heidelberg: C.F. Müller, 1983.

______. *Die Verfassung des Pluralismus.* Studien zur Verfassungstheorie der offenen Gesellschaft. Königstein: Athenäum, 1980.

______. *Erziehungsziele und Orienterungswerte im Verfassungsstaat.* Freiburg [Breisgau]: München: Alber, 1981.

______. *Resposta à Pergunta 4. In*: Mariana Ribeiro Santiago (Org.). Trad. de Deborah Alcici Salomão. Revista Argumentum, v. 19, n. 1 (2018). p. 269.

______. *Verfassung als Öffentlicher Prozeß*. Materialien zu einer Verfassungstheorie der offenen Gesellschaft. 3 Aufl. Berlin: Dunker & Humblot, 1998.

______. *Verfassungsvergleichung in Europa- Und Weltbürgerlicher Absicht*. Später Schriften. Berlin: Duncker & Humblot, 2009.

ITALIA, Vittorio. *I Concetti Giuridici*. Milano: Giuffrè, 2010.

KRELL, Andréas. *Direitos Sociais e Controle Judicial no Brasil e na Alemanha: Os Descaminhos de um Direito Constitucional Comparado*. Porto Alegre: Fabris, 2002.

LUZZATI, Claudio. *La Vaghezza Delle Norme: Un'analisi del Linguaggio Giuridico*. Milano: Giuffrè, 1990.

PIANA, Maria Cristina. *A Construção do Perfil do Assistente Social no Cenário Educacional*. São Paulo: UNESP, 2009.

PICO DELLA MIRANDOLA, Giovanni. *De Hominis Dignitate/Über die Würde des Menschen*. Übers. Norbert Baumgarten. Hamburg: Meiner, 1990.

MASSAÚ, Guilherme. *O Princípio Republicano Constituinte do Mundo-da-Vida do Estado Constitucional Cosmopolita*. Ijuí: Unijuí, 2016.

______. *Princípios Constitucionais e Relações Internacionais*. Porto Alegre: Livraria do Advogado, 2018.

MASSAÚ, Guilherme Camargo; RAFAGNIN, Thiago Ribeiro. *Pergunta 4. In*: Mariana Ribeiro Santiago (Org.). Revista Argumentum, v. 19, n. 1 (2018). p. 268.

MORO, Sergio Fernando. *Comentário ao Art. 203. In*: CANOTILHO, J. J. C.; MENDES, G. F.; SARLET, I. W.; STRECK, L. L. Comentários à Constituição do Brasil. São Paulo: Saraiva:Almedina, 2013, p. 1952-1964.

NABAIS, José Casalta. *A Face Oculta dos Direitos Fundamentais: Os Deveres e os Custos dos Direitos. In*: Estudos em Homenagem ao Conselheiro José Manuel Cardoso da Costa. Coimbra: Coimbra, 2003, p. 737-767.

NOVAIS, Jorge Reis. *Os Princípios Constitucionais Estruturantes da*

República Portuguesa. Coimbra: Coimbra, 2014.

NOVELINO, Marcelo. *Curso de Direito Constitucional*. 12.ed. Salvador: Jus-Podivm, 2017.

SARLET, Ingo Wolfgang. *A Eficácia dos Direitos Fundamentais: Uma Teoria Geral dos Direitos Fundamentais na Perspectiva Constitucional*. 12.ed. Porto Alegre: Livraria do Advogado, 2015.

______. Comentário ao Art. 6º. *In*: CANOTILHO, J. J. C.; MENDES, G. F.; SARLET, I. W.; STRECK, L. L. *Comentários à Constituição do Brasil*. São Paulo: Saraiva:Almedina, 2013, p. 534-548.

______. Comentário ao Art. 196. *In*: CANOTILHO, J. J. C.; MENDES, G. F.; SARLET, I. W.; STRECK, L. L. *Comentários à Constituição do Brasil*. São Paulo: Saraiva:Almedina, 2013, p. 1931-1937.

______. *Dignidade (da Pessoa) Humana e Direitos Fundamentais na Constituição Federal de 1988*. 10.ed. Porto Alegre: Livraria do Advogado, 2015.

SCHILLER, Friedrich von. *Schillers Werke*. Erste Teil. Berlin, Leipzig, Wien, Stuttgart: Deutsches Verlagshaus Bong & Co., s.d.

SCHMITT, Carl. *Teoria de la Constitución*. Madrid: Alianza Editorial, 2003.

SILVA, José Afonso da. *Comentário Contextual à Constituição*. 6.ed. São Paulo: Malheiros, 2009.

VERDÚ, Pablo Lucas. *O Sentimento Constitucional: Aproximação ao Estudo do Sentir Constitucional como Modo de Integração Política*. Trad. Agassiz Almeida Filho. Rio de Janeiro: Forense, 2004.

ZAGREBELSKY, Gustavo. *El Derecho Dúctil: Ley, Derechos, Justicia*. Trad. Marina Gascón. 4.ed. Madrid: Trotta, 2002.

MASSAÚ, Guilherme; RAFAGNIN, Thiago. A concepção de dignidade humana do estado social-constitucional brasileiro: uma abordagem a partir de Peter Häberle. *In*: SANTIAGO, Mariana Ribeiro; SILVEIRA, Vladmir Oliveira da; MALISKA, Marcos Augusto (Coord.); FERNANDES, Ana Carolina Souza (Org.). **Estudos em homenagem ao professor Peter Häberle**. Uberlândia: LA-ECC, 2021. p. 175-217.

Capítulo 4

30 ANOS DA CONSTITUIÇÃO DE 1988 E A IMPORTÂNCIA DE UM MODELO DE ESTADO RESILIENTE PARA A *BÜRGERDEMOKRATIE*

30 YEARS OF THE BRAZILIAN CONSTITUTION OF 1988 AND THE RELEVANCE OF A RESILIENT STATE MODEL TO THE BÜRGERDEMOKRATIE

Luciana Cristina de Souza

Resumo: Este artigo debate a respeito da eficácia democrática e do reconhecimento dos direitos fundamentais no Brasil após trinta anos da promulgação da Constituição em 1988 a partir do conceito de *Büegerdemokratie* (Democracia de Cidadãos) proposto pelo constitucionalista alemão Peter Häberle. A vigente Constituição é considerada mais inclusiva em comparação com as outras seis Cartas que a precederam. A principal reflexão é se o regime político estruturado na época de sua promulgação, o qual visou a deliberação das pessoas no processo de tomada de decisão, efetivamente se comprometeu em efetivar uma esfera pública aberta e pluralista de intérpretes constitucionais. Defende-se que é essencial o desenvolvimento da capacidade de resiliência do governo para melhorar este compromisso da Constituição e promover a inclusão de cidadãos que ainda estão marginalizados, dessa forma otimizando a implementação da *Büegerdemokratie*.

Palavras-chave: Cidadania; Constituição; Democracia; Governança; Resiliência.

Abstract: This article reflects on democratic effectiveness and recognition of fundamental rights in Brazil after thirty years of the 1988 Republican Constitution enactment from the concept of *Büegerdemokratie* (Citizens' Democracy) proposed by the German constitutionalist Peter Häberle. The current Constitution is considered more inclusive than the other six that preceded it. The main consideration is whether the political regime structured at the time of its promulgation, which one aimed at the deliberation of the people in the decision-making process, has effectively committed itself to an open and pluralistic public sphere of constitutional interpreters. This analysis concludes that is pivotal develop the government's resilience capacity to improve this commitment to the Constitution and to promote the inclusion of citizens who are still marginalized, thereby optimizing the implementation of the *Büegerdemokratie*.

Keywords: Citizenship; Constitution; Democracy; Governance; Resilience.

INTRODUÇÃO

Este artigo debate a respeito da eficácia democrática e do reconhecimento dos direitos fundamentais no Brasil após trinta anos da promulgação da Constituição em 1988 a partir do conceito de *Büegerdemokratie* (Democracia de Cidadãos) proposto pelo constitucionalista alemão Peter Häberle. A vigente Constituição é considerada mais inclusiva em comparação com as outras seis Cartas que a precederam.

No entanto, acredita-se que nos últimos anos parte desse compromisso governamental com a norma fundamental brasileira foi arrefecido. Em razão disso, a principal reflexão é se o regime político estruturado na época de sua promulgação, o qual visou a deliberação das pessoas no processo de tomada de decisão, efetivamente se comprometeu em efetivar uma esfera pública aberta e pluralista de intérpretes constitucionais e, ainda, se tal ideal ético ainda persevera.

Para que isso possa acontecer em prol da cidadania e da democracia brasileiras, defende-se a hipótese de que é essencial o desenvolvimento da capacidade de resiliência do governo para melhorar este compromisso da Constituição e promover a inclusão de cidadãos que ainda estão marginalizados, dessa forma otimizando a implementação da *Büegerdemokratie*.

Tendo isso em conta, o objetivo do artigo é analisar a importância do conceito de democracia de cidadãos proposto por Peter Häberle no que tange a realidade política, social e jurídica nacional, principalmente sob a perspectiva do direito constitucional. A análise ora realizada segue o modelo de um ensaio teórico que, em seu conteúdo, adota inicialmente uma metodologia histórica e, em seguida, uma descrição do cenário brasileiro contemporâneo.

O marco teórico sobre o conceito de democracia é o constitucionalista Peter Häberle. Para dialogar com o paradigma brasileiro a fundamentação apresentada decorre da tese defendida pela própria autora, que desenvolveu estudos a respeito do *princípio da resiliência estatal* e como a cidadania efetiva depende dessa postura do Estado perante a Sociedade.

1. O CENÁRIO CONSTITUCIONAL ANTERIOR À CR/88

É preciso explicar que o Brasil tinha seis outras Constituições antes da promulgação democrática da Carta do Cidadão, em 1988, considerada a sexta fase republicana. Esses outros textos constitucionais entraram em vigor, respectivamente, no período imperial (1824, outorgada), 1ª fase republicana chamada "República Velha" (1891, promulgada), "Era Vargas" (1934, promulgada, mas logo em seguida substituída pela de 1937, que foi outorgada), "República populista" (1946, promulgada) e Regime Militar (1967, semi-outorgada, mas drasticamente reformada em 1969, reduzindo a liberdade e outros direitos civis). Durante décadas, o direito de votar e de ser votado foi tratado como um privilégio, uma vez que mulheres, afrodescendentes e os baixos níveis de estratificação econômica, nenhum deles poderia atuar em conjunto com os ramos do Estado político (CASTRO, 2003, p. 359-360).

Legalmente eles eram cidadãos, mas ocupavam uma posição social distinta: pessoas de segunda classe sem direitos ou seu reconhecimento de identidade, assim como outros grupos: pessoas com deficiência (PCDs), homossexuais, comunidades indígenas, etc. A experiência de voto anterior à Constituição brasileira de 1988 não autoriza a classificação dessa manifestação política restrita como participativa ou deliberativa devido à esta exclusão e, também, porque por muitos anos a votação não foi secreta, algumas vezes foi exercida por representação, e as pessoas autorizadas a votar eram apenas os chamados "bons homens" (CARVALHO, 2008, 21). As eleições eram frequentemente violentas ou manipuladas (CARVALHO, 2008, p. 33-35), longe da concepção da sociedade Rawls como um sistema equitativo e cooperativo de cidadãos livres com liberdades e oportunidades políticas. De fato, após escrever *A Theory of Justice*, John Rawls fez uma emenda em sua análise e disse em um artigo posterior que a justiça – este sistema equitativo de cidadãos proativos sem exclusões – deve ser estudada como "uma concepção política" para ser aplicada de forma efetiva na legislação constitucional em democracia (RAWLS, 1985, p. 224-225). Não houve isso no Brasil.

Esses fatos evidenciam que a mera existência de dispositivos constitucionais democráticos e o direito de voto são condições insuficientes para garantir a todos os cidadãos o respeito e a garantia de práticas democráticas reais, especialmente com uma Constituição tão recente historicamente, diferente do texto dos Estados Unidos, por exemplo, o mesmo desde sua promulgação o qual é altamente respeitado até os dias de hoje. No Brasil, muitas décadas tiveram que passar até que os parâmetros de relacionamento entre Estado e sociedade civil fossem remodelados para um novo tipo de governança mais aberto à contribuição dos cidadãos. O voto é expressão política da vontade dos eleitores, mas não é suficiente para classificar um regime como democrático ou plural, pois o respeito aos fundamentos constitucionais e a proatividade cidadã também são cruciais.

A democracia representativa tem uma extensa lista de questões a serem resolvidas, especialmente no reconhecimento dos direitos das minorias (CRONIN, 1999, p. 22). No entanto, é central nessa teoria política a defesa de uma concepção de "vontade do povo" (CRONIN, 1999, p. 41) para legitimar as ações do governo, que está presente na representatividade do voto, mas também em outras esferas políticas e jurídicas, como a participação em políticas públicas e no controle dos atos governamentais junto aos Tribunais de Conta, *verbi gratia*. Devido a este princípio de legitimidade do Estado a partir da vontade dos cidadãos, pode-se dizer que quanto maior o nível de participação das pessoas nos processos de decisão política, mais democrático será o governo.

No caso brasileiro, a luta pela redemocratização revelou a rejeição dos cidadãos da cidadania histórica de segunda classe. Foi uma luta pela democracia e pela liberdade (SEN, 1999, p. 9-10; AVRITZER, 2012, p. 125), mas também uma luta para alcançar um tipo diferente de democracia, em que minorias políticas e sociais sejam reconhecidas, como por exemplo os representantes de pessoas com necessidades especiais, um grupo cuja participação política vem crescendo mas depende de respeito e apoio, pois numericamente pode não atender a critérios quantitativos de representatividade partidária de modo a ter mandatários políticos suficientes que realmente compreendam seus desafios diários para alcançar acessibilidade, inserção no mercado de trabalho, entre outros direitos.

Segundo o cientista político José Murilo de Carvalho, há alguns anos o povo brasileiro acredita que eleições livres são a principal expressão da democracia e inclusão de todos os segmentos sociais. No entanto, essa "fé" colapsou ao se confrontar o fato de que os recursos materiais são fundamentais para o pleno exercício da cidadania democrática. A Constituição de 1988 assegura o direito ao trabalho, mas, infelizmente, o desemprego entre pessoas com deficiência (PCDs) ainda é bem maior do que entre os demais segmentos sociais. Nossa História mostra que o governo não estava comprometido com esse ideal o suficiente para adotar medidas mais profundas. Por isso, o Brasil vive uma experiência invertida de cidadania: primeiro os cidadãos de segunda classe precisam lutar pela igualdade social - no sentido de oportunidades e autonomia (RAWLS, 1958, p. 167-168) – e somente depois disso obtém a conquista dos direitos políticos (CARVALHO, 2008, p. 7-8; 219).

O constitucionalista Pinto Ferreira disse uma vez que as Constituições brasileiras tendiam a ser muito formais e sempre enfrentavam o contraste entre seu texto e a realidade, por isso, podia-se afirmar que no Brasil o Estado costumava fazer "democracia" sem o povo (FERREIRA, 1985, p. 141), o que comprometeu seriamente sua legitimidade. A centralização do poder também era uma marca rígida dos governos brasileiros na época imperial e nas cinco primeiras repúblicas (cada nova Constituição instaurava uma era neo-republicana, com características específicas). Mas a Sexta República, que começou em 1988, era diferente em sua proposta de relação Estado-sociedade. A regra fundamental promulgada em 5 de outubro de 1988 estabelece a proatividade das pessoas como princípio, declarando em muitos artigos seu empoderamento. No entanto, permanece o fato de que diversos ramos governamentais ainda não se capacitaram suficientemente para servir à população e ouvir os cidadãos como sujeitos na tomada de decisões políticas. Há transformações visando a melhoria em diversos setores da Administração Pública, mas outros ainda estão centrados nas rotinas rígidas e burocráticas

Ferreira (1985, p. 144-145) analisou como o poder constitutivo originário nasceu nas sete Constituições brasileiras e mostra a força do patrimônio autoritário em nosso campo político, que põe em risco o desenvolvimento de uma democracia genuína. Os ensaios de Ferreira param em 1985, quando a Assembleia Constituinte da Sexta República foi convocada para elaborar e promulgar um novo documento como regra fundamental para orientar o processo de redemocratização (AVRITZER, 2012, p. 115). É preciso lembrar que o constitucionalismo brasileiro não tem a perspectiva dos pais fundadores como os EUA. A primeira Constituição foi um decreto monárquico decretado por Pedro I, o quarto filho de João VI, o imperador que governa o Brasil durante o colonialismo de Portugal. A independência resultou de uma briga de família, uma vez que Pedro I assumiu o lugar de seu pai no Brasil, mas sem qualquer preocupação em desenvolver o novo país livre. Poucos anos depois, após a morte de seu pai, retornou à Europa para se tornar Pedro IV, rei de Portugal, e a ex-colônia viveu um período de constantes turbulências civis porque deixou como imperador seu filho de cinco anos, Pedro II (GRAHAM, 2013). E o voto dependia de lucros econômicos e escolaridade (DECRETO 3029, art. 2º / 1881).

Em uma análise sumária, pode-se dizer que a tradição não democrática perdurou por muitas décadas. A primeira Constituição republicana (1891) tentou incorporar os valores democráticos do republicanismo dos EUA, como organização federal, mas manteve as restrições da participação política, uma vez que a maioria da população era impedida de votar, como mulheres, classes baixas da estratificação, pessoas sem escolaridade (DECRETO 6, art. 1º / 1889; Votação das mulheres: DECRETO 21076, art. 2º / 1932). As duas Constituições que Getúlio Vargas promulgou durante seu governo, quando a influência fascista no Brasil interrompeu esse processo, também não refletiam valores democráticos, notadamente na segunda Carta (1937), na qual a pena de morte estava presente e o governo tinha autoridade para cancelar os direitos civis por ato presidencial (CR 1937, art. 122, cl. 15). O 1946 retomou a proposta do 1891, mas sem muitos avanços na participação dos cidadãos.

Quando esse movimento aumentou no Brasil, houve o regime militar. O debate público institucional efetivo amparado por um texto fundamental democrático para proteger os direitos dos cidadãos envolvendo a sociedade civil só aconteceu em 1985. Sua relevância é consequência do reconhecimento de todos os segmentos sociais como cidadãos, pois, como Ferreira defende, "existe uma falsa e uma verdadeira democracia" e esta última só existe quando o Estado respeita os direitos das minorias e a soberania das pessoas (FERREIRA, 1985, p. 150-151). Diante disso, é importante garantir o empoderamento dos cidadãos nas decisões políticas e cumprir os direitos individuais e sociais fundamentais para assegurar práticas democráticas na vida real e o respeito à Constituição, mas que tenhamos, nesse momento histórico, um documento mais duradouro do que os anteriores em nossa História, como ocorre nos Estados Unidos, aprovada na Pensilvânia em 1787 e que entrou em vigor em 1789 e perdura até hoje. Defende-se que, depois de muitas Constituições, o poder constituinte original deve ser revisitado e redefinido para o nosso tempo, em uma concepção mais pluralista, mas sem desconstituir o texto magno.

Assim, considerando os novos aspectos da cidadania brasileira após a CR/88, é possível observar que os direitos garantidos por ela provocaram um "aumento dramático de participação", e assim gradualmente a sociedade civil melhorou e reestruturou seus padrões de ação coletiva (AVRITZER, 2017, p. 44). Hoje em dia este documento fundamental garantiu ao povo poder de deliberação através de várias esferas públicas como os conselhos municipais. A intenção é implementar um tipo diferente de organização política no país, com um modelo de governança pública mais colaborativa entre o Estado e seus *stakeholders*: movimentos sociais, empresários, organismos internacionais e, primordialmente, os indivíduos que são os seus cidadãos. Há, atualmente, outros instrumentos democráticos que permitem a proatividade popular como audiências públicas, consultas *on line* para coletar contribuições da sociedade e fóruns participativos sobre o orçamento público, entre outros que o modelo de participação digital tem inovado e desenvolvido.

Diante desse cenário mais contemporâneo é preciso refletir: Quem são as pessoas que reivindicam agora sua inclusão e reconhecimento? O mesmo perfil da elite colonial? Qual é o modelo de governança que permitirá às pessoas controlar os abusos do governo? Após pergunta feita pelo constitucionalista Prof. Marcelo Cattoni a Peter Häberle em entrevista organizada pela

Revista *Argumentum* da UNIMAR – "No contexto de uma sociedade aberta de intérpretes da constituição, quem detém, se é que 'alguém' pode deter, a última palavra quanto à interpretação constitucional? – o Prof. Häberle respondeu: "A interpretação da Constituição é um processo público permanente em que muitos atores estão envolvidos." (HÄBERLE, 2018, p. 272-273). Comenta, mais adiante, em pergunta que apresentamos ao ilustre jurista: "Também valeria a pena considerar uma democracia mais direta, como demonstrado pela Suíça. O cidadão tem uma boa intuição sobre corrupção ou abuso de poder." (HÄBERLE, 2018, p. 276).

No entanto, existem zonas de exclusão que continuam a existir e, segundo o filósofo brasileiro Alberto Oliva (2000), na ausência de democracia surge uma "solidão de cidadania", porque os indivíduos perdem a capacidade de obter reconhecimento do Estado, resultando na negação dos seus direitos fundamentais, os quais garantiriam a igualdade concreta mencionada por Rawls, basilar para a prática política, pois permite ter acesso a conhecimento e condições de vida adequadas que atendam aos parâmetros do Índice de Desenvolvimento Humano (IDH) formulado pelo economista Amartya Sen e Mahbub ul Haq[1]. Nas situações em que a democracia não é implantada com equidade - como nas cidades amazônicas, comunidades indígenas, migrantes internos em busca de trabalho nas cidades mais ricas, ou entre outros

---

1. PROGRAMA DAS NAÇÕES UNIDAS PARA O DESENVOLVIMENTO. *O que é o IDH? PNUD, IDH, Conceitos.* Disponível em: <http://www.br.undp.org/content/brazil/pt/home/idh0/conceitos/o-que-e-o-idh.html>. Acesso em 08 de outubro de 2018.

grupos minoritários - a dignidade humana fica comprometida pelo desrespeito desses cidadãos tratados como segundo indivíduos de classe (CR / 1988, art. 1º, inciso 3º). E isso significa um desrespeito ao poder constituinte original de 1988, devido à desconexão entre o trabalho dos representantes elaborando leis para interesses pessoais ou lobistas e o que é esperado como seu compromisso moral e ético com as necessidades e propostas dos cidadãos.

Portanto, os paradoxos e exclusões de regimes autoritários anteriores – ou os precários governos democráticos do passado – ainda interferem na relação política do Estado e dos cidadãos. É impensável a proposta de reforma do Estado e de instrumentos políticos de participação sem que haja um enorme e aberto processo de deliberação pública para reconhecer a pluralidade brasileira e os problemas econômicos, principalmente nas regiões menos desenvolvidas. Democracia é mais que voto; é um modo de vida que deve ser acessível a todos. Para alcançá-lo, os atores sociais e o governo devem redefinir a cidadania e a democracia, considerando os requisitos que atualmente têm que desenvolver para cumprir a Constituição de 1988 (HÄBERLE, 2018; 2010; 1997). Como os governos latino-americanos têm tradição autoritária em relação ao tratamento dos cidadãos (ARMIJO, 2015, p. 120), torna-se fulcral evitar o enclausuramento dos governos em sua relação com os cidadãos. Uma nova infraestrutura estatal é exigida para fortalecer a participação das pessoas e garantir a estabilidade do Estado, estimulando um melhor tipo de governança. A fim de alcançar a melhoria da qualidade democrática, devem ser desenvolvidas algumas ações visando a maior responsabilização dos agentes públicos e políticos, e outras medidas que colaborem para a democracia efetiva no Brasil.

2. CIDADANIA APÓS 1988: BUSCA POR UMA SOCIEDADE ABERTA DE INTÉRPRETES

Apesar do engajamento de todos os movimentos sociais no reconhecimento dos direitos (CARVALHO, 2008, 155-158), o perfil dos governos durante o primeiro século após a Proclamação da República é conservador e fechado. Segundo a Radiografia do Novo Congresso: Legislação 2015-2019 organizada pelo Departamento Intersindical de Assessoria Parlamentar, a atual representação dos partidos brasileiros revela esse perfil: homens brancos com cerca de cinquenta anos; principalmente empresários ou profissionais liberais de níveis mais elevados na estratificação econômica como advogados e médicos. Este estudo também detectou forte influência nas eleições políticas de grupos agroindustriais e industriais; políticas públicas conservadoras sem compromisso com a diversidade e submetidas a fortes valores religiosos.

> A representação no Parlamento brasileiro, que tem 513 deputados e 61 senadores, não equivale à realidade brasileira. Segundo pesquisa do Instituto Brasileiro de Geografia e Estatística (IBGE), 51% da população brasileira é negra ou parda. Este ano (2015), apenas 4,3% dos deputados eleitos são negros. No anterior Parlamento (2011-2014), 10% do grupo eleito era negro. (CORREIO NAGÔ, 2017, documento eletrônico)

> Mediante a mediação da representante do Escritório das Mulheres da ONU no Brasil, Nadine Gasman, a mesa redonda tratou da presença feminina no Poder Legislativo. Nadine elogiou a luta dos parlamentares brasileiros, que se destacam no Parlamento, além da pequena presença proporcional (9,9%).
>
> [...]
>
> Ana Perugini destacou que 1.287 municípios brasileiros não terão sequer uma mulher presente na Prefeitura e que em apenas 0,5% deles havia mais mulheres como vereadoras do que os homens (SENADO FEDERAL, 2016, documento eletrônico).

Devido a esse cenário excludente, a democracia brasileira não cresceu e se desenvolveu adequadamente no século XX. Historicamente, a democracia era o direito de votar, a participação em decisões políticas, o "governo popular" e outros meios já debatidos por juristas, cientistas políticos, representações partidárias, sociedade civil. Após o processo de redemocratização e a Constituição de 1988, a democracia é qualificada pelo nível de inclusão dos cidadãos na tomada de decisão (AVRITZER, 2017, p. 45).

Considerando essa perspectiva, tal postura reflete a busca pela legitimação do Estado constitucional, como explica Peter Häberle (1997, p. 36), pois qualquer regime democrático só é efetivo quando assegura aos indivíduos e grupos sociais o direito de ser um sujeito ativo. Para os dias atuais, a democracia grega antiga e o conceito liberal são inconcebíveis porque negam poder, reconhecimento, equidade e voz para todos os segmentos sociais, os quais, segundo Häberle, formam a sociedade aberta dos intérpretes constitucionais, plural e não linear, pois a diversidade dos atores deve ser reconhecida pela norma fundamental e pelo Poder Público. É fulcral que o Estado brasileiro dialogue e respeite a "democracia dos cidadãos", ou *Büegerdemokratie* (HÄBERLE, 1997, p. 39).

Diante da concepção de um modelo mais aberto e inclusivo para a participação dos cidadãos na vida política nacional, propus em minha tese uma nova diretriz axiológica para o relacionamento do governo com os cidadãos, o Princípio de Resiliência do Estado (SOUZA, 2012). A democracia deve ser resiliente porque os regimes políticos devem ser inclusivos e plurais, também providos de instrumentos governamentais necessários para o exercício prático democrático dos direitos fundamentais na vida rotineira. O Estado resiliente deve reconhecer o diálogo entre os atores sociais, e também o pluralismo inerente às genuínas sociedades democráticas, especialmente na América Latina, onde três tradições convivem: povos originais, europeus e afrodescendentes. Assim, a adoção de uma estrutura resiliente de Estado contribui para o pleno exercício dos direitos de dignidade em realidades plurais e para o reconhecimento de um paradigma democrático de melhor qualidade para o povo, a *Büegerdemokratie* häberliana.

No entanto, o modelo que se encontra no Brasil atualmente ainda precisa estruturar-se melhor para promover a *Büegerdemokratie*, o que nos leva a criticar o meio de democracia atualmente utilizado como referência pelo Estado em sua relação com os cidadãos. Primeiro, é crucial corrigir a falta de integração entre ator social e respeitar as demandas da sociedade civil. Nesse cenário, indaga-se se o Estado brasileiro pode ser mais dialético em suas relações com os cidadãos, como sugere a teoria constitucional häberliana sobre o paradigma constitucional cooperativo (HÄBERLE, 1997, p. 15), abraçando sua contribuição, ou seja, organizando sua infraestrutura de modo mais resiliente. Considerando a ideia central de (re) adaptação da organização estatal e do modo de governança pública presente nesta análise, o termo "Estado Resiliente" é um princípio de equilíbrio entre um complexo de variáveis sociais e políticas com o objetivo de reorganizar os ramos do Estado com dois objetivos: incorporar dinâmicas sociais do pluralismo. na realidade; romper com a perspectiva liberal conservadora da democracia.

Podemos ver a aplicação do princípio do Estado Resiliente no Orçamento Participativo, as práticas de *benchmarking* colaborativo nas políticas promovidas pelo Ministério da Administração, o Portal de e-cidadania do Senado, as audiências públicas, o Portal Transparência, os cursos abertos da Escola Nacional de Público Gestão (ENAP) - em que as pessoas podem aprender como entender políticas, orçamento público etc. -, Câmaras Municipais dos cidadãos (como Saúde, Mobilidade, Educação, Meio Ambiente) e e-GOV, entre outras oportunidades de deliberação e não apenas como "leitores" deste *site*. A resiliência do Estado é a capacidade de promover a democracia e a cidadania em situações complexas a partir da realidade social em que se deve manter a estrutura fundamental do governo, ao mesmo tempo em que múltiplas tomadas de decisão devem ser feitas considerando a pluralidade de contribuições diferentes dos segmentos sociais (SOUZA, 2012). E é também o processo de oferecer experiências práticas de participação e deliberação.

Portanto, o conceito autoritário brasileiro de governo e burocracia é incompatível com essa perspectiva axiológica do Estado, pois uma infraestrutura muito rígida e fechada à contribuição dos cidadãos – a sociedade dos intérpretes constitucionais – comprometeria implementação da *Büegerdemokratie* no Brasil. Por isso, é injusto classificar os períodos históricos anteriores como regimes democráticos. Não há pessoas participando em igualdade de condições; a oferta de informações aos cidadãos é restrita ou confusa em muitos casos; há menos oportunidades de deliberação que uma democracia legítima exige para ser eficaz. Quanto menor o nível de resiliência estatal, sua abertura à contribuição dos cidadãos pela infraestrutura política apropriada e necessária, menor a legitimidade do regime de democracia, como explica Peter Häberle. Os exemplos citados acima mostram quão importante é um novo tipo de governança, aberta e resiliente, por meio da qual a *Büegerdemokratie* possa se consolidar.

O nível de resiliência do Estado interfere na cidadania porque os governos fechados comprometem a qualidade da democracia devido às suas práticas autoritárias. Sem o controle externo do povo sobre as decisões do governo e a exigência de transparência pública, pode haver desperdício de dinheiro público em políticas ineficientes e desequilíbrio de poder no processo de tomada de decisões. Considerando os recursos disponíveis e a quantidade de legislação necessária para melhorar o compromisso constitucional com os direitos fundamentais propostos em 1988, pode-se afirmar que governos fechados concentram poder econômico e legal. Esta situação é indesejável devido ao risco de alguma elite usar o poder político contra a população. Tal tipo de regime político não seria democrático, porque negaria o reconhecimento de outras experiências e estaria centrado na figura exclusiva do Estado, sem incluir os demais intérpretes da Constituição, base da *Büegerdemokratie.*

Portanto, pode-se observar que, atualmente, as práticas democráticas incluem ferramentas governamentais qualificadas para participação política com a intenção de abrir oportunidades aos cidadãos em deliberação pública e, assim, garantir funcionalidade efetiva à democracia (SOUZA, 2014), o que é crucial para a implementação da "Democracia dos Cidadãos". Pode-se dizer que uma estrutura de governança qualificada para a participação do povo se torna mais funcional e reconhece a relevância da contribuição dos cidadãos para a tomada de decisões, protegendo-os contra a desigualdade e a exclusão do processo social, às vezes causado pela burocracia. Considerando essas questões, o Estado Democrático de Direito deve representar um espaço político genuíno para todos os segmentos da sociedade civil para realmente respeitar a Constituição promulgada em 1988 e, como é notório, chamada de "Carta do Cidadão". Como assevera Häberle (1997, p. 14): "é impensável uma interpretação da Constituição sem o cidadão ativo".

Nesse cenário, é a resiliência do Estado a necessária reestruturação do governo brasileiro visando a remodelação da burocracia, pois, infelizmente, "a definição na Constituição de um povo que é cidadão não correspondeu à verdade" e para os governantes muitas vezes "povo é um conceito; cidadãos é outro" (SOUZA, 2012, p. 72). Peter Häberle (2000) explica que as reformas do

Estado devem desenvolver governos constitucionais como um trabalho conjunto de grupos governamentais e não-governamentais, pois se o povo não for efetivamente considerado cidadão ativo da democracia a concepção do Estado Democrático de Direito não se efetiva. Segundo Häberle:

> "Povo" não é apenas um referencial quantitativo que se manifesta no dia da eleição e que, enquanto tal, confere legitimidade democrática ao processo de decisão. Povo é também um elemento pluralista para a interpretação que se faz presente de forma legitimadora no processo constitucional: como partido políticos, como opinião científica, como grupo de interesse, como cidadão (HÄBERLE, 1997, p. 37).

Assim, no novo conceito de governança adotado após 1988, a resiliência do Estado é essencial para assegurar essa ação cooperativa proposta por Peter Häberle com a intenção de otimizar a democracia e seus instrumentos. Essa é a meta que o Brasil deve atingir para ser um país genuinamente democrático, porque é fundamental superar a pobreza e a violência contra a população, muitas vezes praticada pelas forças do Estado. Como se pode ver, hoje em dia esses atores esperam mais do que o voto para empoderar-se na tomada de decisão política, respeitando os novos valores de governança construídos após a Carta do Cidadão em 1988.

> *Additionally, the need to reinvent democracy defends itself, warning of the bankruptcy of the traditional ways of doing politics and, consequently, the inability of the current government*

> *to govern, and citizens to govern their own governments* (TARRAGÓ, 2015, p. 5).

Tarragó explica também que os gestores públicos inovadores devem ser capazes de converter a administração tradicional em diálogo. Após a reforma do Estado, em 1990, a gestão pública adotou um conceito de governança mais amplo; no entanto, os instrumentos oficiais para a participação de pessoas levaram tempo para serem desenvolvidos; há ainda um longo caminho para uma gestão pública deliberativa e efetiva. No entanto, esse processo de mudança foi importante para remodelar a democracia brasileira e melhorar um melhor parâmetro de governança, porque defendia a descentralização das atividades governamentais e abriu espaço público para aumentar a proatividade dos cidadãos na tomada de decisões, como se verá a seguir.

3. NOVOS REQUISITOS DE GOVERNANÇA PÚBLICA PARA A *BÜERGERDEMOKRATIE*

Nos primeiros anos de redemocratização, o Estado tentou diminuir sua burocracia para alcançar mais eficiência na gestão pública. Segundo Pedro Cavalcante (2017), pesquisador do Instituto de Pesquisa Econômica Aplicada (IPEA) do governo brasileiro, a primeira fase da Nova Gestão Pública no Brasil implantou a remodelação da burocracia visando a eficiência gerencial e a ideia de cidadão como cliente, e não um parceiro, de serviços públicos, o que é pouco representativo do significado deliberativo de governança que a democracia brasileira precisa hoje em dia. A segunda fase trouxe princípios relevantes para a democracia deliberativa como o empoderamento dos cidadãos por oportunidades mais diretas de participação, transparência - resultando em um melhor nível de responsabilidade - e reconhecimento da pluralidade brasileira. Mas a Constituição (1988) tem muitas disposições à espera da sua eficácia e alguns atores sociais enfrentam dificuldade em se inserirem na vida política nacional. Isso é prejudicial à democracia de cidadãos porque a norma fundamental não consiste em um mero conjunto de regras, mas é, sim, a expressão de uma sociedade constitucional (HÄBERLE, 2000, p. 79).

Como se observa, é uma questão central para o Estado brasileiro capacitar seus agentes para pensar e trabalhar em uma nova relação com os cidadãos, promovendo a inclusão, a criatividade e a inovação no serviço público (TARRAGÓ, 2015, p. 27). A governança qualificada oferece instrumentos políticos e de gestão para receber a contribuição dos cidadãos, o que é fundamental para *Büergerdemokratie*. Atende às demandas das pessoas e, apesar de alguns momentos não ser possível fornecer todos os benefícios requisitados porque há limites no orçamento público, uma boa administração decide com os atores quais problemas são prioritários, desenvolvendo uma genuína e legítima democracia de cidadãos. Para tanto, a relação resiliente entre o Estado e os cidadãos significa não tomar decisões "de adesão", mas cooperativas.

Como exemplo se pode citar as políticas do Orçamento Participativo, nas quais as pessoas fazem sugestões que serão avaliadas por especialistas burocráticos sobre sua viabilidade e, após essas etapas, uma eleição on-line será feita visando permitir que os cidadãos escolham, dentro dos limites do orçamento público para aquele ano. qual deles será implementado. A cidade de Belo Horizonte utiliza este modelo de democracia deliberativa desde 1993 e otimiza a participação da sociedade civil por fóruns descentralizados e o uso de ferramentas digitais para ampliar o acesso das pessoas a informações e deliberações sobre a distribuição orçamentária – atualmente a Câmara Municipal está debatendo Projeto de Lei que propõe a obrigatoriedade do orçamento participativo uma vez hoje é opcional para o prefeito organizá-lo e se reunir com o povo (PBH, 2008; PBH, 2017). Iniciativas como o Orçamento Participativo, ou Audiências Públicas – no Brasil promovidas pelos três Poderes, incluindo o Judiciário pelo Supremo Tribunal Federal – aproximam o governo da sociedade, podendo, neste último caso, tornar a Corte um genuíno Tribunal dos Cidadãos com o potencial de contribuir para a formação de uma cultura cívica (HÄBERLE, 2004).

No Brasil, a reforma da estrutura estatal visando a remodelar a democracia e a cidadania no país teve grande relevância após a Constituição Republicana de 1988, principalmente durante a década de 1990, devido ao desenvolvimento do Plano Diretor para a Reforma do Aparelho do Estado. Essa reforma política reformulou a estrutura do Estado brasileiro para torná-lo mais eficiente e aproximá-lo dos cidadãos (BRESSER PEREIRA; SPINK, 2006, p. 25). De acordo com Leonardo Valles Bento (2003, 88), após essa capacidade de governança reformista assumiu um significado mais amplo do que a governabilidade, mas incluiu a "cooperação entre os atores sociais" como um requisito essencial.

Esse empoderamento dos cidadãos exige duas modalidades de prestação de contas: níveis horizontais e institucionais dentro do governo; modos de controle verticais e externos, organizados principalmente pela sociedade civil (BENTO, 2003, p. 103). Tais modificações de estrutura promovidas por esta Reforma pretendiam reorganizar as políticas públicas e a deliberação dos cidadãos em conjunto, evitando assim a participação ativa em um mero contrato de assinatura entre ramos do governo político e pessoas. É importante ressaltar que o desenvolvimento da governança na democracia deliberativa é um conceito, que deve produzir mudanças substanciais na infraestrutura estatal para promover sua resiliência e promover a *Büergerdemokratie*.

Para entender melhor os desafios da realidade brasileira na promoção desse novo paradigma democrático, pode-se observar o Sistema de Indexação Social (SIS) do Instituto Brasileiro de Geografia e Estatística (IBGE, 2017), cujos dados são um sinal claro de problemas de exclusão. Por exemplo, o último censo realizado em 2015 mostra que jovens entre 15 e 29 anos são uma categoria social impotente, já que cerca de 40% trabalham e não estudam mais. Aproximadamente 20% estão desempregados e fora da escola também. Esses números somam quase 60% da exclusão e evidenciam a grave e frágil situação da juventude brasileira. A estatística também apresenta o número de jovens que precisam trabalhar para obter recursos para estudar. Apenas 25% podem dedicar tempo integral ao estudo, embora muitos deles ainda sejam adolescentes (Tabela 3.7).

Mais drasticamente, 94% das residências urbanas podem usar os serviços públicos de abastecimento de água em apenas 34,5% no campo (Tabela 7.4). Considerando o acesso digital, o que é crucial hoje, a pesquisa da SIS encontrou um resultado complexo:

cerca de 45% das residências urbanas conseguem alcançá-lo contra 10% no campo; e enquanto cerca de 56% dos brancos têm acesso digital, entre pardos e negros este valor é de apenas 37% (Tabela 7.14). A Pesquisa Nacional por Amostra de Domicílios de 2015 (IBGE) coleta dados sobre telefonia celular móvel para uso pessoal no Brasil revelou que o custo de equipamentos digitais e serviços para celulares estimulam o uso dessa ferramenta de comunicação digital no lugar do computador em redes sociais menos poderosas estratos como favelas (IBGE, 2015). Além disso, é comum nas favelas que um residente assine um provedor de acesso à Internet com direito a *Wi-Fi* e compartilhe-o com o acesso de outros residentes e com o custo financeiro disso (MEIRELLES; ATHAYDE, 2014, p. 93-94).

Esses dados mostras dois aspectos da realidade: a) o celular se tornou importante meio de acesso à informação e comunicação digital, o que traz aos governos o desafio de criar aplicativos para atuar na modalidade de e-gov e Gov.mobi; b) o acesso digital ainda é precisa de investimentos no Brasil para cumprir o art. 3º da Constituição de 1988 e tornar o desenvolvimento mais equilibrado. Tal problema de exclusão digital pode ser resolvido por políticas que visam empoderar grupos minoritários e reconhecer a todas as pessoas afetadas pela tomada de decisão o direito à fala a respeito. Também pela aplicação de instrumentos políticos de prestação de contas e deliberação pública[2]. Um exemplo é a ação afirmativa como ocorre na área educacional, com a criação de

---

2. Para mais informações consultar o artigo: SOUZA, 2017a. E também: SOUZA, 2017b.

polos de acesso digital para estudantes das populações ribeirinhas da região Amazônica. No entanto, mesmo nesse serviço público – criando diretrizes gerais ou agindo como um ramo do Estado – a qualidade da democracia e da cidadania depende da inclusão econômica ou social de pessoas. Isso porque a democracia de cidadãos, proposta de análise neste artigo, também chamada de *Büergerdemokratie* pelo professor Peter Häberle, está diretamente vinculada à qualidade e ao nível de abertura estatal para oferecer uma infraestrutura que inclua e efetivamente escute os diversos segmentos do povo.

Pode-se afirmar que a cidadania de segunda classe brasileira não é apenas um conceito abstrato, mas também um exercício material e efetivo de vida diária. O atual modelo de gestão pública ainda dificulta as comunidades indígenas, idosos, populações mais pobres, pessoas com baixa escolaridade e outros segmentos sociais, pois há canais governamentais que tão somente virtualizam a burocracia sem se comprometer efetivamente com o cuidado e a interatividade entre órgãos públicos e cidadãos. E tais políticas devem ouvir os sujeitos interessados, porque podem colaborar no diagnóstico da realidade da intervenção, já que eles a vivem cotidianamente. Tal falta de coordenação de esforços entre Poder Público e Sociedade Civil resulta na inadequação de diversas políticas públicas e no reforço desse sistema de cidadania de segunda classe, uma vez que não se estabelece uma ação integrada entre os sujeitos que compõem essa relação: Poder Público e cidadãos.

Essa desigualdade estrutural compromete a qualidade da democracia e da cidadania no Brasil, como se pode observar consultando os dados e informações do Atlas de Vulnerabilidade Social organizado pelo IPEA. Impede que se construa uma sociedade em que os intérpretes constitucionais sejam realmente parte das decisões. De acordo com o que descreve Peter Häberle (1997, p. 38): "A democracia do cidadão está muito próxima da ideia que concebe a democracia a partir dos direitos fundamentais". Logo, quando as políticas públicas são insuficientes para promover a proteção destes, a sua qualidade e a da cidadania oferecida ao povo ficam comprometidas devido ao mau exercício da governança pública, pois não basta que se tenha um modelo de organização racional do Estado ou adote-se a forma republicana para que isto, por si só, seja o suficiente para assegurar a democracia (ROUVILLOIS, 2017, p. 213-215).

A partir do Princípio de Resiliência do Estado (SOUZA, 2012), defende-se que os canais interativos sejam requisitos essenciais para a gestão pública no contexto do Estado Democrático Brasileiro, de acordo com a Constituição Federal de 1988, como outrora se explicou na pesquisa preparatória da tese que formulou a teoria do Estado Resiliente (SOUZA, 2014, 2010). Embora a participação direta nem sempre seja viável em função de o aumento significativo da população no último século, a representação política partidária convencional já se provou inadequada para legitimar a tomada de decisão pública, uma vez que sua eleição está condicionada ao apoio do setor privado e condiciona, de certa forma, o agente político aos interesses do segmento social mais específico que o sustenta, podendo deixar grupos minoritários, por exemplo, sem representação adequada, como já foi dito no caso das pessoas com deficiência.

Por isso, a inclusão dos cidadãos na gestão pública por um modelo cooperativo de governança é um instrumento válido para ampliar a participação popular, que ultrapassa os limites do caminho legislativo, e dessa forma assegurar a *Büergerdemokratie*. Considerando a importância de instituir um processo genuinamente democrático nos processos decisórios públicos, torna-se essencial um projeto nacional de governança e inclusão cidadã, cujos instrumentos de democratização da gestão pública disponíveis e o nível de adequação no modo burocrático de organização visam facilitar a popularização. Portanto, a democracia funcional nos Estados resilientes é resultado de sistemas políticos colaborativos nos quais o governo e os atores sociais unem esforços para desenvolver instrumentos de responsabilização e tomar decisões para a vida coletiva (SECCHI, 2009, p. 358).

Governança significa pluralismo, segundo Secchi. Nesta análise, também é resiliência, já que não há democracia efetiva em Estados autoritários com governos fechados. A responsabilização exige responsividade neste modelo de Estado relacional, reconhecimento de outros atores, respeito aos direitos e liberdades fundamentais. Após tais observações, é importante considerar os requisitos essenciais da democracia. A democracia precisa de acesso à informação adequada, pluralismo e inclusão de cidadãos, pois é impensável um Estado democrático sem processo contínuo e aberto de responsabilização, em meio ao qual indivíduos e organismos sociais têm posição ativa e recursos suficientes para controlar os poderes do governo e deliberar sobre políticas. Afinal, em um sentido político, tal como explica Peter Häberle (2012, p. 150), "todos nós somos Guardiões da Constituição".

No entanto, existe uma distância significativa entre a nova abordagem democrática e a burocracia do governo, que os cidadãos devem usar na rotina da vida. O grande desafio para o momento atual é como adaptar a estrutura oficial e transformá-la em Estado Resiliente. Muitos segmentos sociais são descartados e deturpados no parlamento brasileiro. Observa-se a composição do Congresso Nacional Brasileiro, cujo perfil é representado principalmente por homens, brancos, na década de 50, com ensino superior, empresários e proprietários de mais de R $ 1 milhão. Pode-se concluir que as demandas sociais por inclusão econômica, cultural e política de outros grupos da sociedade civil não são do interesse desse grupo de líderes políticos que, em tese, representam o povo nos processos decisórios do Estado. E sem inclusão não há democracia.

Mesmo após as eleições de 2018, que resultou em significativa renovação do quadro de parlamentares, esse cenário não foi alterado. Na Câmara dos Deputados a renovação é de mais de 50% e no Senado Federal ultrapassa os 80%. No entanto, a mais recente avaliação do Departamento Intersindical de Assessoria Parlamentar (DIAP, 2018) indica que esta nova legislatura terá um caráter ainda mais conservador do que a anterior, pois dois terços da Câmara dos Deputados, por exemplo, será formada por empresários e profissionais liberais que de modo geral não estão vinculados a direitos sociais e reconhecimento de grupos minoritários, representando interesses mais econômicos e privados como meta de atuação parlamentar. Dos eleitos há apenas 15% de mulheres e 75% se declaram brancos. Considerando que 133 são empresários, 70 são advogados e predominam outras profissões liberais, há um distanciamento cultural e social ainda maior entre esta legislatura e os demais segmentos de cidadãos do que ocorreu na anterior e nos leva a refletir sobre o quanto este atual modelo de representatividade e de custo das campanhas eleitorais tem prejudicado a participação democrática mais ampla de uma genuína sociedade aberta de intérpretes.

Assim, é crucial promover o empoderamento dos cidadãos para tornar a democracia funcional, empenhada em compensar as desigualdades no âmbito de um paradigma de Estado Resiliente para oferecer apoio técnico e melhorar o diálogo entre os atores sociais e o governo. Somente se essas condições forem respeitadas, o genuíno conceito de governança será implantado na relação de gestão pública brasileira com os cidadãos. O protagonismo político estatal, agora, divide o espaço com novos atores sem perda de sua importância crucial como organização política (SECCHI, 2009, p. 360). Essa situação exige o reescalonamento da estrutura e da ordem jurídica do Estado com o objetivo de incluir a rica contribuição dos quadros cognitivos plurais que existem na sociedade. Como foi dito no início, o Plano Diretor para a Reforma do Aparato do Estado, formulado na década de 1990, reorganiza a gestão pública, mas apenas de maneira burocrática.

Mario Procopiuck (2013, p. 97) expôs em seus estudos sobre a governança que a inovação da participação dos cidadãos na tomada de decisões políticas após o Plano de Reforma do Estado buscou reestruturar a burocracia e remodelar a governança para que os arranjos institucionais públicos se preocupassem com boas práticas em um sentido deliberativo. Considerando a resiliência do Estado e a concepção de *Büergerdemokratie*, incluir os cidadãos na tomada de decisões é uma questão central nas ações governamentais hoje em dia, uma vez que os arranjos de governança são multiníveis e dependem da contribuição de muitos atores diferentes. Assim, é possível afirmar que: "tem-se a necessidade de estruturar arranjos de governança destinados a potencializar esforços visando a solução de problemas coletivos" (PROCOPOUCK, 2013, p. 187). Se o Estado não for resiliente, inibirá os cidadãos e sua prática democrática. Diante desse cenário, Administração Pública e Parlamento devem redefinir seu papel na democracia brasileira ou a distância entre Estado e cidadãos aumentará ainda mais.

As reflexões feitas neste artigo mostram que as instituições democráticas melhoram o empoderamento dos cidadãos pela efetividade das provisões constitucionais. A democracia é uma prática, como se disse, não uma abstração de ordem legal e política. Devido a isso, as organizações dos atores sociais são cruciais e os debates sobre limites nunca terminam, uma vez que o diálogo tem experiências contínuas a serem adicionadas ao repositório do governo o tempo todo. A burocracia, na perspectiva do gerenciamento restrito, não será capaz de resolver essas questões. É necessário um modelo de democracia que forme uma parceria entre o Estado Resiliente e seus cidadãos considerados e respeitados como sujeitos proativos (SOUZA, 2014).

CONCLUSÃO

Logo, a governança cooperativa, hoje, resulta da resiliência estatal, a qual é crucial para que exista uma infraestrutura efetiva disponível para o desenvolvimento da *Büergerdemokratie*. Os órgãos públicos devem abrir fóruns para as contribuições dos cidadãos e usar sua autoridade para garantir um sistema equitativo entre os atores sociais no nível múltiplo que toma decisões políticas. Trinta anos após a promulgação da Constituição de 1988, o aumento de identidades sociais plurais e a discussão sobre a transparência são vantagens relevantes, mas alguns problemas sérios ainda esperam ser resolvidos nos próximos anos para tornar o Poder Público brasileiro mais resiliente e, portanto, aberto à interação com a sociedade de intérpretes constitucionais, a qual, como explica Peter Häberle, também atua como "guardiã da Constituição" e dos direitos fundamentais nela consignados.

Hoje, pode-se afirmar que a participação genuína é muito mais do que simplesmente votar periodicamente. O sucesso das políticas depende de esforços coordenados entre o povo e a autoridade estatal, uma vez que só podem construir democracia considerando todo o conjunto de práticas que tornam a governança cooperativa possível e legitima o modelo de representatividade política parlamentar, hoje muito distante da sociedade de intérpretes aberta e plural, a qual é o cerne da *Büergerdemokratie* de Häberle e o que legitima o Estado Democrático. Nesse aniversário de trinta anos da Constituição da República de 1988 precisamos refletir se a jornada até aqui resultou em um compromisso efetivo entre o Estado e o povo. Por isso tenho defendido já há alguns anos que o Estado Resiliente seja o paradigma atual e adequado de poder entre o governo e os cidadãos devido à sua premissa básica: não há democracia sem cidadãos. Isso é corroborado pela proposta do Prof. Peter Häberle no que tange à Democracia de

Cidadãos.

Embora a autoridade do Estado seja essencial para proteger o interesse público diante das tendências do mercado ou de grupos sociais mais individualistas, ao mesmo tempo o governo deve agir como parceiro social e não como "inimigo" do pluralismo e da liberdade. Infelizmente, o perfil cultural e social dos atuais mandatários políticos, eleitos em razão de um sistema de campanha eleitorais que torna ainda difícil e quase inviável candidaturas populares, faz do Poder Legislativo um espaço privado de debates, sem cumprir seu papel constitucional de esfera pública deliberativa.

O que se depreende da análise aqui desenvolvida é que retrocedemos democraticamente. Após as eleições de outubro de 2018, mês em que a CR/1988 completou suas três décadas, o cenário que se delineia é inverso àquele proposto pela luta por redemocratização da qual nasceu o vigente documento constitucional. A sociedade de intérpretes está, hoje, mais próxima do quadro colonial do que do povo que participou do movimento constituinte na década de 1980. Em razão disso, corre-se o sério e grave risco de que as emendas que irão alterar a Constituição no âmbito da próxima legislatura façam nascer um novo texto, tão distante dos princípios que orientaram o seu poder originário, que já não possamos mais reconhecer o direito que ali se fez consignar em prol do Estado Democrático de Direito e da *Büergerdemokratie*.

REFERÊNCIAS

ARMIJO, Gilbert. La Tutela de los Derechos Humanos por la Jurisdicción

Constitucional, ¿Mito o Realidad? *Revista Brasileira de Estudos Jurídicos*, v. 10, n. 2, p. 113-135, 2015.

AVRITZER, Leonardo. Participation in democratic Brazil. *Opinião Pública*, v. 23, n. 1, p. 43-59, 2017.

______. The Different Designs of Public Participation in Brazil: Deliberation, Power Sharing and Public Ratification. *Critical Political Studies*, v. 6, n. 12, p. 113-127, 2012.

BENTO, Leonardo Valles. *Governança e Governabilidade na Reforma do Estado*: Entre Eficiência e Democratização. Barueri, SP: Manole, 2003.

BRASIL. *Constituição da República Federativa do Brasil, promulgada em 05 de outubro de 1988*. Disponível em: <http://www.planalto.gov.br/ccivil_03/constituicao/constituicaocompilado.htm>. Acesso em 02 de abril de 2018.

______. *Constituição da República Federativa do Brasil*, promulgada em 10 de novembro de 1937. Disponível em: <http://www.planalto.gov.br/ccivil_03/constituicao/constituicao37.htm>. Acesso em 02 de abril de 2018.

______. Decreto nº 3.029, de 9 de janeiro de 1881 - Reforma a Legislação Eleitoral. Disponível em: <http://www2.camara.leg.br/legin/fed/decret/1824-1899/decreto-3029-9-janeiro-1881-546079-publicacaooriginal-59786-pl.html>. Acesso em 15 de março de 2018.

______. Decreto nº 6, de 19 de novembro de 1889 - Declara que se consideram eleitores para as camaras geraes, provinciaes e municipaes todos os cidadãos brazileiros, no gozo dos seus direitos civis e politicos, que souberam ler e escrever. Disponível em: <http://www2.camara.leg.br/legin/fed/decret/1824-1899/decreto-6-19-novembro-1889-508671-publicacaooriginal-1-pe.html>. Acesso em 15 de março de 2018.

______. Decreto nº 21076, de 24 de fevereiro de 1932 - Decreta o Código Eleitoral. Disponível em: <http://www2.camara.leg.br/legin/fed/decret/1930-1939/decreto-21076-24-fevereiro-1932-507583-publicacaooriginal-1-pe.html>. Acesso em 15 de março de 2018.

BRESSER PEREIRA, Luiz Carlos; SPINK, Peter (Org.). *Reforma do Estado e*

Administração Pública Gerencial. 7. ed. São Paulo: FGV, 2006.

CAMARA MUNICIPAL DE BELO HORIZONTE. *Proposta de Emenda à Lei Orgânica 1/2017.* Disponível em: <https://www.cmbh.mg.gov.br/atividade-legislativa/pesquisar-proposicoes/proposta-de-emenda-a-lei-organica/1/2017>. Acesso em 16 de abril de 2018.

CARVALHO, José Murilo de. *Cidadania no Brasil.* Rio de Janeiro: Civilização Brasileira, 2008.

CASTRO, Flávia Lages de. *História do Direito.* Rio de Janeiro: Lumen Iuris, 2003.

CAVALCANTE, Pedro Cavalcante. *Gestão Pública Contemporânea:* Do Movimento Gerencialista ao Pós-NPM - Texto para Discussão 2319. Brasília: IPEA, 2017.

CORREIO NAGÔ. *Congresso Nacional tem redução no número de representantes negros.* Disponível em: <http://correionago.com.br/portal/congresso-nacional-tem-reducao-no-numero-de-representantes-negros>. Acesso em 06 de dezembro de 2017.

CRONIN, Thomas E. *Direct Democracy.* Massachusetts: Harvard University Press, 1999.

DEPARTAMENTO INTERSINDICAL DE ASSESSORIA PARLAMENTAR – DIAP. *Radiografia do Novo Congresso: Legislatura 2019-2023.* Disponível em: <http://www.diap.org.br/index.php/publicacoes/finish/100-novo-congresso-nacional-em-numeros-2019-2023/3912-novo-congresso-nacional-em-numeros-2019-2023>. Acesso em 16 de outubro de 2018.

______. *Radiografia do Novo Congresso: Legislatura 2015-2019.* Disponível em: <http://www.diap.org.br/index.php/publicacoes/viewcategory/41-radiografia-do-novo-congresso>. Acesso em 19 de março de 2018.

FERREIRA, Pinto. *Teoria Geral do Poder Constituinte – As Constituições do Brasil e a Constituição da 6ª República.* Revista de Informação Legislativa, v. 22, n. 8, p. 139-152, 1985.

GRAHAM, Maria. *Cadernos da Biblioteca Nacional – Esforço biográfico de*

Dom Pedro I. Disponível em: <http://objdigital.bn.br/acervo_digi-tal/div_obrasgerais/drg1305313.pdf>. Acesso em 20 de fevereiro de 2018.

HÄBERLE, Peter. Entrevista. *Argumentum*, UNIMAR, Marília/SP, v.19, n.1, p. 263-287. Disponível em: <http://ojs.unimar.br/index.php/revistaargu-mentum/article/view/568>. Acesso em 03 de setembro de 2018.

______. *Nove Ensaios Constitucionais e Uma Aula de Jubileu*. Tradução Carlos dos Santos Almeida. São Paulo: Saraiva, 2012.

______. Entrevista. *Estado de Direito*, n. 27, ano 4, p. 14-15. Disponível em: <https://www.pucsp.br/capitalismohumanista/downloads/thiago_publi-cacao.PDF>. Acesso em 26 de setembro de 2018.

______. *Estado Constitucional Cooperativo*. Tradução Marcos Augusto Ma-liska e Elisete Antoniuk. Rio de Janeiro: Renovar, 2007.

______. El Tribunal Constitucional como Poder Político. *Revista de Estudios Políticos (Nueva Época)*, n. 125, p. 9-37, Jul/Set 2004.

______. The Constitutional State and its Reform Requirements. *Ratio Iuris*, v. 13, n. 1, p. 77-94, 2000.

______. *Hermenêutica Constitucional*: *A Sociedade Aberta dos Intérpretes da Constituição*. Tradução Gilmar Ferreira Mendes. Porto Alegre: Sérgio Antônio Fabris, 1997.

INSTITUTO BRASILEIRO DE GEOGRAFIA E ESTATÍSTICA. *Sistema de Indicadores Sociais*. Disponível em: <https://www.ibge.gov.br/estatisti-cas-novoportal/sociais/protecao-social/9221-sintese-de-indicadores-so-ciais.html?&t=resultados>. Acesso em 10 de novembro de 2017.

______. *Administração pública e participação político-social segundo as Pes-quisas de Informações Básicas Municipais do ano de 2015*. Disponível em: <https://www.ibge.gov.br/estatisticas-novoportal/sociais/administracao-publica-e-participacao-politica.html>. Acesso em 12 de janeiro de 2018.

LIJPHART, Arend. *Modelos de Democracia*. Tradução de Roberto Franco. Rio de Janeiro: Civilização Brasileira, 2003.

MASTRODI, Josué; AVELAR, Ana Emília Cunha. O Conceito de Cidadania a partir da Obra de T. H. Marshall: Conquista e Concessão. *Cadernos de*

Direito, Piracicaba, v. 17, n. 33, p. 3-27, jul-dez 2017.

MEIRELLES, Renato; ATHAYDE, Celso. *Um País Chamado Favela*: A Maior Pesquisa Já feita sobre a Favela Brasileira. São Paulo: Editora Gente, 2014.

OLIVA, Alberto. *A Solidão da Cidadania*. São Paulo: SENAC, 2000.

PREFEITURA DE BELO HORIZONTE. *Participatory budgeting – Fifiteen years*. Disponível em: <http://www.pbh.gov.br/comunicacao/pdfs/publicacoesop/revista_op15anos_ingles.pdf> Acesso em 10 de dezembro de 2017.

PROCOPIUCK, Mario. *Políticas Públicas e Fundamentos da Administração Pública*. São Paulo, Atlas, 2013.

RAWLS, John. Justice as Fairness: Political Not Metaphysical. *Philosophy and Public Affairs*, v. 14, n. 3, p. 223-251, 1985.

______. Justice as Fairness. *The Philosophical Review*, v. 67, n. 2, p. 164-194, 1958.

ROUVILLOIS, Frédéric. *Droit Constitutionnel – Fondements et Pratiques*. 6.ed. Paris (França): Flammarion, 2017.

SECCHI, Leonardo. *Organizational Models and Public Management Reforms*. Revista de Administração Pública, v.43, n. 2, p. 347-369, 2009.

SEN, Amartya. Democracy as a Universal Value. *Jornal of Democracy*, v. 10, n. 3, p. 3-17, 1999.

SENADO FEDERAL. *Sub-representação Feminina no Congresso é Criticada em Seminário*. Disponível em: <https://www12.senado.leg.br/noticias/materias/2016/12/14/sub-representacao-feminina-no-legislativo-e-criticada-em-seminario>. Acesso em 10 de abril de 2018.

SOUZA, Luciana Cristina de. Aplicação do Princípio da Resiliência às Relações entre Estado, Sociedade e Direito. *In*: ASENSI Felipe Dutra; PAULA, Daniel Giotti de (Org.). *Tratado de Direito Constitucional*. Rio de Janeiro: Campus Jurídico, 2014. v. 1, Cap. 2.5, p. 197-209.

______. A Resiliência do Estado e do Direito Estatal: Novas Formas de Reafirmação de sua Legitimidade e de Diálogo com a Sociedade Civil. *I*

Congresso da Associação Mineira de Pós-graduandos em Direito (AMPD), Belo Horizonte, 2010.

______. Contribuição das práticas de E-Cidadania para a formulação, implantação e monitoramento das políticas públicas. *Revista de Direito Público*, v. 13, n. 74, p. 187-202, mar./abr. 2017a.

______. Dignidade humana na websfera governamental brasileira. *Revista Brasileira de Políticas Públicas*, Brasília, v. 7, n. 3, p. 199-215, 2017b.

TARRAGÓ, Daniel *et al. Administração Pública Deliberativa*. IPEA, Texto para discussão 2122. Disponível em: <https://ipea.gov.br/portal/images/stories/PDFs/Tds/td_2122.pdf>. Acesso em 07 de março de 2018.

SOUZA, Luciana Cristina de. 30 anos da Constituição de 1988 e a importância de um modelo de estado resiliente para a Büegerdemokratie. *In:* SANTIAGO, Mariana Ribeiro; SILVEIRA, Vladmir Oliveira da; MALISKA, Marcos Augusto (Coord.); FERNANDES, Ana Carolina Souza (Org.). **Estudos em homenagem ao professor Peter Häberle**. Uberlândia: LAECC, 2021. p. 219-255.

Capítulo 5

ABERTURA AOS INTÉRPRETES DO CONSTITUCIONALISMO LATINO-AMERICANO

OPEN SOCIETY OF INTERPRETERS WITHIN LATIN AMERICAN CONSTITUTIONALISM

Irene Patrícia Nohara

Daniel Scheiblich Rodrigues

Resumo: Há na América Latina um movimento constitucionalista que se fundamenta no multiculturalismo, na inclusão social e na estruturação do poder, culminando com uma concepção jusfilosófica que empodera as minorias por meio de um diálogo entre fontes do direito. É possível reforçar tal fenômeno de pluralismo jurídico com supedâneo na teoria da sociedade aberta de intérpretes constitucionais, que busca romper as barreiras da hermenêutica oficial e acadêmica e possibilite que toda a população integre o processo de exegese do ordenamento jurídico. O objetivo do presente estudo, confeccionado em homenagem a Peter Häberle, é demonstrar que há o desabrochar contemporâneo da riqueza de expressões e modos de vida das minorias na América Latina, que, se incorporadas ao cenário multicultural, demostrarão um caleidoscópio rico de oportunidades de se repensar e interpretar o constitucionalismo em sua abertura democrática.

Palavras-chave: Constitucionalismo latino-americano; Multiculturalismo; Minorias; Pluralismo Jurídico; Sociedade Aberta; Intérpretes Constitucionais.

Abstract: In Latin America, there is a trend of constitutionalism that is based in multiculturalism, social inclusion and organization of power, which leads to a view of Philosophy of Law that empowers minorities by means of a dialogue between sources of law. It is possible to draw support for such proposal of legal pluralism by siding with the theory of an open society of constitutional interpreters, which could get through official and academic limits to statutory interpretation and eventually incorporate the whole of society into the interpretation of the rule of law. The main objective of the present study, made in honor of Peter Häberle, is to demonstrate the contemporary emergence of many ways of expressions from Latin American minorities. If this rich kaleidoscope of lifestyles is considered by the perspective of a multicultural scenario, it will be an opportunity for rethink and interpret constitucionalism in its democratic opening.

Keywords: Latin American Constitutionalism; Multiculturalism; Minorities; Legal pluralism; Open Society; Constitutional Interpreters.

INTRODUÇÃO

O artigo 4º, parágrafo único, da Constituição Federal dispõe que a República Federativa do Brasil deve buscar a integração cultural dos povos da América Latina, com o propósito de formar uma comunidade latino-americana de nações.

Neste mesmo sentido, uma das funções do Ministério da Cultura é o apoiar, por meio do Departamento de Assuntos Internacionais, ações que intensifiquem o intercâmbio cultural entre a República Federativa do Brasil e outros países, nos termos do artigo 9º, inciso VII, do Decreto Federal n.º 9.411, de 18 de junho de 2018. Embora não haja menções específicas à integração continental ou regional, é natural que, pelas interpretações sistemática e teleológica da norma, se infira a intenção de uma maior integração com as demais nações latino-americanas – em especial com os países sul-americanos fronteiriços.

No Estado de São Paulo, por sua vez, incumbe à Secretaria da Cultura a promoção do intercâmbio cultural do Estado com os outros países da América Latina, tal qual dispõe o artigo 2º, inciso VII, do Decreto Paulista n.º 50.941, de 05 de julho de 2006. O artigo 3º da Lei Estadual n.º 6.472, de 28 de junho de 1989, que autorizou a criação da Fundação Memorial da América Latina, e o artigo 4º do Decreto Estadual n.º 30.233, de 08 de agosto de 1989, que instituiu a referida entidade pública fundacional, são categóricos no que concerne à finalidade expressa de propiciar mútuas trocas entre as culturas brasileira e latino-americana.

Parece evidente que o ordenamento jurídico identifique, na América, que sofreu o processo de colonização seja espanhola ou portuguesa, como é o caso do Brasil, traços que lhe dão certa coerência social, daí porque não é de se estranhar o surgimento de um movimento constitucionalista com peculiaridades de nível comunitário. A integração cultural não se reduz a uma ficção jurídica; é uma realidade forjada a partir de lutas comuns contra instituições que inviabilizavam, aos grupos subjugados, um *status* de igualdade socioeconômica, ao passo em que impuseram estândar cultural, fazendo da igualdade política – esta sim – uma ficção jurídica.

Entrementes, a técnica de interpretação aberta, proposta por Peter Häberle, visa à aproximação entre a hermenêutica constitucional e o fenômeno social. Deste processo resulta o prestígio à pluralidade, uma vez que qualquer pessoa pode ser considerada apta à exegese das normas fundamentais.

Dimitri Nascimento Sales (2007, 193-194) enfatiza que tal método concretista, influenciado pela tópica de Theodor Viehweg, proporciona a inclusão, no rol dos intérpretes da norma, daqueles que não operam profissionalmente o Direito.

Por isso, a teoria hermenêutica da sociedade aberta aproveita fertilmente ao movimento constitucionalista das Américas Central e do Sul, que visa à desnecessidade de importação de influências jusfilosóficas europeias e se concentra nas experiências próprias da Íbero-América. Ora, embora se admita que o multiculturalismo promovido pelos movimentos indigenistas da América Anglo-Saxônica também seja bastante relevante, principalmente no Canadá, o presente artigo fará um recorte específico na experiência constitucionalista da América Latina.

Porém, para que se possa afirmar com segurança que a abertura exegética idealizada por Peter Häberle se aplica a este constitucionalismo de fortalecimento das minorias latino-americanas – especialmente daquelas de origem nativa –, é preciso haja clareza sobre os componentes sociais, políticos e jurídicos que integram esse movimento.

Destarte, far-se-á uma reflexão sobre os fundamentos e objetivos jurídicos do multiculturalismo ibero-americano e, somente em seguida, será avaliada a adequação da hermenêutica levada a cabo pela *sociedade aberta*. Agradecemos à Mariana Santiago, pela gentileza do convite, para nos integrarmos à homenagem ao grande constitucionalista Peter Häberle, expressamos ser uma grande honra participar de tão relevante iniciativa.

1. O CONSTITUCIONALISMO LATINO-AMERICANO

Uma das dificuldades que os estudiosos do Direito Constitucional enfrentam é a tentativa de se adotar uma classificação que compreenda as particularidades que o constitucionalismo vem atravessando na América Latina, sem que isso implique numa análise incapaz de reconhecer que o mundo passa por um processo evidente de globalização dos parâmetros constitucionais.

Por isso, com bastante propriedade, Vanice Regina Lírio do Valle (2012) se preocupa com o fato de que "individualizar um fenômeno é estratégia que traz sempre consigo o risco do seu isolamento – e isso pode se revelar, em tempos de transconstitucionalismo, a contramão da história".

Concordamos e temos visão semelhante nesse tocante:

> Concomitantemente com o processo de influência da cultura globalizada sobre os ordenamentos jurídicos pátrios, dissemina-se pela América Latina e por alguns países esparsos um movimento constitucionalista que invoca, no

> interior dos Estados nacionais, uma dimensão plural de suas culturas. Esse constitucionalismo latino-americano defende técnicas legislativas e hermenêuticas sensíveis à realidade multicultural e plurinacional das sociedades ibero-americanas (NOHARA; RODRIGUES, 2018, 71).

Vanice Regina Lírio do Valle (2012) destaca, como principais elementos do constitucionalismo latino-americano, os papeis centrais do multiculturalismo e da inclusão social, bem como o modo peculiar de estruturação do poder.

Quanto ao multiculturalismo, Alfredo Culleton (2007, 12) analisa que, embora a Filosofia medieval tenha se confundido com a Ética, a Teologia e a Teurgia, numa "experiência unitiva do transcendente", um pluralismo hodierno ganha novos contornos, sobre os complexos fundamentos que embasam a Filosofia contemporânea, para defender que os detentores de distintas raízes culturais tenham condições para desenvolver os elementos que compõem suas tradições, de acordo com o seguinte excerto extraído da obra do autor:

> Concretamente, acreditamos que a Filosofia poderia ajudar a desmascarar a contradição latente fundamental em uma contextualidade histórica que convoca ao diálogo, mas sem se fragmentar culturalmente, isto é, sem querer fazer uma repartição cultural do poder real de ordenar e configurar a contextualidade do mundo. Por outro lado, seria também papel da Filosofia contribuir para explicitar de maneira construtiva o reordenamento das condições do diálogo no sentido de que essas devem ser

> condições nas que se reconheça e respeite o direito de cada cultura a dispor da materialidade necessária para o seu livre desenvolvimento (2007, 20).

Ressalte-se que "o tema nuclear desse constitucionalismo pluralista reside na cultura", sendo o papel do Direito Consuetudinário o seu fortalecimento:

> Um importante avanço nesse sentido seria o fortalecimento do direito consuetudinário, bastante tímido no ordenamento jurídico brasileiro, que se afilia aos sistemas jurídicos romanísticos (*Civil Law*). Isso permitirá conferir mais efetividade e espaço às tradições culturais e políticas de grupos regionais e étnicos, não apenas pela integração de lacunas legislativas, mas por sua elevação gradativa à posição de *soft law* e, por fim, à posição de microssistemas lindeiros ao ordenamento positivado, merecedores da mesma coercibilidade que o Estado reconhece ao direito positivo (NOHARA; RODRIGUES, 2018, 76).

Devcras, consoante expõe Vanice Regina Lírio do Valle (2012), o grau de coercibilidade conferido à nomogênese espontânea dos diferentes grupos étnicos e culturais é um fator determinante para a compreensão do estágio em que os países latino-americanos estão, à luz do deste constitucionalismo de cunho predominantemente indigenista:

> Assim, é possível identificar no conjunto latino-americano pelo menos três distintos tratamentos à interseção entre pluralismo e sistemas

jurídicos: 1. Ordens constitucionais que silenciam em relação à matéria específica da institucionalidade legal, sem prejuízo de garantia de outros direitos em favor de minorias étnicas ou culturais, dentre os quais se incluem Panamá, Chile, Costa Rica, Argentina e Brasil; 2. Aqueles que reconhecem a existência de um direito consuetudinário indígena, sem contudo lhes deferir capacidade para o exercício de jurisdição, dentre os quais se aponta o Paraguai e a Guatemala; e 3.Aqueles que não só recepcionam no seu sistema jurídico as regras de regulação social, mas também admitem uma justiciabilidade segundo esses mesmos parâmetros, fixando um paradigma de coexistência, num mesmo Estado nacional, de distinta normatividade — é a experiência das Constituições do México, Colômbia, Bolívia, Peru, Equador e Venezuela.

Ademais, o multiculturalismo tem o condão de fortalecer a luta contra a exclusão social, uma vez que a validação institucional da pluralidade étnica e cultural caracteriza uma superação do pensamento assimilacionista, o qual nega chancela aos modos de vida daqueles que não se enquadram nos padrões culturais dos detentores do poder estatal.

Observe-se que o multiculturalismo não implica em indulgência para com comportamentos ilícitos, sejam eles vedados pelo direito positivo, sejam eles atentatórios aos usos e costumes de patamar jurídico. O que a corrente multiculturalista almeja é o abandono do assimilacionismo, o qual, posto que não necessariamente criminalize comportamentos considerados exóticos, tende a discriminá-los, promovendo, assim, uma convergência impositiva da minorias aos padrões culturais majoritários. Carlos Eduardo de Abreu Boucault (2002, 54) corrobora esta linha de pensamento:

> Efetivamente, o conceito de "assimilação" provém do modelo colonialista, que estabelece a internalização de valores da cultura dominante como forma de integrar o cidadão estrangeiro na sociedade local, diluindo as particularidades étnicas, os traços culturais, religiosos, idiomáticos originários, sobrepondo-se ao equilíbrio das relações interétnicas. A importância desse mecanismo se afirma na bipolarização conceitual entre "estrangeiro" e "imigrado", estabelecendo um enclave minoritário no contexto territorial, cuja lógica social tende a "distinguir" e "discriminar" essas populações.

Desta sorte, o multiculturalismo funciona como um antídoto contra a exclusão social das minorias (culturais), pois, ao passo que se despoja do assimilacionismo, adere à assimilação mútua entre as culturas, tal como ocorreu no movimento revolucionário das universidades medievais. Sobre a natureza inclusiva das instituições de ensino da Idade Média, Alfredo Culleton (2007, 13) traça as seguintes linhas:

> [...] A Universidade medieval surge como espaço autônomo de tolerância, de circulação de idéias, de crítica no sentido de revisão do instituído e do novo, com o intuito de ser o lugar da assimilação, da elaboração do diferente. Se há que restaurar algo da Idade Média, dirá De

> Libera, é a ambição universitária, suas liturgias, sua independência e seus rituais. É preciso restabelecer seus privilégios devolvendo a sua vocação primeira, a abertura ao universal, a discussão argumentada, a crítica dos falsos prestígios e dos verdadeiros poderes. A universidade, no seu sentido original, é a totalidade dos mestres e estudantes, e tem por identidade a aculturação no sentido de assimilação e superação do diferente. Trata-se de um respeito ativo das crenças e das diferenças culturais. Não se reduz a reconhecer o outro como um outro si-mesmo, mas de reencontrar em si a parte do outro, de admiti-la como tal e, custe o que custar, deixá-la frutificar aí.

Logo, é possível perceber que, nas academias superiores da Idade Média, abriu-se um espaço para inclusão que não existia da porta para fora, onde imperava a exclusão, com constantes perseguições, cruzadas e guerras travadas contra povos de diferentes tradições culturais.

A propósito, no que tange ao protagonismo das políticas de inclusão social, elemento marcante do constitucionalismo latino-americano, a eficácia direta das normas constitucionais focadas por tal movimento constitucionalista gerou uma onda de ativismo judicial na América Latina, contrariando a lógica até então comum aos sistemas jurídicos de tradição romanística, pela qual o Poder Judiciário deveria interferir o mínimo possível na gestão do Poder Executivo. Camila de Oliveira Castro (2014, 200) assim explica o fenômeno:

> A conceituação doutrinária para o termo

> ativismo judicial é diversificada, mas em linhas gerais pode-se dizer que o ativismo judicial consiste em um exercício ou uma postura jurisdicional que ultrapassa os limites de suas funções típicas, que lhe são conferidas pela ordem jurídica, em detrimento dos Poderes Legislativo e Executivo. Neste sentido, o ativismo judicial pode ser entendido como uma tendência do Poder Judiciário em realizar os exercícios do Poder Legislativo e Executivo, em situações especiais, inclusive em face da ausência irresponsável destes últimos, nos segmentos de sua competência constitucional originária.

Haja vista que o Poder Executivo não tem conseguido se estruturar de forma a garantir plenamente os direitos sociais, o Poder Judiciário tem interferido constantemente nas políticas reservadas aos demais atores do sistema jurídico, incluindo o Poder Legislativo. Como resultado, ocorre uma distorção das normas constitucionais de distribuição de competências, pois, nos termos usados por Juliana Marise Silva (2014, 170), "a princípio não caberia ao Poder Judiciário interferir nessas escolhas que são discricionárias do administrador".

Segundo escreve Vanice Regina Lírio do Valle (2012), existe uma tendência de subjetivação das decisões judiciais proferidas pela corrente ativista, o que tem gerado ocasionado a problemática falta de isonomia no exercício da jurisdição, no âmbito da América Latina:

> De outro lado, a implementação dessa arquitetura originalmente cogitada — direitos sociais assegurados pela jurisdição — tem suscitado a

questão secundária (mas não menos importante) dos mecanismos de legitimação dessas escolhas judiciais, que havidas sob a perspectiva muitas vezes da microjustiça, em sistema que não contemplam sequer a possibilidade de controle por intermédio de ações coletivas, culminam por veicular uma seletividade decorrente de critérios subjetivos que muitas vezes não são percebidos pelo julgador, ou quando menos, não são publicizados de maneira a permitir a formulação de um juízo crítico quanto a seu acerto, especialmente sob a perspectiva do resultado geral desejado, que é a inclusão social.

Por possibilitar verdadeira inclusão social, Renato de Abreu Barcelos (2012) classifica o constitucionalismo latino-americano como "revolucionário", aduzindo que ele "rompe com a acidentada história constitucional da América bolivariana, caracterizada por um processo constitucional elitista, tutelado, sem qualquer correspondência com os anseios sociais".

No que tange à estruturação do poder na América que teve colonização espanhola e portuguesa, terceiro elemento central do constitucionalismo latino-americano, "não obstante o atendimento às regras formais de acesso, alternância e exercício do poder", Vanice Regina Lírio do Valle (2012) aponta para o fortalecimento desmedido do Poder Executivo, conhecido como hiper-presidencialismo, facilitando a perpetração de diversas formas de distorções do interesse público e de desvios de finalidade, numa sucessão de posturas patrimonialistas "como o particularismo, a patronagem, o nepotismo, dentre outros, todos concorrendo para uma prática política apartada de um elemento central de seu

260

desenho ideal".

Essas formas de patrimonialismo, quando praticadas no Brasil, foram objeto de estudo[1], identificando-se que, "mesmo depois da Independência, a herança colonial deitou raízes que perenizaram relações sociais nas quais a estrutura socioeconômica serviu aos interesses dos 'donos do poder'".

Devido ao hiperpresidencialismo, que se preservou mesmo após a superação do período das grandes ditaduras militares, os ordenamentos jurídicos latino-americanos arrolaram estratégias de neutralização de tendências autocráticas, consoante relata Vanice Regina Lírio do Valle (2012):

> Esse é um resultado que se pode explicar a partir da constatação de que várias dessas experiências de reinstitucionalização da ordem democrática tenham encontrado no mesmo Executivo que se cogitava conter, um importante impulsionador da transição política. A solução institucional culmina por se encaminhar no sentido da consagração de mecanismos de participação popular – seja na construção de deliberação pública, seja no exercício do controle do poder – que possam, se não neutralizar os efeitos deletérios do hiperpresidencialismo, ao menos criar outros canais de manifestação da sociedade que possam se contrapor a essa

---

1. Em alusão à expressão associada a Raymundo Faoro, tendo em vista a subjugação, isto é, ao movimento de assujeitamento. Cf. NOHARA, Irene Patrícia. *Reforma Administrativa e Burocracia: Impacto da Eficiência na Configuração do Direito Administrativo Brasileiro*. São Paulo: Atlas, 2012. p. 13.

> fragilidade. Identifica-se portanto nos Textos Fundantes na América Latina do final do século XX a presença de institutos como o referendo, a iniciativa popular, a revocatória de mandato, o requerimento de prestação de contas, dentre outros.

Avaliadas as particularidades do constitucionalismo latino-americano, incumbe examinar de que maneira a teoria da sociedade aberta dos intérpretes constitucionais, formulada por Peter Häberle, pode contribuir para a transformação dos ordenamentos jurídicos monossistêmicos em estruturas que abarquem múltiplas e concomitantes realidades, todas dotadas de igual eficácia jurídica.

2. A INTERPRETAÇÃO CONSTITUCIONAL ABERTA *ERGA OMNES* E SUA APLICAÇÃO NA AMÉRICA LATINA

A exegese estendida *erga omnes* é fruto da compreensão de que o Direito, tal como tradicionalmente operado, talvez não seja capaz de atender integralmente às expectativas de pacificação social. Por isso, há uma tentativa de entender qual seria a medida certa para a maleabilização do Direito. Um dos estudiosos que tratou desta questão foi Carlos Eduardo de Abreu Boucault (2002, 56):

> Inicialmente, os procedimentos fundamentados na internacionalização dos direitos humanos sinalizam para emergência de uma nova ordem cultural, que flexibiliza a concepção

> normativa das instituições jurídicas em direção
> a uma sociedade mais aberta, no sentido de as-
> similar novos valores, distintos modos de vida,
> formas diferenciadas de constituição familiar,
> modelos coletivos ou individuais, plasmados
> num amplo espaço de liberdade pessoal.

Ideias sobre a necessidade de ressignificação da hermenêutica mediante o desfazimento de barreiras cientificistas podem ser encontradas na obra de Vanice Regina Lírio do Valle (2012), que aduz que o ordenamento jurídico não é o único instrumento garantidor da transformação social:

> [...] um reconhecimento das possibilidades sim,
> da ordem jurídica, para facilitar a transforma-
> ção social, sem que se desconheça de outro lado
> a sua insuficiência para alcançar esse mesmo
> resultado, sendo indispensável o concurso de
> outros elementos contextuais diferentes do Di-
> reito, como o ativo apoio social e político a esse
> mesmo processo de câmbio.

A teoria de Peter Häberle representa uma das mais importantes contribuições para a expansão do Direito além dos limites que condicionam o círculo tradicional de intérpretes autorizados das normas jurídicas.

Baseado na teoria de Peter Häberle, que tem ampla aplicabilidade a sociedades plurais, Dimitri Nascimento Sales (2007, 196) assevera que, embora a sociedade aberta não domine o aparato técnico da hermenêutica jurídica, a principiologia e a gramática constitucionais servem de limites a qualquer exercício de interpretação – seja ele confinado a círculos de bacharéis em Direito e agentes estatais, seja ele ampliado à coletividade.

> A interação entre todos os elementos sociais (classes políticas, associações, categorias profissionais, entidades não-governamentais, pessoas individualmente consideradas etc.), componentes de uma sociedade pluralista, é um processo contínuo e que, por força do sistema jurídico-constitucional (enquanto elemento regulador da vida política coletiva), envolve a todos. Por este motivo, a interpretação da Constituição não pode – e efetivamente não é –ser realizada exclusivamente por um pequeno e restrito grupo constituinte de uma *sociedade fechada.*

José Carlos Francisco (2012, 49) afirma que há uma "nova configuração de constitucionalismo adequada à atualidade marcada pelo pluralismo". O emprego de valores fundamentais, cláusulas abertas e conceitos jurídicos indeterminados no ordenamento constitucional atribui maior flexibilidade ao Direito, justamente para que para que consiga fazer frente ao pluralismo – tanto social quanto metodológico – e a outros elementos da contemporaneidade, tais como a liquidez, a tecnicidade e a internacionalização.

Pelo ponto de vista de Dimitri Nascimento Sales (2007, 196), o Estado Constitucional de Direito seria fortalecido pela teoria da sociedade aberta dos intérpretes constitucionais, de autoria de Peter Häberle, pois o controle de juridicidade seria exercido por qualquer pessoa que inste os legitimados ativos das ações de controle concentrado de constitucionalidade a ingressar em juízo para a defesa da juridicidade, numa espécie de "ação popular de constitucionalidade".

Não obstante, independentemente de a provocação da sociedade culminar ou não com a judicialização da defesa dos direitos constitucionais, a mera prática espontânea da exegese constitucional pelo próprio povo, sem a intermediação dos cientistas do Direito, é, por si só, um fenômeno de relevantes implicações, especialmente se o Estado ativamente empoderar este fenômeno social, que contraria a clássica visão sobre o manejo do Direito sob controle catedrático e estatal.

Defendendo a potencialização da participação popular, Peter Häberle escreve que a inclusão de toda a sociedade na interpretação da Constituição propicia mais coerência entre os fenômenos factual e jurídico, como bem explica Dimitri Nascimento Sales (2007, 194-195):

> Ao analisar a teoria, já prevendo oposições e críticas doutrinárias, Peter Häbeler afirma que a ampliação do rol de intérpretes autorizados é um reconhecimento à necessidade de integrar toda sociedade ao processo de hermenêutica constitucional. Ao mesmo tempo, afirma que nenhuma interpretação, mesmo a realizada pelos entes oficiais, dá-se afastada da realidade concreta, sendo por ela influenciada.

Segundo Vanice Regina Lírio do Valle (2012), a "tentativa da doutrina de valer-se uma vez mais ao pensamento europocêntrico frustrou-se", evidenciando que as soluções tradicionais têm baixa adesão ao modelo neoconstitucional, o qual encontra diferentes fórmulas para as distintas realidades sociais, entre as quais a autora destaca a África do Sul, o Leste Europeu e também a América Latina.

Por este motivo, numa ideia similar àquela de Peter Häberle, Vanice Regina Lírio do Valle (2012) identifica a necessidade de abertura cognitiva:

> Lançar o olhar a essas novas experiências se constitui um imperativo, seja pela necessária abertura cognitiva que deve presidir a reflexão científica; seja pela proximidade histórica e sociológica que a realidade brasileira mantém com muitos destes países. No cenário do Cone Sul, destaca-se a anunciação de um constitucionalismo latino-americano, movimento que, por congregar experimentos ditados em parte por um passado comum, estaria a encontrar tradução mais próxima da realidade dos países envolvidos – circunstância que supriria a ausência do referencial europeu, possivelmente com vantagens. [...] Desponta a indagação acerca da efetiva originalidade ou particularidade desse conjunto de iniciativas que se associa ao constitucionalismo latino-americano; não num exercício (des)qualificador do movimento, mas como ponto de partida para uma proposta de abertura cognitiva e de verdadeiro construtivismo constitucional.

Note-se que a participação popular, na obra de Peter Häberle, vai além da democracia participativa, pois é mais abrangente do que o exercício dos direitos políticos e igualmente mais abrangente do que o exercício do controle social, cuja síntese é bem formulada por Michelle Marrry M. da Silva (2014, 60):

> A participação dos cidadãos no processo de tomada de decisões passa a ser a regra (requisitos de legitimação da atuação estatal), por meio de audiências públicas, direito de petição em processo administrativo, acesso a documentos, certidões e informações de órgãos e entes públicos, o cidadão passa a participar da fixação de políticas públicas e do processo de elaboração das leis (plebiscito e referendum), como forma de controlar judicialmente a Administração Pública amplia-se as ações coletivas.

Pode-se inferir, portanto, que o maior benefício da teoria da sociedade aberta dos intérpretes constitucionais seja o fato de que não apenas a nomogênese deve ocorrer no momento da interpretação, mas o povo, tido como legítimo integrante da assembleia constituinte, permanece como detentor *direto*, por meio da interpretação, do poder constituinte durante toda a vigência da Constituição.

Sobre a constante redefinição das normas constitucionais e a assunção de que o processo constituinte usual é inapto a soluções definitivas, Vanice Regina Lírio do Valle (2012) presta a seguinte contribuição:

> De outro lado, essa transformação que aproxima poder e reconhecimento não se apresenta como uma tarefa que se tenha por pronta e acabada ao final do processo constituinte, seja qual for o mecanismo que para essa deliberação se tenha adotado. Ao contrário, a mutação perseguida envolve o reconhecimento, enquanto possibilidade, de uma verdadeira "conversação constitucional", que se prolonga no tempo, (re)

> definindo os contornos deste Texto Funda-
> mental, conciliando finalidades postas ao poder
> político organizado, com a inclusão pluralista
> como valor.

Acrescente-se que a mais significativa diferença de postura do constitucionalismo latino-americano em relação às demais facetas do neoconstitucionalismo é o reconhecimento do pluralismo jurídico:

> Pela admissão do caráter multicultural das so-
> ciedades ibero-americanas, têm ocorrido ino-
> vações na nomogênese e na hermenêutica
> constitucionais. Trata-se de um afluxo de ideias
> inerentes ao pluralismo jurídico, aplicadas de
> maneira bastante peculiar, que reconhece que
> sociedades multiétnicas e pluriculturais devem
> ter formas compatíveis e diferenciadas para li-
> dar, sob a ótica jurídica, com os distintos gru-
> pos que compõem a riqueza cultural da nação
> (NOHARA; RODRIGUES, 2018, 75).

Vanice Regina Lírio do Valle (2012) chega a declarar que o constitucionalismo latino-americano implica num compromisso mais radical com o pluralismo:

> Essa opção pela incorporação do pluralismo
> compreenderá desde fórmulas enunciativas
> mais tímidas até compromissos mais radicais
> como a garantia em favor dos povos indígenas
> de conservação de suas formas próprias de con-
> vivência e organização social e de geração de
> autoridade e, ainda, preservação de sua identi-
> dade étnica e cultural, nisto se incluindo a sua
> cosmovisão, valores e espiritualidade. O

> descompasso entre essa concepção monista do direito, e a multifacetada realidade das sociedades plurais, culmina por determinar uma crise de legitimidade em relação à normatividade – donde a ameaça, igualmente, ao próprio Estado de Direito. A integração das diferentes culturas, como estratégia de reconhecimento, passa a se apresentar como um desiderato a ser igualmente perseguido pelas constituições, afastando-se de vez a prática de viés autoritário que via na assimilação o único caminho possível de construção da convivência.

Tal radicalismo, que se mostra benéfico para a sociedade, abrange a tutela aos ecossistemas e aos animais domesticados, caminhando rumo à ampliação do rol de titulares de direitos para além dos seres humanos.

A adoção do pluralismo e a abertura para a assimilação cultural – sem pretensões de sobreposição assimilacionista, mas tão somente de reciprocidade assimiladora – é uma postura de base filosófica que pode ser aplicada aos mais diversos aspectos da vida em sociedade: ao Direito, inclusive. No entanto, adverte Luiz Fernando Villares (2011, 16) da dificuldade de aplicação, no ordenamento jurídico brasileiro, de eficácia normativa dos usos e costumes dos povos nativos da América:

> Apesar da previsão constitucional, fica cada vez mais nítido o desrespeito na aplicação do Direito Penal às populações indígenas. A crescente relação dos povos indígenas com o Estado e com os outros grupos sociais acarreta uma maior criminalização de algumas de suas

> condutas, que antes passavam despercebidas. Essa relação mostra toda a dificuldade de compatibilização entre o Direito Penal com seus primados de aplicação geral da norma, vinculação à previsão anterior, estrita legalidade, competências predefinidas, linguagem única e os sistemas normativos indígenas com características variadas, entre elas a tradição oral, a flexibilidade na aplicação das normas, autoridades constituídas previamente ou em cada caso concreto.

Assim, é patente que, embora as Américas Central e do Sul estejam sendo intensamente influenciadas pelo constitucionalismo latino-americano, o ordenamento jurídico brasileiro ainda tem uma postura resistente em relação à admissão da pluralidade de sistemas jurídicos subnacionais, desenhados a partir de realidades culturais distintas, as quais se comunicariam numa coexistência simultânea, sem que a normatividade de uma excluísse a heteronomia e a coercibilidade da outra. Daí a importância da comunicação entre as distintas culturas.

Neste sentido, o colóquio intercultural foi abordado, nos planos jurídico e filosófico, respectivamente, por Erik Jayme e por Alfredo Culleton, podendo ambas as aproximações servirem de contributo para a interpretação constitucional autorizada *erga omnes*.

Sob a ótica jurídica, Erik Jayme firmou o diálogo das fontes. Descrita por Claudia Lima Marques (2007, 30), esta teoria se fundamenta nos pressupostos de que, "em tempos pós-modernos, o diálogo só se inicia na consciência das diferenças e de que a pluralidade de modelos é considerada um valor jurídico", de sorte que a comunicação apenas "se dá verdadeiramente quando é um 'diálogo entre as diferenças'". A autora tece um panorama conciso e preciso das proposições de Erik Jayme:

> Erik Jayme alerta, porém, que os tempos pós-modernos não mais permitem esse tipo de clareza e "monossolução". Em nossos tempos, a superação de paradigmas é substituída pela convivência dos paradigmas, a revogação expressa pela incerteza da revogação tácita e, por fim, pela convivência de leis com campos de aplicação diferentes, mas convergentes, em um mesmo sistema jurídico, plural, fluído, mutável e complexo. O grande mestre de Heidelberg propõe então uma segunda solução, a coordenação dessas fontes, de retirada do sistema (revogação) ou "monólogo" de uma norma só, à convivência das normas, ao diálogo. Em sua belíssima expressão, é o atual e necessário "diálogo das fontes" ("dialogue de sources"). "Diálogo", em virtude das influências recíprocas, "diálogo" porque há aplicação conjunta das duas normas ao mesmo tempo e ao mesmo caso, seja complementariamente, seja subsidiariamente, seja permitindo a opção voluntária das partes sobre a fonte prevalente (especialmente em matéria de convenções internacionais e leis modelos) ou mesmo a opção por uma solução flexível e aberta, de interpenetração ou a solução mais favorável aos mais fracos da relação.

Por outro lado, Alfredo Culleton (2007, 20) atribui à Filosofia a elaboração de argumentos para a construção do processo aberto da comunicação entre culturas, mediante a abertura de um canal de diálogo que vise à universalização:

> A Filosofia é a que vai destacar as condições de que as possibilidades contextuais do diálogo não são simplesmente uma questão de ordem prática, duma importância secundária para o assunto, mesmo do diálogo intercultural, mas vai destacar, pelo contrário, o que é uma questão decisiva e o que pertence à própria dinâmica interna das exigências do diálogo das culturas. Um exemplo dessas condições contextuais de possibilidade do diálogo é o ponto do espaço material para a prática do direito que tem cada cultura de ser levada realmente a sério, o que implica, necessariamente, reconhecer-lhe e respeitar-lhe o direito a ter um mundo próprio. Esperamos poder ter demonstrado que a Filosofia tem as condições de sentar bases sólidas para esse diálogo, diálogo esse pelo qual se comunica o próprio e se participa no diverso e que encontra na Filosofia a base histórica necessária para universalizar-se realmente; a Filosofia pode propiciar o processo aberto da comunicação entre os diferentes movimentos de universalização, impulsionados pelos universos culturais.

Se, tal qual propõe Peter Häberle, fenômenos como o diálogo das fontes e como o processo aberto da comunicação concorrerem para uma verdadeira sociedade aberta aos intérpretes constitucionais, resultando numa democracia deliberativa ampliada, instrumentalizada precipuamente pela universalização da hermenêutica constitucional, haverá mais espaço para que as minorias latino-americanas sustentem seus modos de vida não apenas no plano social, mas também no plano jurídico.

"A liberdade de autodeterminação da qual o povo é titular por força do regime democrático sucede, portanto, a autodeterminação individual, após cuja efetivação o cidadão pleno poderá contribuir para a sociedade" (NOHARA; RODRIGUES, 2018, 64), sendo possível afirmar que a implementação de um pluralismo que assegure heteronomia e coercibilidade a usos e costumes, que – a despeito de ainda não terem recebido *status* jurídico pelo Estado – se apresentam como nucleares no seio das relações sociais das minorias, assegurará efetividade aos modos de vida ibero-americanos.

CONCLUSÃO

Embora a integração cultural do Brasil à comunidade latino-americana de nações conte com expressa previsão constitucional, conforme se extrai do artigo 4º, parágrafo único, da Lei Maior, nem todos os movimentos de transformação da América Latina têm conseguido permear, com grande intensidade, o ordenamento jurídico brasileiro.

Isso porque, a despeito do fenômeno transconstitucional que tem unificado os parâmetros normativo-constitucionais dos países abertos à influência globalizante, especialmente em matéria de Direitos Humanos, existe um constitucionalismo próprio dos povos ibero-americanos, que tem aberto os ordenamentos jurídicos da América de língua espanhola – ainda não tendo conquistado a *Terra Brasilis* – ao pluralismo jurídico, conforme já se pode observar na Bolívia, na Colômbia, no Equador, no México, no Peru e na Venezuela. Todavia, a Constituição brasileira ainda é omissa em relação à atribuição de normatividade aos ditames consuetudinários dos grupos minoritários.

Atente-se ao fato de que a liberdade de autodeterminação cultural dos diferentes grupos étnicos que compõem as nações das Américas espanhola e portuguesa é uma garantia que lhes assegura verdadeiramente o direito a seus modos de vida próprios. Ocorre que, sem o empoderamento de seus usos e costumes ao patamar de legítimo Direito Consuetudinário, dotado de heteronomia e coercibilidade, o princípio constitucional da igualdade – uma das máximas expressões dos Direitos Humanos – se converte em mera ficção jurídica.

Não apenas muitos dos povos indígenas, mas também algumas das comunidades quilombolas, possuem, juntamente com suas expressões culturais, suas próprias formas de organização da ordem e da paz sociais, sendo que tais formas servem, na convivência diária, como parâmetro normativo para as condutas exigíveis e para as condutas vedadas, sendo essa tutela reforçada pela introjeção de parâmetros internacionais de tutela, a exemplo da Convenção OIT 169 sobre Povos Indígenas e Tribais.

Daí a relevância da adoção do pluralismo jurídico como medida assecuratória do princípio da igualdade: reconhecendo que os países ibero-americanos são plurinacionais, a negação de eficácia normativa a seus usos e costumes seria uma afronta à identidade cultural dos povos; afinal, as culturas americanas possuem uma inegável dimensão plural, com repercussões de origem dos povos que aqui habitavam, quando da chegada dos europeus e também do deslocamento dos africanos, sendo que estes grupos contribuíram para formação de um cenário de diversidade peculiar. Destarte, limitar a nomogênese aos parâmetros de influência cultural europeia configura a institucionalização da exclusão social e da marginalização cultural.

Surge, então, na teoria da sociedade aberta dos intérpretes constitucionais a possibilidade de delegação *erga omnes* da função estatal e da tradição acadêmica da Exegética.

Com base na tese de Peter Häberle, o Direito atravessaria as barreiras que mantêm fechado o círculo de intérpretes oficiais das normas jurídicas, ora limitado aos agentes estatais e aos bacharéis em Direitos. Assim, mediante atividade hermenêutica dos próprios interessados, seria possível conferir institucionalidade aos usos e costumes das minorias culturais, erigindo-os à posição de fonte consuetudinária do Direito e atribuindo maior efetividade às tradições culturais e políticas de grupos étnicos e regionais.

Tendo em vista que a interpretação aberta é avessa à sobreposição de um sistema jurídico a outro, o texto e os princípios constitucionais positivados e implícitos permaneceriam como jurídicos à interpretação das normas de todos os eventuais microssistemas jurídicos existentes, de tal sorte que a segurança jurídica seria garantida. Abrindo-se à coletividade a hermenêutica constitucional, haveria a possibilidade de reconhecimento de coercibilidade nomogênese espontânea dos diferentes grupos culturais do Brasil, inserindo-o no rol de países profundamente influenciados pelo constitucionalismo-latino americano.

Mediante a ampliação do círculo de intérpretes, o multiculturalismo poderia se converter, no âmbito jurídico, a um fator de inclusão social e de efetiva tutela aos modos de vida, pois a garantia à identidade cultural requer que os modos de vida sejam mais do que um patrimônio cultural nacional, segundo dispõe o artigo 216, inciso II, da Constituição Federal, mas uma realidade dotada de todos os instrumentos necessários à realização do princípio da igualdade.

REFERÊNCIAS

BARCELOS, Renato de Abreu. Revolução ou Reforma?: Uma Reflexão sobre o Novo Constitucionalismo Latino-Americano. *Revista do Instituto de Hermenêutica Jurídica – RIHJ*, Belo Horizonte, ano 10, n. 11, jan./jun.2012. Disponível em: <http://www.bidforum.com.br/PDI0006.aspx?pdiCntd=81491>. Acesso em: 26 jun. 2018.

BOUCAULT, Carlos Eduardo de Abreu. O Princípio da Identidade Cultural dos Povos e a Imigração: Desafios para a Internacionalização dos Direitos Humanos. In: ANNONI, Danielle (org.). *Os Novos Conceitos do Novo Direito Internacional*: Cidadania, Democracia e Direitos Humanos. Rio de Janeiro: América Jurídica, 2002.

CASTRO, Camila de Oliveira. Ativismo Judicial (Nepostismo). In: BRANCO, Paulo Gustavo Gonet; BARROS, Janete Ricken de (orgs.). *Ativismo em Decisões Judiciais*. Brasília: Instituto Brasiliense de Direito Público, 2014.

CULLETON, Alfredo. A Idade Média e o Multiculturalismo. In: OLIVEIRA JUNIOR, José Alcebíades (organizador). *Faces do Multiculturalismo*: Teoria, Política, Direito. Santo Ângelo: EDIURI, 2007.

FRANCISCO, José Carlos. *Neoconstitucionalismo e Atividade Jurisdicional*: Do Passivismo ao Ativismo Judicial. Belo Horizonte: Del Rey, 2012.

MARQUES, Claudia Lima. Direito na Pós-Modernidade e a Teoria de Erik Jayme. In: OLIVEIRA JUNIOR, José Alcebíades (organizador). *Faces do Multiculturalismo*: Teoria, Política, Direito. Santo Ângelo: EDIURI, 2007.

NOHARA, Irene Patrícia. *Reforma administrativa e burocracia*: Impacto da Eficiência na Configuração do Direito Administrativo Brasileiro. São Paulo: Atlas, 2012.

NOHARA, Irene Patrícia; RODRIGUES, Daniel Scheiblich. Cidadania Cultural no Cenário Contemporâneo: Promoção das Políticas Culturais e Constitucionalismo Latino-Americano. *Interesse Público – IP*, Belo Horizonte, ano 20, n. 108, p. 57-79, mar./abr. 2018.

SALES, Dimitri Nascimento. *Avançar no Estado Democrático de Direito*: A Participação Política na Democracia Brasileira. 2007. Dissertação (Mestrado em Direito do Estado) – Pontifícia Universidade Católica, São Paulo, 2007.

SILVA, Juliana Marise. Ativismo Judicial e Educação Infantil na Perspectiva do Supremo Tribunal Federal. In: BRANCO, Paulo Gustavo Gonet; BARROS, Janete Ricken de (orgs.). *Ativismo em Decisões Judiciais*. Brasília: Instituto Brasiliense de Direito Público, 2014.

SILVA, Michelle Marrry M. da. Os Efeitos da Decisão Concessiva da Injunção no Direito de Greve do Servidor Público Civil e a Possível Manifestação de Ativismo Judicial pelo Supremo Tribunal Federal. In: BRANCO, Paulo Gustavo Gonet; BARROS, Janete Ricken de (orgs.). *Ativismo em Decisões Judiciais*. Brasília: Instituto Brasiliense de Direito Público, 2014.

VALLE, Vanice Regina Lírio do. Constitucionalismo Latino-Americano: Sobre como o Reconhecimento da Singularidade pode Trabalhar contra a Efetividade. *Revista do Instituto de Hermenêutica Jurídica – RIHJ*, Belo Horizonte, ano 10, n. 11, jan./jun. 2012. Disponível em: <http://www.bidforum.com.br/PDI0006.aspx?pdiCntd=81510>. Acesso em: 26 jun. 2018.

VILLARES, Luiz Fernando (organizador). Direito Penal na Ordem Jurídica Pluriétnica. In: *Direito Penal e Povos Indígenas*. 1.ed. Curitiba: Juruá, 2011.

278

NOHARA, Irene Patrícia; RODRIGUES, Daniel Scheiblich. Abertura aos intérpretes do constitucionalimos latino-americano. *In*: SANTIAGO, Mariana Ribeiro; SILVEIRA, Vladmir Oliveira da; MALISKA, Marcos Augusto (Coord.); FERNANDES, Ana Carolina Souza (Org.). **Estudos em homenagem ao professor Peter Häberle**. Uberlândia: LAECC, 2021. p. 257-286.

Capítulo 6

A PARTICIPAÇÃO DEMOCRÁTICA NA LEGITIMAÇÃO DAS DECISÕES DAS CORTES CONSTITUCIONAIS

DEMOCRATIC PARTICIPATION IN THE LEGITIMATION OF CONSTITUTIONAL COURTS DECISIONS

Emerson Ademir Borges de Oliveira

Jefferson Aparecido Dias

Rafael José Nadim de Lazari

Resumo: O presente ensaio tem o propósito de discutir a evolução da participação democrática no processo decisório das Cortes Constitucionais, em especial no intuito de lhe aferir a legitimidade decorrente da vontade popular, além daquela que lhe é conferida pela Constituição, pela lei e construída racionalmente pela fundamentação de suas decisões. Tais medidas, como será discutido, são essenciais em países em que, como o Brasil, os membros do Poder Judiciário não são eleitos, não sendo legitimados democraticamente pelo voto. Serão apresentados mecanismos que permitem essa participação democrática, como o instituto do *amicus curiae* e a as audiências públicas, os quais têm garantido a participação democrática no processo decisório de demandas submetidas à jurisdição constitucional. Com isso, pretende-se inserir a sociedade no processo decisional, concedendo-lhe voz para, de forma plural, recepcionar as opiniões que merecem relevo em planos extrajurídicos. Peter Häberle, nesse aspecto, ao performar a inserção social no processo de interpretação da Constituição, oferece as bases que ofertam guarida a tais objetivos. É necessário compreender, antes de mais nada, que se a Constituição e o ordenamento são feitos para um povo, deve o mesmo povo participar de sua compreensão. O trabalho foi realizado utilizando-se o método dedutivo, a partir de uma pesquisa bibliográfica e exploratória, por meio de revisão de textos doutrinários, normativos e judiciais.

Palavras-chave: Sociedade aberta; Legitimidade; Cortes Constitucionais.

Abstract: The aim of this paper is to discuss the evolution of democratic participation in the decision-making process of the Constitutional Courts, in particular with a view to assessing the legitimacy arising from the popular will, in addition to that conferred on it by the Constitution, by law and rationally constructed by the rationale of their decisions. Such actions, as will be discussed, are essential in countries where, like Brazil, members of the judiciary are not elected, and are not democratically legitimated by voting. Mechanisms will be presented to allow such democratic participation, such as the *amicus curiae* institute and public hearings, which have guaranteed democratic participation in the decision-making process of demands submitted to the constitutional jurisdiction. With this, it is intended to insert the society in the decision-making process, granting it a voice, in a plural form, to receive the opinions that deserve relief in extra-legal plans. In this respect, Peter Häberle, in performing the social insertion in the process of interpretation of the Constitution, offers the bases that propose shelter to these objectives. It is necessary to understand, first of all, that if the Constitution and the order are made for a people, the same people should participate in their understanding. Deductive method was used in the investigation, based on a bibliographical and exploratory research, through a review of doctrinal, normative and judicial texts.

Keywords: Open Society; Legitimacy; Constitutional Courts.

INTRODUÇÃO

É certo que o Poder Judiciário no Brasil, ao contrário do que ocorre com os Poderes Executivo e Legislativo, não tem sua legitimidade garantida pelos votos recebidos, já que a escolha de seus membros não se dá por meio de processo eleitoral, mas sim, em regra, por ingresso por meio de concurso público, ressalvados os casos de ingresso em Tribunais por meio de nomeação pelo Chefe do Executivo (nomeação dos Ministros do Supremo Tribunal Federal, por exemplo).

Diante desse cenário, a legitimidade para a atuação dos membros do Poder Judiciário se constrói e é demonstrada racionalmente por meio da fundamentação de suas decisões e tem como base a Constituição e a lei.

Além disso, contudo, crescem as situações nas quais a sociedade é chamada a participar do processo decisório de demandas submetidas a julgamento em Cortes Constitucionais e Tribunais Superiores, como é o caso do Supremo Tribunal Federal, o que exige que sejam desenvolvidos novos instrumentos aptos a permitir essa participação, os quais, muitas vezes, transbordam os instrumentos tradicionais de atuação no processo judicial, em especial nos casos de controle concentrado de constitucionalidade.

Nesse sentido, como se verá, a admissão de *amicus curiae* e a realização de audiências públicas, em casos submetidos a julgamento no Supremo Tribunal Federal, além de influenciarem no deslinde das demandas, têm demonstrado ser importantes instrumentos de participação popular e de legitimação democrática das decisões proferidas.

É certo que essa abertura democrática das Cortes Constitucionais deve levar em consideração que, muitas vezes, a Constituição atua como verdadeira reserva de justiça, a proteger as minorias e as futuras gerações, razão pela qual ganha importância o rol dos convidados para participar dessa atuação democrática.

Aqui, a partir das lições de Peter Häberle, se sustentará que deve ser admitida a participação, nesse processo decisório, de uma sociedade aberta de intérpretes, o que permitirá que o julgamento se dê não de forma estéril, livre de impurezas, mas sim contaminado de contexto social.

Assim, utilizando-se do método dedutivo e a partir de uma pesquisa bibliográfica de cunho exploratório, com a análise de textos normativos, doutrinários e jurisprudenciais, será demonstrado que o Poder Judiciário somente conseguirá se legitimar democraticamente se estiver aberto à interpretação constitucional elaborada por outros autores que atuam na sociedade.

1. DEMOCRACIA E PARTICIPAÇÃO

Em países como o Brasil, o Poder Judiciário não faz parte do quadro de agentes políticos eleitos pela população. A assunção e vitaliciedade do cargo decorrem da aprovação em concurso público ou indicação política, seja em razão do quinto constitucional, seja por livre nomeação, como ocorre com o Supremo Tribunal Federal.

Em razão disso, sua legitimidade é atribuída pela lei e se constrói racionalmente, por meio da fundamentação de suas decisões, não lhes sendo lícita a discricionariedade decisional típica dos Poderes Legislativo e Executivo que, por terem um viés político e sua formação a partir de um processo eleitoral, se legitimam pelos votos recebidos. Vale dizer, a construção do processo decisório judicial deve fundamentar-se na Constituição e na lei, como também alinhar-se à necessidade de uma lógica concatenada dos argumentos decisórios.

Contudo, diante das Cortes Constitucionais e Tribunais Superiores, mais do que a fundamentação racional, é preciso que o processo de construção decisório leve em conta a participação de ideias heterogêneas e plúrimas, de modo que exista representatividade na argumentação perante as Cortes. No nosso caso, trata-se de um princípio fundamental da República, consoante artigo 1º, V, CF.

Evidente que é no cotidiano e nas ruas que se busca a afinação da Constituição com os anseios da sociedade, o que impele o Judiciário a evitar qualquer distanciamento que o coloque no Olimpo, surdo aos gritos populares. Quem é afetado pelo processo decisório precisa fazer parte desta mesma construção, sendo necessário o desenvolvimento de mecanismos processuais que permitam essa participação popular no processo decisório das Cortes Superiores.

O fato é que, nas precisas palavras de Häberle, somente com a participação popular na jurisdição constitucional é que o Judiciário estará cumprindo o primado da *sociedade aberta dos intérpretes da Constituição*. Nessa linha, oportunas na nossa experiência constitucional as audiências públicas e as participações dos *amicus curiae*, sobremaneira ampliadas pelo novo Código de Processo Civil.

Sobre essa temática, o trabalho de Anna Candida da Cunha Ferraz, em homenagem aos escritos de Manoel Gonçalves Ferreira Filho, oferece melhor tonalidade, ao sustentar que a jurisdição constitucional, vista como a defesa da Constituição e dos Direitos Humanos Fundamentais, "somente encontra fundamento, legitimidade, justificativa e espaço neste século, no Estado Democrático de Direito, ou seja, no Estado Constitucional". (FERRAZ, 2011, p. 76)

A afirmação se encontra em consonância com a defesa pelo homenageado de que a *justicialidade* é um dos fundamentos do Estado de Direito e consequência da supremacia da Constituição. (FERREIRA FILHO, 2007, p. 32-33; 63) (FERREIRA FILHO, 2001, p. 109-112) É que, como ressalta Ferraz, a inserção dos direitos e garantias fundamentais, principalmente a partir da Declaração Universal de 1948, acabou se tornando a bandeira do constitucionalismo contemporâneo, o que conduz a uma ideia que não pode se limitar à mera previsão textual. (FERRAZ, 2011, p. 77-79)

Nesse sentido, a proteção dos direitos fundamentais no Estado de Direito é, no entender de Bobbio, a própria efetivação da democracia: "sem direitos do homem, reconhecidos e protegidos, não há democracia; sem democracia, não existem condições mínimas para a solução pacífica dos conflitos". (BOBBIO, 1992, p. 1)

E embora seja nítida a percepção de que cabe ao Estado como um todo assegurar a proteção de tais direitos, ressalta Ferraz que é no Judiciário que tais direitos vão encontrar sua maior efetivação, pois a ele cabe, dentro dos seus limites constitucionalmente delimitados, "zelar pela atuação legislativa e executiva tendentes a dar efetiva aplicação e execução às normas constitucionais de direitos fundamentais e, na qualidade de guardião da Constituição, dar a interpretação final a tais normas". (FERRAZ, 2011, p. 79) Por tal razão é que apenas um Judiciário independente pode garantir a movimentação de tal engrenagem, precipuamente estampado em um sistema de controle de constitucionalidade amplo, alcunhado de "jurisdição constitucional das liberdades". (FERRAZ, 2011, p. 80)

Essa articulação deve permitir, outrossim, a ampliação da participação popular na busca pela implementação dos direitos constitucionalmente assegurados, o que não pode se resumir à propagação do princípio da inafastabilidade jurisdicional, mas sim deve servir os cidadãos de instrumentos que sejam eficazes para tal pretensão.

A participação popular na tomada de decisões em sede de controle de constitucionalidade em abstrato – ou abstrativizado - merece atenção. Entre nós, o artigo 7º, §2º, da Lei nº 9.868/99 estabelece que, em face da relevância da matéria e da representatividade dos postulantes, poderá o relator admitir a manifestação de outros órgãos ou entidades, regrando a admissão dos *amicus curiae* no controle concentrado. Enquanto isso, o artigo 138 do Código de Processo Civil admite tal participação também no controle difuso[1]. Ademais, o artigo 3º, §2º, da Lei 11.417/2006 também admite a participação nos procedimentos de edição, revisão e cancelamento de enunciado de súmula vinculante.

O primeiro caso no qual se noticia a participação de um *amicus* teria ocorrido na Inglaterra, em 1736, no caso Coxe v. Phillips, no qual o *amicus curiae* ajudou a identificar o conluio entre as partes que visavam, por meio do processo, prejudicar o próprio *amicus.* (MEDINA, 2008, p. 34)

Nos Estados Unidos, a figura surgiu formalmente no julgamento do caso *Green v. Biddle*, em 1821, na Suprema Corte. Posteriormente, o instituto ganhou grande impulso a partir do caso *Florida v. Georgia* de 1854, "no qual a Suprema Corte dos EUA viu-se forçada a articular alguns dos fatores envolvendo a

---

1. Art. 138. O juiz ou o relator, considerando a relevância da matéria, a especificidade do tema objeto da demanda ou a repercussão social da controvérsia, poderá, por decisão irrecorrível, de ofício ou a requerimento das partes ou de quem pretenda manifestar-se, solicitar ou admitir a participação de pessoa natural ou jurídica, órgão ou entidade especializada, com representatividade adequada, no prazo de 15 (quinze) dias de sua intimação.

    § 1º A intervenção de que trata o caput não implica alteração de competência nem autoriza a interposição de recursos, ressalvadas a oposição de embargos de declaração e a hipótese do § 3o.

    § 2º Caberá ao juiz ou ao relator, na decisão que solicitar ou admitir a intervenção, definir os poderes do *amicus curiae.*

    § 3º O *amicus curiae* pode recorrer da decisão que julgar o incidente de resolução de demandas repetitivas.

participação do amicus curiae ... tornando a prática, nessa modalidade, amplamente aceita desde então". (MEDINA, 2008, p. 53)

Claudia Paiva ressalta que o primeiro caso de uma ONG atuando como *amicus curiae* se deu no caso *Ah How vs. United States* em 1904, embora seu ápice só tenha ocorrido no final dos anos quarenta e início dos cinquenta. A autora lembra que em 1946, a participação se dava em cerca de 20% dos processos perante a Suprema Corte, atingindo, em 2001, a marca de 95% de intervenção. (SILVA, 2011, p. 24-26)

No Brasil, no período de 1991 até outubro de 2008, foram apresentados 392 pedidos de ingresso de *amicus curiae* em ações diretas de inconstitucionalidade, ou seja, em ações que buscavam o controle concentrado de constitucionalidade de leis e atos normativos. (MEDINA, 2008, p. 128) Se for incluído nesse número as ações diretas de constitucionalidade (ADC) e as ações de descumprimento de preceitos fundamentais (ADPF) nas quais ocorreu a habilitação de *amicus* e, posteriormente, comparado esse total de ações com as ações da mesma espécie nas quais não ocorreu a habilitação de *amicus* no período, constata-se que a presença do *amicus* aumentou em 22,6% o índice das decisões de conhecimento da ação e em 8,4% o índice de procedência das ações. (MEDINA, 2008, p. 136-137)

Tais dados indicam que a participação do *amicus* tem forte influência não apenas no conhecimento, como também, no deslinde das ações, representando, dessa forma, uma atuação dialógica e democrática na sociedade na prestação jurisdicional.

Ainda, o artigo 9º, §1º da Lei 9.868/99 permite que na

necessidade de esclarecimento de matéria ou circunstância, ou na insuficiência das informações dos autos, o relator requisite informações adicionais, designe peritos ou comissão de peritos para oferecer parecer ou realize a oitiva de pessoas com experiência e autoridade na matéria em audiência pública.

Cumpre lembrar, ademais, que o §2º do mesmo artigo possibilita que o relator solicite informações aos Tribunais Superiores, Federais ou Estaduais sobre a aplicação da norma impugnada no âmbito de sua jurisdição, permitindo, assim, um maior conhecimento sobre a interpretação que tem sido dada a tal norma.

Nessa toada, a audiência pública merece ser destacada, precipuamente por seu caráter elucidativo e pluralista, permitindo que o Tribunal conheça opiniões diversificadas sobre o assunto, muitas vezes escoradas em ideologias frontalmente opostas, o que, sem dúvida, conduz a uma amplitude de conhecimento.

Interessante destacar que, na prática, as audiências públicas foram convocadas nos casos que, submetidos ao julgamento do Supremo Tribunal Federal, envolveram um grande número de pedidos de ingresso de *amicus curiae*, dentre os quais se destacam a ADI nº 3.510, Rel. Min. Carlos Ayres (lei de biossegurança – pesquisas com células-tronco embrionárias), e das ADPF nº 54, Rel. Min. Marco Aurélio (interrupção de gravidez de feto anencéfalo), e nº 101, Rel. Min. Cármen Lúcia (proibição de importação de pneus usados). (MEDINA, 2008, p. 79)

Essas audiências públicas trouxeram para "dentro" do processo a participação e opinião de instituições e especialistas que, em tese, não atendem às restritas condições de legitimidade ativa e passiva estabelecidas pelas leis com conteúdo processual, em especial nos casos de controle concentrado de constitucionalidade, mas que, por outro lado, trazem elementos totalmente inovadores para o deslinde das demandas postas em julgamento, como foi o caso da audiência pública realizada nos autos da ação na qual se discutiu a constitucionalidade das pesquisas realizadas com células-tronco embrionárias, acima mencionadas, na qual foram apresentados argumentos religiosos, científicos, socioeconômicos, etc.

Essa "abertura à sociedade civil" e a discursos de outras ordens que não a meramente jurídica, como defende Oscar Vilhena Vieira, "demonstram a necessidade do Supremo em buscar ampliar a sua base de legitimidade, em face dos desafios de tomar decisões com impacto fortemente político". (VIEIRA, 2008, p. 453) Por outro lado o mencionado autor também lembra que, com essa postura, "novas vozes passaram a ecoar no Tribunal, aumentando seu caráter pluralista, bem como sua voltagem política, enquanto palco de solução de conflitos anteriormente mediados pelo corpo político". (VIEIRA, 2008, p. 448)

Em nosso vizinho platino, cumpre ressaltar, a audiência pública está regulada de forma jurisprudencial, por meio da Acordata 30/2007 da Corte Suprema Argentina. (FERRAZ, 2011, p. 88-89)

A previsão de institutos como acima delineados não apenas na Corte brasileira é fruto de uma preocupação nitidamente pluralista do Judiciário brasileiro, buscando, nas mais diversas concepções, material para a construção jurisprudencial. Conforme ressalta Gilmar Mendes, "a Corte há de desempenhar um papel de intermediário ou de mediador entre as diferentes forças com legitimação no processo constitucional". (MENDES, 2007, p. 465)

O Ministro ainda ressalta, a partir dos ensinamentos de Kelsen na conferência proferida junto à Associação dos Professores de Direito Público alemães, que a existência de uma jurisdição constitucional é a base para que se assegurem garantias de um processo legislativo escorreito e de salvaguarda, por consequência, das minorias em face da maioria, a fim de se evitar, mediante simples pleito jurisdicional, que esta se imponha absolutamente sobre aquelas[2]. (MENDES, 2008, p. 467-468)

A diretiva da democracia, evidentemente, não é evitar a existência de soluções antagônicas a serem oferecidas pelos participantes do combate jurisdicional, mas sim oferecer a garantia de que tais diferenças serão ouvidas e consideradas para que a solução dos conflitos seja apaziguada. Não é a máxima de Voltaire de defesa do direito de falar, mas, mais do que isso, da afirmação dos participantes de sua ideologia e do reconhecimento da opinião no considerar da decisão.

Tal ideia, aliada à ampla gama de legitimados para proporem as ações de controle concentrado, acaba se afinando com a pretensão de Kelsen de aproximar o controle da população, principalmente no intuito de proteção das minorias, sem torná-lo impossível em vista do congestionamento das funções:

---

2. Ainda: "Garantindo a elaboração constitucional das leis, e em particular sua constitucionalidade material, ela é um meio de proteção eficaz da minoria contra os atropelos da maioria. A dominação desta só é suportável se for exercida de modo regular". (KELSEN, 2007, p. 181).

> Seria muito oportuno aproximar um pouco o pedido ao tribunal constitucional de uma *actio populari*, possibilitando que as partes de um processo judiciário ou administrativo o promovam contra os atos das autoridades públicas – sentenças ou atos administrativos – por terem sido produzidos em execução de uma norma irregular, de uma lei inconstitucional ou de um regulamento ilegal, apesar de serem sem dúvida imediatamente regulares. Tratar-se-ia então, não de uma pretensão diretamente aberta aos cidadãos, mas de um meio de fato, indireto, de provocar a intervenção do tribunal constitucional, pois suporia que a autoridade judiciária ou administrativa chamada a tomar uma decisão compartilhasse o ponto de vista da parte e apresentasse, em consequência disso, o pedido de anulação. (KELSEN, 2007, p. 175)

O apelo e a capacidade de emancipação oriundos do discurso de garantia dos direitos constitucionais apesar de muito advogarem em prol da necessidade de instrumentos que permitam a realização dessas conquistas, de nada servem sem a existência das mesmas. Assim, então, o discurso constitucional, ao prever a si mesmo e aos instrumentos para tornar possível a materialização do direito, simplesmente porque essa é a vontade popular estampada, na linha de uma norma hipotética, por meio do poder constituinte originário, acaba refém da lógica do sistema para possuir efetividade.

É nessa hora que entra em campo a própria previsão de uma Corte Constitucional e de um Judiciário independente, evidentemente, limitados pelo próprio texto, para, fora do âmbito material da Constituição, mas a ela institucionalmente vinculados, afirmar o que, como e onde o direito previsto na Carta Maior deve ser realidade. E, para tanto, o instrumento é, sem dúvida, o controle de constitucionalidade, de caráter procedimental, para viabilizar na prática aquilo que antes ganhou contornos teóricos.

A partir daí, novamente se retoma a ideia de que o controle de constitucionalidade deve estar eivado de uma metodologia que aproxime a sociedade do seu exercício, como acima dissemos, para que, assim, no fundo, seja o próprio povo moldando o poder conforme sua voz – para maioria e minorias -, valendo-se das funções do Estado para intermediar a pretensão de concretizar a Constituição.

Vale lembrar, contudo, que muitos dos preceitos constantes nas Constituições, tal como ocorre na Constituição brasileira, representam verdadeiras garantias para as futuras gerações, ao atuar "como mecanismos de auto-limitação, ou precomprometimento, adotados pela soberania popular para se proteger de suas paixões e fraquezas" (VIEIRA, 1999, p. 19), em especial para salvaguardar a sociedade "contra aquelas inconsistências temporais, protegendo metas de longo prazo que são constantemente subavaliadas por maiorias ávidas por maximizar seus interesses imediatos". (VIEIRA, 1999, p. 19)

Assim, a abertura do Supremo Tribunal Federal e dos Tribunais Superiores precisam estar atentas as essas premissas, bem como ter em vista os interesses das minorias e das futuras gerações ao participar de um processo de abertura democrática, no qual participam uma sociedade aberta de intérpretes.

2. PREMISSAS PARA UMA SOCIEDADE ABERTA DE IN-TÉRPRETES

Peter Häberle, precursor da teoria de uma "sociedade aberta", afirma que a investigação sobre os que participam do processo de interpretação é, de uma perspectiva socioconstitucional, consequência do conceito "republicano" de interpretação aberta que há de ser considerada como objetivo da interpretação constitucional. Segundo o autor, se é possível falar que o *tempo*, a *esfera pública pluralista* e a *realidade* colocam problemas constitucionais e fornecem material para uma interpretação constitucional, ampliando as suas necessidades e possibilidades, então devem esses conceitos ser considerados apenas como dados provisórios. Assim, conclui o autor, a pergunta em relação aos participantes da interpretação constitucional deve ser formulada no sentido puramente sociológico da ciência da experiência. (HÄBERLE, 1997, p. 19)

Em mesmo sentido ao que se acabou de trazer, Rafael Caiado Amaral observa que, para que a Constituição se torne eficaz e real, é necessário que a mesma se mantenha viva no seio social. *Isto será possível mediante a incorporação da realidade ao processo hermenêutico.* Assim, complementa o autor que, por meio da interpretação feita pela sociedade aberta dos intérpretes da Constituição, a mesma passa de simples texto legal para direito vivo, ou seja, da "*Law in the books*" para "*Law in action*", como assentado na teoria constitucional norte-americana. (AMARAL, 2004, p. 131) Isso acaba, aliás, por auxiliar a moldar a Constituição como sistema normativo aberto[3].

Ademais, materializando sua teoria, Peter Häberle, em entrevista concedida a Francisco Balaguer Callejón, dá a amostra da interpretação constitucional em sentido amplo no caso da delimitação da pornografia ou no ajuizamento do famoso quadro de George Gross nos tempos de Weimar, "*Cristo com a máscara contra gases*", que hoje se considera uma obra clássica. (CALLEJÓN, 2009, p. 43) Para Häberle, um defensor do *Estado Constitucional Cooperativo*, os juristas têm de atender, na interpretação da liberdade artística e científica, ao que o próprio artista tem criado no âmbito artístico e científico. (CALLEJÓN, 2009, p. 43) Esta posição de Häberle, inclusive, ajuda a explicitar sua *concepção cultural* de Lei Fundamental, em superação à tese normativa de seu mentor e conterrâneo, Konrad Hesse.

Em complementação, para André Ramos Tavares, o povo e a pluralidade que dele emerge não podem ficar de fora da interpretação e evolução constitucional. (TAVARES, 2009, p. 24-25) O conceito de sociedade aberta, veja-se, é absolutamente inclusivo

---

3. Também: "A tarefa do operador do direito em sistematizar um conjunto de normas jurídicas nunca poderá resultar numa sistemática fechada, com pretensões a resolver, através de mecanismos meramente lógicos, todos os problemas que lhe são postos. Não se reduzindo a mecanismos lógicos, o direito pode ser visto como um discurso persuasivo, um discurso de conversão, dotado de uma força evocadora que leva o destinatário da norma jurídica a ver verdade naquilo que até então não conseguia identificar. Nesse sentido, a adesão do destinatário do discurso normativo nunca é simples submissão, mas decisão, comprometimento e participação". (POZZOLI, 2011, p. 84-85.)

(e de difícil determinação, desde já obtemperando).

Acerca deste processo inclusivo, Peter Häberle lembra que o conceito de interpretação reclama um esclarecimento que pode ser assim formulado: quem vive a norma acaba por interpretá-la ou pelo menos por cointerpretá-la. Toda atualização da Constituição, por meio da atuação de qualquer indivíduo, constitui, ainda que parcialmente, uma interpretação constitucional antecipada.

Originariamente, pondera o autor, indica-se como interpretação apenas a atividade que, de forma consciente e intencional, dirige-se à compreensão e à explicitação de sentido de uma norma (de um texto). A utilização de um conceito de interpretação delimitado também faz sentido: a pergunta sobre o método, por exemplo, apenas se pode fazer quando se tem uma interpretação intencional ou consciente.

Para uma pesquisa ou investigação realista do desenvolvimento da interpretação constitucional, pode ser exigível um conceito mais amplo de hermenêutica: cidadãos e grupos, órgãos estatais, o sistema público e a opinião pública representam forças produtivas de interpretação, pois são intérpretes constitucionais em sentido *lato*, atuando nitidamente, pelo menos, como pré-intérpretes.

Subsiste sempre a responsabilidade da jurisdição constitucional, que fornece, em geral, a última palavra sobre a interpretação (com ressalva da força normatizadora do voto minoritário). Caso se queira, tem-se aqui uma democratização da interpretação constitucional. Isso significa que a teoria da interpretação deve ser garantida sob a influência da teoria democrática. Portanto, conclui, é impensável uma interpretação da Constituição sem o cidadão ativo e sem as potências públicas mencionadas. (HÄBERLE, 1997 p. 13-14)

Mas quem seriam os intérpretes, por esta ótica? Häberle apresenta um "catálogo provisório" de quem seriam estes, formados: i) pelas funções estatais; ii) pelos participantes do processo de decisão (o requerente ou recorrente e o requerido ou recorrido, pareceristas ou experts, peritos e representantes de interesses nas audiências públicas do Parlamento, peritos nos Tribunais, associações, partidos políticos, grupos de pressão organizados); iii) pela opinião pública democrática e pluralista e o processo político como grandes estimuladores (imprensa, rádio, televisão, jornalismo profissional, de um lado, a expectativa e cartas de leitores, de outro; as iniciativas dos cidadãos, as associações, os partidos políticos, igrejas, teatros, editoras, as escolas da comunidade, os pedagogos, as associações de pais, que, em sentido estrito, não são participantes do processo,); e iv) pela doutrina constitucional. (HÄBERLE, 1997 p. 20-23)

Observa-se, *em primeiro lugar*, que Peter Häberle fala em um "catálogo provisório", o que denota não exclusividade proposital de seu conceito; *em segundo lugar*, é preciso abrasileirar o "catálogo" do catedrático de Bayreuth (Alemanha) e St. Gallen (Suíça) para os agentes/instrumentos/órgãos pátrios como maneira de compreendê-lo em consonância com as particularidades aqui existentes.

Fazendo uma adaptação livre *apenas* do sistema jurídico pátrio, se está falando, a título não exauriente, dos legitimados para ação direta de inconstitucionalidade e ação declaratória de constitucionalidade do art. 103, CF; da reclamação constitucional do art. 103-A, §3º; do Conselho Nacional de Justiça do art. 103-B; do *"amicus curiae"*, do plebiscito e do referendo dos incisos I e II, respectivamente, do art. 14, CF; da iniciativa para apresentar projetos de lei prevista no art. 61, §2º; e, em esfera muito mais abrangente, da jurisdição constitucional.

Além desses intérpretes, já estabelecidos no ordenamento jurídico, também é necessário que a sociedade também seja chamada a atuar como intérprete, em especial por meio de audiência pública nas quais seja garantida a mais ampla, plural e democrática participação popular.

CONCLUSÃO

O Poder Judiciário no Brasil, apesar de não ter a sua formação realizada por meio de processos eleitorais, tem buscado, nos últimos anos, adotar mecanismos que garantam legitimidade democrática para as suas decisões, em especial quando elas se referem a contcúdo político que de forma intensa possa atingir a sociedade.

Assim, além de sua legitimação na Constituição, na lei e na fundamentação racional de suas decisões, o Poder Judiciário, em especial as Cortes Constitucionais e Tribunais Superiores, tentam legitimar suas decisões na vontade democrática da sociedade. A jurisdição constitucional, portanto, deve buscar sua legitimação na democracia.

Nesse sentido, a admissão de *amicus curiae* e a realização de audiências públicas, como a que ocorreu no julgamento da constitucionalidade da realização de pesquisas com células-tronco embrionárias, é um bom exemplo de atuação democrática em um processo decisório de jurisdição constitucional.

Tais medidas efetivamente acabam por influenciar o destino das ações nas quais são adotadas, razão pela qual precisam ser incentivadas a fim de garantir maior participação democrática no processo decisório da jurisdição constitucional, não podendo se perder de vista, contudo, que a Constituição, muitas vezes, representa verdadeira reserva de justiça, destinada a garantir os direitos de minorias e das futuras gerações.

É necessário, segundo as lições de Peter Häberle, adotar o conceito de sociedade aberta de intérpretes para o texto constitucional, permitindo que aqueles que vivenciam a sua aplicação na sua prática diária também possam interpretar ou cointerpretar o texto constitucional, no que, por ele é chamado, de Estado Constitucional Comparativo.

Essa atuação de uma sociedade aberta de intérprete deve permitir que a jurisdição constitucional se contamine de contexto e se abra à participação de outros atores que, na maioria das vezes, se valem de argumentos não jurídicos a fundamentar as suas demandas e desejos.

Assim, as demandas que são submetidas ao julgamento pelas Cortes Constitucionais e Tribunais Superiores devem ser analisadas não como algo puramente jurídico e processual, mas sim como algo "mesclado, plural"[4], por fim, "impuro – contaminado de contexto"[5], pois somente assim a participação popular será efetivamente democrática e tais Cortes e Tribunais, além de se legitimarem pela Constituição e pela lei, também se legitimarão pela atuação de intérpretes dessa sociedade aberta.

REFERÊNCIAS

AMARAL, Rafael Caiado. *Peter Häberle e a hermenêutica constitucional*: alcance doutrinário. Porto Alegre: Sergio Antonio Fabris Editor, 2004

BOBBIO, Norberto. *A era dos direitos*. Rio de Janeiro: Campus, 1992.

BORGES DE OLIVEIRA, Emerson Ademir. *Ativismo judicial e controle de constitucionalidade*: impactos e efeitos na evolução da democracia. Curitiba: Juruá, 2015.

CALLEJÓN, Francisco Balaguer. Um jurista europeu nascido na Alemanha. In: VALADÉS, Diego (org.). *Conversas acadêmicas com Peter Häberle*. São Paulo: Saraiva, 2009.

FERRAZ, Anna Candida da Cunha. A projeção da democracia participativa na jurisdição constitucional no Brasil: as audiências públicas e sua adoção no modelo concentrado de constitucionalidade. In: HORBACH, C. B.; ALMEIDA, F. D. M. de; AMARAL JÚNIOR, J. L. M. do; LEAL, R. S. (Org.). *Direito Constitucional, Estado de Direito e Democracia*. São Paulo: Quartier Latin, 2011. P. 75-120.

FERREIRA FILHO, Manoel Gonçalves. *A democracia no limiar do século XXI*. São Paulo: Saraiva, 2001.

---

4. HERRERA FLORES, Joaquín. *A reinvenção dos direitos humanos*. Tradução de: Carlos Roberto Diogo Garcia; Antônio Henrique Graciano Suxberger; Jefferson Aparecido Dias. – Florianópolis: Fundação Boiteux, 2009, p. 85.
5. HERRERA FLORES, Joaquín. *A reinvenção dos direitos humanos*, p. 86.

______. *Estado de Direito e Constituição*. 4.ed. São Paulo: Saraiva, 2007.

HÄBERLE, Peter. *Hermenêutica constitucional*: A sociedade aberta dos intérpretes da Constituição: contribuição para a interpretação pluralista e "procedimental" da Constituição. Porto Alegre: Sérgio Antonio Fabris Editor, 1997.

HERRERA FLORES, Joaquín. *A reinvenção dos direitos humanos*. Tradução de: Carlos Roberto Diogo Garcia; Antônio Henrique Graciano Suxberger; Jefferson Aparecido Dias. – Florianópolis: Fundação Boiteux, 2009.

KELSEN, Hans. *Jurisdição constitucional*. 2.ed. São Paulo: Martins Fontes, 2007.

MEDINA, Damares. *Amigo da corte ou amigo da parte?* Amicus Curiae no Supremo Tribunal Federal. 2008. 214 f. Dissertação (Mestrado) - Curso de Mestrado em Direito, Instituto Brasiliense de Direito Público, Brasília, 2008.

MENDES, Gilmar Ferreira. *Direitos fundamentais e controle de constitucionalidade*. 3.ed. São Paulo: Saraiva, 2007.

POZZOLI, Lafayette. A dignidade humana na Constituição Federal de 1988. In: POZZOLI, Lafayette; ALVIM, Marcia Cristina de Souza (org.). *Ensaios sobre filosofia do direito*: dignidade da pessoa humana, democracia, justiça. São Paulo: EDUC: FAPESP, 2011

SILVA, Cláudia Paiva Carneiro da. *O amicus curiae na Suprema Corte Americana e no Supremo Tribunal Federal Brasileiro*: um estudo de direito comparado. Dissertação (Mestrado em Direito) – Programa de Pós-Graduação em Direito, Faculdade Nacional de Direito, Universidade Federal do Rio de Janeiro, Rio de Janeiro, 2011.

TAVARES, André Ramos. Abertura epistêmica do direito constitucional. In: NOVELINO, Marcelo (org.). *Leituras complementares de direito constitucional*. Salvador: JusPodivm, 2009.

VIEIRA, Oscar Vilhena. *A Constituição e sua reserva de justiça*: um ensaio sobre os limites materiais ao poder de reforma. São Paulo: Malheiros, 1999.

______. Supremocracia. *Revista Direito Gv*, São Paulo, v. 2, n. 4, p. 441-464, jul.-dez. 2008.

OLIVEIRA, Emerson Ademir Borges de; DIAS, Jefferson Aparecido; LAZARI, Rafael José Nadim de. A participação democrática na legitimação das decisões das cortes constitucionais. *In:* SANTIAGO, Mariana Ribeiro; SILVEIRA, Vladmir Oliveira da; MALISKA, Marcos Augusto (Coord.); FERNANDES, Ana Carolina Souza (Org.). **Estudos em homenagem ao professor Peter Häberle**. Uberlândia: LAECC, 2021. p. 287-309.

Capítulo 7

A INTERPRETAÇÃO CONSTITUCIONAL COMO CRIAÇÃO DO DIREITO. A CONTRIBUIÇÃO DE PETER HÄBERLE PARA O TEMA PLURALISMO E CONSTITUIÇÃO

CONSTITUTIONAL INTERPRETATION AS THE CREATION OF THE LAW. THE CONTRIBUITION OF PETER HÄBERLE TO THE THEME PLURALISM AND CONSTITUTION

Marcos Augusto Maliska

Resumo: O tema da interpretação constitucional como criação do Direito a partir do entendimento de Peter Häberle sobre pluralismo e Constituição parte do pressuposto de que Häberle, ao desenvolver uma teoria sobre pluralismo e Constituição, criou as condições para uma compreensão da interpretação constitucional como criação do Direito. A sua teoria constitucional do pluralismo indica possibilidades e limites de uma jurisdição pluralista em oposição à jurisdição estatal, bem como a pluralização do direito. A criação do direito na obra häberliana se encontra, basicamente, na compreensão da norma como resultado e não pressuposto da interpretação, e no âmbito do "direito constitucional não escrito" enquanto direito constitucional vivo e material.

Palavras-chave: Interpretação Constitucional; Criação do Direito; Pluralismo; Constituição.

Abstract: The constitutional interpretation as the creation of law considered from Peter Häberle's understanding of pluralism and the Constitution is based on the assumption that Häberle, in developing a theory about pluralism and the Constitution, created the conditions for an understanding of the constitutional interpretation as the creation of law. His constitutional theory of pluralism indicates possibilities and limits for a pluralist jurisdiction as opposed to state jurisdiction, and the pluralization of law. The creation of law in the Häberlian work is found, basically, in the understanding of the norm as a result and not an assumption of interpretation, and within the scope of "unwritten constitutional law" as a living and material constitutional law.

Keywords: Constitutional Interpretation; Creation of Law; Pluralism; Constitution.

INTRODUÇÃO

Peter Häberle tem um papel de destaque entre os juristas estrangeiros que influenciaram e ainda influenciam o direito constitucional brasileiro.[1] Membro de uma geração de juristas

---

1. Sobre essa influência, ver também: MALISKA, 2016.

alemães que renovou o direito constitucional da Alemanha na segunda metade do Século XX, Häberle formou-se na tradição da Escola de Rudolf Smend, tendo sido aluno de Konrad Hesse.

Filho do médico Hugo Häberle e de sua esposa Ursula Riebensahm Häberle, Peter Häberle nasceu em 13 de maio de 1934, em Göppingen, Alemanha. Depois de estudar direito em Tübingen, Bonn, Freiburg e Montpellier (França), Häberle doutorou-se em 1961 na Albert-Ludwigs-Universität Freiburg, sob a orientação de Konrad Hesse. Após sua Habilitação em 1969, em Freiburg, com o escrito *"Öffentliches Interesse als juristisches Problem"* (Interesse Público como um problema jurídico), Häberle atuou como Professor substituto em Tübingen e Professor Titular em Marburg, Augsburg e Bayreuth, onde se aposentou em 2002. Häberle foi também, por vinte anos, Professor Visitante Permanente de Filosofia do Direito na Universidade de St. Gallen, na Suíça.

O presente texto procura enfatizar o tema da interpretação constitucional como criação do Direito a partir das reflexões de Häberle sobre pluralismo e Constituição. Em linhas gerais, a hipótese da análise parte do pressuposto de que Häberle, ao desenvolver uma teoria sobre pluralismo e Constituição, criou as condições para uma compreensão da interpretação constitucional como criação do Direito, o que se encontra em sintonia com as reflexões mais recentes, inclusive na Alemanha, sobre pluralismo jurídico, em especial a análise que parte da distinção entre *ius scriptum* e *ius non scriptum*, a qual considera o direito dos juristas e, aqui igualmente, o direito produzido pelos tribunais, como expressão de *ius non scriptum*.

O texto está dividido em três tópicos. No primeiro, aborda-se a análise häberliana acerca da interpretação constitucional como um processo público e plural. No segundo tópico, investiga-se a questão da interpretação como fonte do direito, tendo como referência a ideia de que o direito não provém apenas de fora, de forma heterônoma, vertical, mas também é criado por meio de uma força interna, pela hermenêutica jurídica desenvolvida pelos dos tribunais. Por fim, no terceiro tópico, como síntese do que se pretende abordar, analisa-se a criação do direito pela interpretação constitucional no contexto do pluralismo. Nesse item, resgata-se as ideias de Häberle trazidas no primeiro tópico, procurando demonstrar o quanto elas fundamentam, tanto a concepção de um pluralismo jurídico propriamente, quanto a ideia de criação do direito pela hermenêutica dos tribunais.

1. PREMISSAS PARA UMA SOCIEDADE ABERTA DE INTÉRPRETES

Em livro de 1978, publicado sob o título de "*Verfassung als öffentlicher Prozess. Materialien zu einer Verfassungstheorie der offenen Gesellschaft*"[2], Peter Häberle desenvolveu a concepção da interpretação constitucional como um processo público e plural, especialmente em dois textos: (i) "*Verfassungsinterpretation als öffentlicher Prozess – ein Pluralismuskozept*"[3] e (ii) "*Die offene*

---

2. "A Constituição como um processo público. Materiais sobre uma teoria constitucional da sociedade aberta". (HÄBERLE, 1998b.)

3. "Interpretação constitucional como processo público - um conceito de pluralismo".

306

Gesellschaft der Verfassungsinterpreten"[4], esse traduzido ao português por Gilmar Ferreira Mendes. (HÄBERLE, 1997)

No texto „*Verfassungsinterpretation als öffentlicher Prozess – ein Pluralismuskozept*", originariamente uma palestra proferida em 12 de janeiro de 1978 no Seminário de Konrad Hesse em Freiburg, Häberle desenvolve sua argumentação dividindo a apresentação em duas grandes partes. A primeira, intitulada "Plano Jurídico-Constitucional", e a segunda, denominada "Fundamentos Teóricos da Sociedade e da Ciência: o conceito de Pluralismo".

Na primeira parte do texto, Häberle discorre sobre uma concepção de Constituição que hoje se encontra amplamente consolidada no direito constitucional. Diz o Professor de Bayreuth que Constituição é a ordem jurídica fundamental do Estado e da sociedade, ou seja, incluindo a sociedade em seu conceito e afastando a ideia de Constituição como apenas Constituição estatal. O autor argumenta que esse conceito amplo de Constituição contempla a estrutura fundamental de uma sociedade plural, as relações entre os diversos grupos sociais e igualmente com os cidadãos, expressando tolerância. Nessa direção também, em especial, a eficácia horizontal dos direitos fundamentais e o princípio da ordem jurídica geral ou instituições eficazes contra o uso abusivo do poder, também no setor privado (direito da concorrência). (HÄBERLE, 1998b, p. 122)

O conceito de interpretação constitucional, compreendido em sentido amplo, contempla não apenas o trabalho jurídico realizado pelos tribunais, mas também os muitos que são atingidos

---

4. "A Sociedade Aberta dos Intérpretes da Constituição".

ativa ou passivamente pelo processo hermenêutico e, igualmente, a comunidade política. Aqui se pode falar de uma ponte entre os cidadãos (como intérpretes) e os intérpretes jurídicos especializados, entre o comportamento jurídico do cidadão (a interpretação vivenciada[5]) e a interpretação hábil e consciente dos especializados. O resultado desse processo Häberle chama de interpretação constitucional pluralista[6].

A mediação interna entre os tipos de interpretação é construída pelo conceito de autocompreensão: a mídia, o artista, o cientista, a igreja, comunidades religiosas e de visões de mundo fornecem relevante autointerpretação no campo dos direitos fundamentais de liberdade de expressão em geral (educação, cultura, ciência), opinião, comunicação, bem como de associação. A autocompreensão pluralista deve estar inserida livremente na compreensão comunitária comum em sentido mais amplo da *res publica*. A compreensão que possuem os cidadãos e os grupos de sua comunidade é a "verdadeira Constituição de um país". Essa compreensão não é primariamente jurídica, pois a maioria dos cidadãos não é jurista. (HÄBERLE, 1998b, p. 124)

A distinção e, ao mesmo tempo, a junção entre interpretação em sentido estrito (ênfase pessoal) e interpretação em sentido

---

5. "Quem vive a norma acaba por interpretá-la ou pelo menos por co-interpretá-la". (HÄBERLE, 1997, p. 13).

6. HÄBERLE, 1998b, p. 124. Segundo Häberle, „no processo de interpretação constitucional estão potencialmente vinculados todos os órgãos estatais, todas as potências públicas, todos os cidadãos e grupos, não sendo possível estabelecer-se um elenco cerrado ou fixado com *numerus clausus* de intérpretes da Constituição". (HÄBERLE, 1997, p. 13).

amplo, significa que se trata, primeiramente, dos direitos fundamentais de todos e da democracia pluralista, tanto teoricamente, quanto na prática. Os interpretes da constituição em sentido amplo são intérpretes legitimados jurídica e democraticamente em uma democracia cidadã. Em uma comunidade pluralista, o círculo dos intérpretes jurídicos (em sentido estrito) precisa estar aberto, tanto teoricamente, como na prática. Seria questionável uma sociedade de intérpretes da Constituição, em sentido estrito, estar fechada, enquanto o círculo de intérpretes em sentido amplo se manter aberto, e estarem ambos mutuamente apartados. (HÄBERLE, 1998b, p. 125)

Exemplos da vinculação entre os dois tipos de interpretação são encontrados na experiência histórica do povo e suas instituições. Häberle faz referência a importante tradição constitucional dos Estados Unidos da América. Igualmente é possível analisar os dois tipos de interpretação a partir das pesquisas jurídicas empíricas. O autor, citando Friedrich Müller (MÜLLER, 1976), refere-se a análise do chamado âmbito da norma (*Normbereich*), integrante do processo de concretização da Constituição. Por fim, os dois tipos de interpretação encontram-se também no desenvolvimento do "direito constitucional não escrito", o qual, enquanto direito constitucional vivo e material, não seria explicável sem o engajamento dos intérpretes da Constituição, tanto em sentido estrito, como amplo. (HÄBERLE, 1998b, p.126)

Um elemento integrante do plano jurídico-constitucional é a esfera pública, entendida por Häberle como esfera pública pluralista, um público que vive a partir da pluralidade de ideias e interesses. As cristalizações do público, ou seja, os pontos de referência para uma interpretação constitucional consciente do pluralismo e do público, são complexas, não podem ser sistematizadas de maneira fechada. (HÄBERLE, 1998b, p. 130)

Häberle aponta também para os perigos e limites da interpretação constitucional como um processo público, passíveis de ser encontrados na forte dinamização do chamado "direito constitucional escrito", que claramente é visto muito mais como não escrito do que comum, remetendo principalmente a interpretação constitucional para um campo de tensão entre princípio e norma. A Constituição, assim, não seria apenas processo, mas também uma ordem-quadro, com o objetivo de manter momentos de constância. A experiência da história constitucional norte-americana, diz Häberle, mostra claramente a alternância entre duração e mudança e o papel da opinião pública sobre a jurisdição constitucional. (HÄBERLE, 1998b, p. 134)

A segunda parte do texto („*Verfassungsinterpretation als öffentlicher Prozess – ein Pluralismuskozept*") é dedicada ao conceito de pluralismo enquanto fundamento teórico-social e científico do conceito de Constituição. A premissa é o modelo do pluralismo, entendido como a pluralidade de ideias e interesses em uma comunidade política. Para Häberle, um conceito fundamental para o pluralismo é a sua abertura. (HÄBERLE, 1998b, p.137-138)

A abertura aqui é entendida, tanto para o futuro, quanto para o passado. Para Häberle, a Teoria Constitucional Pluralista encontra o seu caminho entre conservantismo e reformismo. A abordagem experimental (*Der erfahrungswissenchaftliche Ansatz*) tem na experiência um processo de tentativa e erro passível

310

também de ser tematizado na teoria constitucional. Nesse sentido, a teoria da separação dos poderes, como teoria pluralista da separação de poderes, e os novos campos de incidência dessa teoria no campo da mídia, por exemplo. (HÄBERLE, 1998b, p.138)

Segundo Häberle, grosso modo, é possível distinguir quatro campos no espectro do pluralismo: (i) o campo político do público, em sentido amplo; (ii) o campo cultural e, especialmente, o campo científico e cultural; (iii) o campo econômico e (vi) o campo estatal, em sentido estrito. Todos esses campos estão interligados e possuem sua origem comum no pluralismo da liberdade, que na Constituição surge como a "lei" do pluralismo. (HÄBERLE, 1998b, p.140)

A Constituição, na condição de ordem-quadro, constitui e é constituída pelo pluralismo. Essa ordem-quadro possibilita a integração social e estatal autônoma, a participação de grupos, associações e igrejas, por exemplo, na esfera da sociedade, e a federação, estados e municípios, no campo estatal. (HÄBERLE, 1998b, p.141-142)

Häberle aponta alguns elementos da Teoria Constitucional do Pluralismo já presentes na compreensão constitucional jurídica e política: (i) as possibilidades de um pensamento plural alternativo; (ii) a estrutura plural do poder constituinte, também no campo cultural; (iii) o aspecto soberano fundamental do pluralismo e da liberdade; (iv) o componente pluralista da liberdade de pensamento, da compreensão plural da mídia; (v) o pensamento da separação dos poderes pluralista, o qual exige a igualdade e a liberdade das forças pluralistas e autolimitação; (vi) a nova questão social, na qual a sociedade não é mais simplesmente o campo da livre atuação das forças sociais; (vii) a oposição e a cooperação entre grupos como interação em uma comunidade política, que traz o difícil problema da cooperação e coordenação e igualmente impede o entendimento equivocado da compreensão egoísta dos grupos; (viii) a identificação e a remediação do déficit de participação política não ao custo, mas no interesse da democracia representativa[7]; (ix) uma teoria pluralista da jurisdição constitucional e do seu processo[8]; (x) as possibilidades e limites de uma jurisdição pluralista (de sindicatos, associações, igrejas) em oposição à jurisdição estatal; (xi) o abandono da ideologia schmitiana

---

7. Segundo Häberle, a democracia não se desenvolve apenas no contexto de delegação de responsabilidade formal do povo para os órgãos estatais (legitimação mediante eleições), até o último intérprete formalmente competente, a Corte Constitucional. Numa sociedade aberta, ela se desenvolve também por meio de formas refinadas de mediação do processo público e pluralista da política e da práxis cotidiana. (HÄBERLE, 1997, p. 36.)

8. Häberle pioneiramente escreveu sobre a necessidade de reformulação do processo constitucional, advogando formas mais amplas de participação dos intérpretes da constituição em uma sociedade aberta: "Devem ser desenvolvidas novas formas de participação das potências públicas pluralistas enquanto intérpretes em sentido amplo da Constituição. O direito processual constitucional torna-se parte do direito de participação democrática. A interpretação constitucional realizada pelos juízes pode-se tornar, correspondentemente, mais elástica e ampliativa sem que se deva ou possa chegar a uma identidade de posições com a interpretação do legislador. Igualmente flexível há de ser a aplicação do direito processual constitucional pela Corte Constitucional, tendo em vista a questão jurídico-material e as partes materialmente afetadas (atingidos). A íntima relação contextual existente entre Constituição material e direito constitucional faz-se evidente também aqui". (HÄBERLE, 1997, p. 48)

amigo/inimigo como teoria da política; (xii) a pluralização do direito. (HÄBERLE, 1998b, p.147-149)

O pluralismo estabelece limites de tolerância. Consenso e dissenso caminham juntos no campo do pluralismo, o que exige compromisso dos políticos e tolerância de todos os cidadãos. Sem essa virtude, diz Häberle, uma Constituição livre não se mantém e não se constitui nenhum Estado. (HÄBERLE, 1998b, p.150) Nas palavras de Amaral, o pluralismo está presente em todos os domínios, do político ao econômico, do científico ao artístico. Essa moderna concepção de organização social é composta por diversos grupos sociais, econômicos, políticos, culturais, científicos que tentam implantar e realizar suas concepções e seus modos de vida, o que pode levar a conflitos e contradições. Desta forma, somente uma sociedade tolerante pode subsistir em um ambiente plural. O princípio da tolerância é o instrumento de respeito e consonância, para que tantos projetos diversos possam conviver e coexistir dentro de uma mesma sociedade. (AMARAL, 2003, p. 138-139)

2. A INTERPRETAÇÃO COMO FONTE DO DIREITO?

Meder sustenta que o direito pode surgir por meio de um comando que vem de cima, como *ius scriptum*, ou espontaneamente, de baixo, como *ius non scriptum*. Essa distinção associa-se à diferença entre direito soberano, que tomaria a forma escrita, e direito não soberano, que se apresentaria como direito não escrito. A criação do direito teria duas formas: uma vertical, heterônoma, determinada externamente, de cima, no plano do

Estado; e outra horizontal, autônoma, que surge de baixo, no seio da sociedade. (MEDER, 2009, p. 48 e 223)

Na distinção entre um direito que provém de fora e um que é criado por meio de uma força interna, encontra-se também o fundamento pelo qual se produz, por meio dos juristas, a criação de normas pelos tribunais, e se qualifica, nas decisões ou nos compêndios de decisões escritas, segundo a tradicional distinção das fontes jurídicas, o direito não como direito escrito, mas como direito não escrito. Assim, as decisões judiciais seriam direito não escrito, não obstante tomarem a forma escrita propriamente[9].

A criação dos direitos pelos tribunais tem na hermenêutica jurídica o seu fundamento. Assim, surge a importância da distinção entre interpretação, hermenêutica e criação do direito. A distinção entre interpretação e hermenêutica é possível de se fazer entendendo que a hermenêutica vai além da interpretação de um texto isolado, pois compreende os fundamentos desse, aquilo que se entende por compreensão (*Verstehen*). (MEDER, 2009, p. 154)

As pesquisas jurídicas hoje, segundo Meder, se concentram na hermenêutica e na interpretação (*Auslegung*), deixando de lado o tema da criação do direito (*Rechtsetzung*). Essa metodologia trabalha com o pressuposto da clara distinção entre interpretação e

---

9. Essa compreensão não provém do Século XIX, mas já estava presente na idade média e no mundo antigo. Meder traz o exemplo do jurista romano Pomponius que, em meados do Século II, no contexto da interpretação da Lei das Doze Tábuas, disse que os comentários e os manuais jurídicos são entendidos como *jus non scriptum*, e não como *jus scriptum*. (MEDER, 2009 p. 129-130.)

criação do direito. Se presume a clara distinção entre relação jurídica e fontes do direito, contrato e norma, autonomia (privada) e heteronomia, que sob outra perspectiva já está sendo claramente criticada. Relação jurídica, contrato e autonomia privada se diferenciariam de interpretação ou aplicação do direito, pois elas não contemplariam diretamente a relação entre o criador da norma e o destinatário da norma, mas a gênese de uma decisão jurídica. Os conceitos como interpretação ou aplicação do direito colocam em jogo a pessoa do intérprete e a liberdade daquele que tem um caso concreto sujeito à decisão. Com isso surge a questão, até que ponto isso não autoriza evidentemente a criação do direito. (MEDER, 2009, p. 154)

Tradicionalmente a jurisprudência é considerada uma fonte infra estatal do direito enquanto um "conjunto uniforme e constante de decisões judiciais (julgados), ou seja, de soluções dadas pelas decisões dos Tribunais sobre determinada matéria". (GUSMÃO, 1986, p. 161) Essa compreensão, apesar de se restringir à distinção feita por Meder entre interpretar e criar o direito[10], é sensível a incompletude da norma, reconhecendo a jurisprudência como fonte do direito, quando o julgador acaba por "se antecipar, muitas vezes, ao legislador, como entre nós o fez acolhendo a revisão judicial dos contratos leoninos, quando ainda não

---

10. Gusmão compreende a interpretação no clássico esqueça da subsunção, pois segundo escreve, "pela interpretação estabelece o Juiz o exato sentido da norma, o seu alcance, as suas consequências jurídicas e os elementos constitutivos do caso típico previsto pela norma. Interpretada, verificará se o caso concreto corresponde ao caso típico disciplinado pelo direito". (GUSMÃO, 1986, p. 274.)

contemplada em norma legislativa". (GUSMÃO, 1986 p. 165)

Para Meder, a estrita separação entre interpretação e criação do direito está assentada na premissa da legitimidade democrática da lei. No entanto, Meder considera essa premissa um mito da modernidade. A crítica de Meder deve ser vista no sentido de que a compreensão do direito para além da ideia de direito legislado pelo Estado é algo que está em sintonia com o princípio democrático. Trata-se de uma nova visão sobre democracia, Estado e Direito. Segundo o Professor de Hannover, os projetos de lei hoje, em grande medida, são preparados por grandes escritórios de advocacia, sofrem forte influência de lobistas e estão sujeitos aos interesses das grandes corporações. Isso coloca um questionamento sobre a sua legitimidade democrática. De outro modo, as ações coletivas, a possibilidade do questionamento no sistema de controle constitucional abstrato de normas, apresentam-se como possibilidade de expressão de um interesse público coletivo, que se contraporia a um interesse "particular" da lei. (MEDER, 2009, p. 155-157) Observe-se aqui que o poder judiciário, seja conhecendo ações coletivas ou debatendo a constitucionalidade de leis no controle abstrato, passa a ser também fonte de representação do público, passa a ser entendido como um recurso democrático das minorias, daqueles que estão afastados ou possuem baixa representatividade no parlamento.

A questão da interpretação como fonte do direito no contexto do pluralismo jurídico encontra-se na mudança de paradigma que tal entendimento provoca. Não se trata apenas, como o clássico pensamento positivista já desenvolveu, de se buscar as fontes de integração na ausência de norma jurídica estatal, mas sim, de fato, de se reconhecer que há uma pluralidade de fontes e que o juiz deve se guiar pelo conjunto dessas fontes ao julgar um caso concreto. Essa questão é complexa, pois envolve uma mudança significativa na forma de compreensão do direito e de atuação dos tribunais, resultando em uma nova forma de dar segurança jurídica ao direito que é aplicado.

A relação entre Constituição e pluralismo coloca a questão do direito como norma concretizada, ou seja, as normas estatais e as normas não estatais regulam as atividades humanas em seus diversos campos de atuação. Em casos de conflito, nos quais os juízes são chamados a resolver a questão, a solução a ser buscada irá implicar em uma participação ativa do juiz na criação da norma que irá regular o caso. As fontes a serem utilizadas, no contexto de um paradigma pluralista que contempla fontes não estatais de direito, coloca o magistrado na função de verdadeiro criador da norma, pois o processo hermenêutico aqui não será de subsunção da norma ao caso, mas propriamente de concretização da Constituição para e a partir do caso concreto. Assim, não se trata apenas de buscar na norma constitucional o conteúdo do direito a ser aplicado. Os elementos do caso e, nesse sentido, inclusive, as normas jurídicas estatais e não estatais, que possuírem relação com o caso, deverão ser consideradas. A normatividade da Constituição, como baliza de validade do direito, amplia o código de validade do direito para a questão da constitucionalidade/inconstitucionalidade, considerando a norma estatal uma dentre as várias fontes jurídicas a ser consideradas.

Note-se que esse entendimento não leva à insegurança jurídica, pois o magistrado, em sintonia com as novas balizas que formam a compreensão do direito processual brasileiro, deve atentar para os precedentes criados a partir de elementos fáticos equivalentes. Assim, o paradigma do pluralismo jurídico, que aos poucos se apresenta como o novo paradigma jurídico, em substituição ao tradicional paradigma monista, tem na função criadora do direito do juiz um de seus fundamentos. Trata-se da transição de um direito legislado, para um direito jurisprudencial.

3. A CRIAÇÃO DO DIREITO PELA INTERPRETAÇÃO CONSTITUCIONAL NO CONTEXTO DO PLURALISMO

Häberle define a interpretação como "a atividade que, de forma consciente e intencional, dirige-se à compreensão e à explicitação de sentido de uma norma (de um texto)". (HÄBERLE, 1997, p. 14) Essa definição demonstra que Häberle, diretamente, não adentrou no campo da distinção entre interpretar e criar direito. No entanto, uma outra leitura do jurista alemão é possível de ser feita, se se partir da compreensão do tema da interpretação não exclusivamente sob a ênfase da sociedade aberta de intérpretes, mas também a partir da relação entre Constituição e pluralismo. Neste sentido, a interpretação de Mendes acerca do pensamento de Häberle, para o qual "uma Constituição democrática que seja pluralista é um verdadeiro compromisso de possibilidades, uma proposta de soluções e coexistências possíveis, que não pretende impor a força política de cima para abaixo". (MENDES, 2016, p. 36)

Conforme descrito no primeiro tópico desse artigo, Häberle aponta alguns elementos da Teoria Constitucional do Pluralismo e, dentre eles, as possibilidades e limites de uma jurisdição pluralista (de sindicatos, associações, igrejas) em oposição à jurisdição estatal, bem como a pluralização do direito. (HÄBERLE, 1998b, p.147-149) Partindo dessa análise, Häberle, com sua Teoria Constitucional do Pluralismo, vai além da compreensão da sociedade aberta dos intérpretes da Constituição, pois nela desenvolve a sua compreensão de um direito plural, um direito que tanto compreende uma pluralidade de jurisdições, como do direito material propriamente. Assim, o direito de uma sociedade plural e aberta é essencialmente plural. E isso precisa ser visto em toda a extensão do seu significado. Häberle, ainda que não desenvolva em toda sua extensão o significado da ideia de pluralização do direito, fornece elementos claros para se entender que no processo hermenêutico constitucional, a interpretação do texto propriamente é apenas o primeiro passo do processo de concretização da Constituição.

Häberle, como disciplino de Konrad Hesse, o qual formulou a tese da interpretação constitucional como concretização, faz referência igualmente a Müller quanto à compreensão desse da interpretação/concretização da Constituição, também como compreensão do âmbito da norma, ou seja, os fatos relevantes e compatíveis com o programa normativo, que contribuem com a concretização da Constituição. Nesse sentido, observa Coelho, que a concepção subjacente à hermenêutica constitucional häberliana encontra-se na intensidade entre Constituição e realidade, na qual a "norma deixa de ser vista como pressuposto para ser encarada como o resultado da interpretação". (COELHO, 1998, p. 127)

A questão da criação do direito em Häberle também se apresenta no desenvolvimento do "direito constitucional não escrito" enquanto direito constitucional vivo e material. A ideia de direito constitucional vivo implica na compreensão de um direito constitucional que se encontra na dinâmica da vida, que não está atrelado a um texto parado no tempo, mas vai além dele, além de uma interpretação em sentido clássico sobre ele. A interpretação/concretização de um direito vivo, implica propriamente na compreensão de que o direito é vivido, faz parte da realidade. Essa vivacidade do direito constitucional, que não apenas envolve a interpretação em sentido estrito do círculo dos intérpretes jurídicos, mas também a interpretação em sentido amplo, que contempla todos os intérpretes legitimados jurídica e democraticamente em uma democracia cidadã, abre significativamente o significado do que seja interpretação constitucional, possibilitando se dizer que Häberle fornece os pressupostos para uma compreensão da interpretação constitucional como criação do direito.

Tratando do conceito de soberania (HÄBERLE, 1998a, p. 390), Häberle o relaciona com o pluralismo citando Harold Laski, para o qual o Estado não é mais o único soberano, pois como *"pluralistic state"* o mesmo se dividiu em vários grupos soberanos, todos eles portadores de direitos de soberania. (HÄBERLE, 1998a, p. 390, nota de rodapé 87) Häberle sustenta que não se deve desacreditar o pluralismo como sendo esse um perigo para a soberania, pois a soberania como um conceito material e juridicamente limitado necessita do pluralismo. Em uma comunidade livre, o pluralismo tem um lado fundante da soberania. Sindicatos, associações e outros grupos plurais sustentam o todo: "Sobre o pluralismo, uma parte da formação da unidade que caracteriza a soberania ocorre na multiplicidade da realidade social". (HÄBERLE, 1998a, p. 390)

Outra análise realizada por Häberle que corrobora a leitura que se faz aqui das possibilidades de sua teoria para uma compreensão abrangente do tema Constituição e Pluralismo, encontra-se no texto *"Staatskirchenrecht als Religionsrecht der verfassten Gesellschaft"*[11], no qual ele desenvolve a questão da transição de um "Estado constituído" para uma "Sociedade constituída", aqui no sentido de que a Constituição não é mais apenas Constituição Estatal, mas também Constituição da Sociedade. (HÄBERLE, 1998c, p. 346)

A ideia de uma também "Constituição" da Sociedade relaciona-se com uma Teoria Constitucional do Pluralismo que aponta para uma nova questão social, na qual a sociedade não é mais simplesmente o campo da livre atuação das forças sociais. Häberle escreve sobre a necessidade de se "ativar" o conceito de tolerância (HÄBERLE, 1998c, p. 346), pois o pluralismo insere evidentemente os limites de tolerância. (HÄBERLE, 1998b, p. 149) Assim, a sociedade enquanto "Sociedade constituída" necessidade de limites, pois não se encontra em um campo de liberdade ilimitada e desregulada. Desta forma, o alargamento do conceito de Constituição e as possibilidades de um direito constitucional não estatal colocam, para a concepção da interpretação constitucional como criação do direito, os limites desses atores não estatais.

---

11. "Direito Canônico Estatal como Direito da Religião da Sociedade constituída". HÄBERLE, 1998c, p. 329-347.

Note-se que aqui não se tem uma distinção de qualidade entre Estado e outras associações e grupos criadores de direito, mas apenas a ênfase da necessidade dos limites de tolerância, que devem permear não apenas a ação estatal, mas também e, principalmente, em um contexto de pluralismo, os atores sociais.

Analisado em seu conjunto, o entendimento de Häberle do significado do pluralismo para a Constituição permite compreender de maneira bastante clara a importância que a interpretação constitucional tem como fonte do direito e, em especial, como ela assume verdadeira função criadora do direito. Essa compreensão ampla de Constituição, que reconhece inclusive a pluralização do direito, tem na unidade normativa da Constituição o contraponto necessário para se manter uma ordem constitucional e democrática. Se, por um lado, o reconhecimento do pluralismo jurídico é fundamental para o alargamento do conceito de direito e, inclusive, de expressão de formas de vida não contempladas em concepções jurídicas reducionistas, por outro, a unidade normativa da Constituição e a importância que o texto constitucional tem como elemento fundante de um consenso no plano da comunidade política em sentido amplo, se apresenta como um claro contraponto, no sentido de uma ordenação do pluralismo.

O direito constitucional aberto e democrático, comprometido com a inclusão jurídica, social, cultural e política dos diversos segmentos de uma sociedade pluralista, deve ponderar a importância que o pluralismo jurídico tem para essa ordem, considerando que a normatividade constitucional, enquanto consenso normativo válido, deve permear a pluralidade jurídica das ordens constitucionais democráticas atuais.

CONCLUSÃO

Do exposto, é possível assinalar a título de considerações finais que a teoria constitucional do pluralismo defendida por Häberle indica possibilidades e limites de uma jurisdição pluralista em oposição à jurisdição estatal, bem como a pluralização do direito. Ela vai além da ideia de uma sociedade aberta dos intérpretes da Constituição, criando as condições para o desenvolvendo da compreensão de um direito que tanto compreende uma pluralidade de jurisdições, como de um direito materialmente plural.

No mesmo sentido, a análise que faz Häberle do conceito de soberania a partir do de pluralismo, descartando a ideia de pluralismo como sendo um perigo para a soberania com base no argumento de que uma parte da formação da unidade, que caracteriza a soberania, ocorre na multiplicidade da realidade social.

A criação do direito na obra häberliana se encontra, basicamente, na compreensão da norma como resultado e não pressuposto da interpretação, e no âmbito do "direito constitucional não escrito" enquanto direito constitucional vivo e material. O direito constitucional vivo se encontra na dinâmica da vida e a interpretação/concretização de um direito vivo implica propriamente na compreensão de que o direito faz parte da realidade. A vivacidade do direito constitucional entendida não apenas como interpretação do círculo dos intérpretes jurídicos, mas também como interpretação que contempla todos os intérpretes legitimados jurídica e democraticamente em uma democracia cidadã, abre o significado do que seja interpretação constitucional. O direito passa a ser aquilo que é na realidade, fruto dessa pluralidade de intérpretes que o vivenciam de diferentes formas e conteúdo.

REFERÊNCIAS

AMARAL, Rafael Caiado. Breve Ensaio Acerca da Hermenêutica Constitucional de Peter Häberle. *Direito Público*, n. 2, Out-Dez, 2003, p. 138-139.

COELHO, Inocêncio Mártires. As Ideias de Peter Häberle e a Abertura da Interpretação Constitucional no Direito Brasileiro. *Revista de Direito Administrativo*, Vol. 211, jan/mar 1998.

GUSMÃO, Paulo Dourado de. *Introdução ao Estudo do Direito*. 12ª ed. Rio de Janeiro: Forense, 1986.

HÄBERLE, Peter. *Die Verfassung des Pluralismus: Studien zur Verfassungstheorie der offenen Gesellschaft*. Königstein: Athenäum, 1980.

HÄBERLE, Peter. *Hermenêutica Constitucional. A Sociedade Aberta dos Intérpretes da Constituição: Contribuição para a Interpretação pluralista e Procedimental da Constituição*. Trad. Gilmar Ferreira Mendes. Porto Alegre: Fabris, 1997.

HÄBERLE, Peter. Zur gegenwärtigen Diskussion um das Problem der Souveränität. In. *Verfassung als öffentlicher Prozess. Materialien zu einer Verfassungstheorie der offenen Gesellschaft*. 3a ed. Berlin: Duncker & Humblot, 1998a.

HÄBERLE, Peter. Verfassungsinterpretation als öffentlicher Prozess – ein Pluralismuskozept. In. *Verfassung als öffentlicher Prozess. Materialien zu einer Verfassungstheorie der offenen Gesellschaft*. 3a ed. Berlin: Duncker & Humblot, 1998b.

HÄBERLE, Peter. Staatskirchenrecht als Religionsrecht der verfassten Gesellschaft. In. *Verfassung als öffentlicher Prozess. Materialien zu einer*

Verfassungstheorie der offenen Gesellschaft. 3a ed. Berlin: Duncker & Humblot, 1998c.

HÄBERLE, Peter. *Verfassung als öffentlicher Prozess. Materialien zu einer Verfassungstheorie der offenen Gesellschaft.* 3a ed. Berlin: Duncker & Humblot, 1998d.

MALISKA, Marcos Augusto. Rezeption von Häberle in Brasilien. Die brasilianische Verfassung im Kontext der internationalen Öffnung, Kooperation und Integration. In. OOYEN, Robert Chr. Van e MÖLLERS, Martin H. W. (Orgs.) *Verfassungs-Kultur. Staat, Europa und pluralistische Gesellschaft bei Peter Häberle.* Baden-Baden: Nomos, 2016.

MEDER, Stephan. *Ius non scriptum. Traditionen privater Rechtsetzung.* 2a ed. Tübingen: Mohr Siebeck, 2009.

MENDES, Gilmar Ferreira. A influência de Peter Häberle no Constituciona-lismo brasileiro. *Revista Estudos Institucionais,* Vol. 2, 1, 2016.

MÜLLER, Friedrich. *Juristische Methodik.* 2ª ed. Berlin: Duncker & Humblot, 1976.

OOYEN, Robert Chr. Van e MÖLLERS, Martin H. W. (Orgs.) *Verfassungs-Kultur. Staat, Europa und pluralistische Gesellschaft bei Peter Häberle.* Baden-Baden: Nomos, 2016.

Capítulo **8**

A PAZ COMO PRESSUPOSTO PARA O DESENVOLVIMENTO: UM ESTUDO COMPARATIVO ENTRE O ÍNDICE DE DESENVOLVIMENTO HUMANO E O ÍNDICE GLOBAL DE PAZ

*PEACE AS A MEAN FOR DEVELOPMENT:
A COMPARATIVE STUDY BETWEEN
THE HUMAN DEVELOPMENT INDEX
AND THE GLOBAL PEACE INDEX*

Mariana Ribeiro Santiago

Ocimar Barros de Oliveira

Vladmir Oliveira da Silveira

Resumo: O presente trabalho trata da conexão entre os temas paz e desenvolvimento, no contexto do Estado Constitucional Cooperativo. O fundamento da escolha do tema reside na importância dos papéis dos Estados, dos povos, das organizações e dos indivíduos como protagonistas e, ao mesmo tempo, beneficiários das ações que visam à busca pela paz, considerando que paz e desenvolvimento são duas aspirações indissociáveis da humanidade. Tem-se por objetivo proceder a um estudo acerca da importância da paz como pressuposto para o desenvolvimento de todos os povos do planeta. Para tanto, no primeiro ponto, são abordadas as ideias de Paulo Bonavides, o qual eleva a paz à quinta dimensão de direitos fundamentais, bem como as lições de Peter Häberle, acerca do Estado Constitucional Cooperativo, calcado na solidariedade, visando a construção internacional de políticas de paz. Na sequência, é realizada uma análise do desenvolvimento, tomando-se por base dois índices que remetem ao nível de desenvolvimento e de paz dos Estados, o Índice de Desenvolvimento Humano - IDH e o Índice Global de Paz – IGP. O método de abordagem utilizado é dedutivo, combinado com os métodos de pesquisa bibliográfico e documental. Em conclusão, nota-se que paz e desenvolvimento estão diretamente correlacionados, ou seja, em regra, países com maior Índice Global de Paz – IGP tendem a ter maior Índice de Desenvolvimento Humano – IDH.

Palavras-chave: Paz; Desenvolvimento; Direitos fundamentais.

Abstract: This paper deals with the connection between peace and development in the context of the Cooperative Constitutional State. The basis for choosing the theme lies in the importance of the roles of States, peoples, organizations and individuals as protagonists and at the same time beneficiaries of actions aimed at the search for peace, considering that peace and development are two inseparable aspirations of humanity. The purpose is to study the importance of peace as a precondition for the development of all people of the planet. The first point are the ideas of Paulo Bonavides, which brings peace to the fifth dimension of fundamental rights, as well as the lessons of Peter Häberle on the Cooperative Constitutional State, based on solidarity, aiming at the international construction of policies to peace. Following this, a development analysis is carried out, based on two indices that refer to the level of development and peace of the States, the Human Development Index – HDI and the Global Peace Index – GPI. The method used is deductive, combined with bibliographic and documentary research methods. In conclusion, it is possible to note that peace and development are directly correlated, and mostly countries with the highest Global Peace Index (GPI) tend to have a higher Human Development Index (HDI).

Keywords: Peace; Development; Fundamental Rights.

INTRODUÇÃO

O vocábulo "paz" traduz um conceito que comporta diversas definições, tanto na esfera privada, quanto na social. O ser humano se depara cotidianamente com vários desafios e situações que demandam a busca de soluções pacíficas dos conflitos, capazes de propiciar harmonia interior, espiritual, religiosa, conjugal, familiar, social, regional e também a tão almejada paz mundial.

O tema da paz se tornou tão relevante para a humanidade em tempos atuais que os Chefes de Estado e de Governo e altos representantes, reunidos na sede das Nações Unidas em Nova York, de 25 a 27 de setembro de 2015, ano em que a ONU comemorou seu septuagésimo aniversário, estabeleceram 17 Objetivos de Desenvolvimento Sustentável (ODS), tendo a paz sido contemplada no ODS de número 16, que trata da paz, justiça e instituições eficazes.

Importante salientar que a paz concebida no presente trabalho não significa ausência de conflitos, mas sim a incessante busca de soluções pacíficas e negociadas para os mesmos. Não se pode olvidar que conflitos e divergências de ideias são salutares para o desenvolvimento da democracia e, consequentemente, desenvolvimento individual e social do ser humano, combinados com a necessária preservação do meio ambiente para as presentes e futuras gerações.

Destarte, a escolha do tema se justifica diante dos conflitos que representam grandes obstáculos para o desenvolvimento sustentável e a preservação da espécie humana e do planeta, numa dimensão em que a tecnologia tem sido produzida, muitas, com finalidades bélicas, como nos casos de armas químicas, biológicas e nucleares.

O presente trabalho tem como objetivo investigar a conexão entre os temas paz e desenvolvimento, destacando-se a importância dos papéis dos Estados, dos povos, das organizações e dos indivíduos como protagonistas e, ao mesmo tempo, beneficiários das ações empregadas na busca pela paz.

Como referencial teórico serão abordadas as ideias de Paulo Bonavides[1], que propõe a paz como quinta dimensão dos direitos fundamentais, bem como as lições de Peter Häberle[2], acerca do

---

1. Jurista brasileiro, nasceu em Patos/Paraíba em 1925, professor emérito da Universidade Federal do Ceará, autor de Ciência Política e Direito Constitucional, dentre outras obras. Foi professor visitante na *Universität Zu Köln, na University of Temesse* e na Universidade de Coimbra.
2. Jurista Alemão, nasceu em 1934, em 1961 recebeu o Título de Doutor sob orientação de Konrad Hesse, no Brasil tem bastante relevância sua

Estado Constitucional Cooperativo, que tem como princípio a solidariedade na busca da construção internacional de políticas de paz.

Entre os indicadores que demonstram desenvolvimento e paz, utiliza-se como parâmetros nesta investigação o Índice de Desenvolvimento Humano – IDH e o Índice Global de Paz – IGP, os quais serão cotejados no intuito de verificar se esses dois índices são capazes de comprovar que condições pacíficas são ambientes favoráveis ao desenvolvimento social, econômico e cultural, bem como à preservação do ambiente e da própria existência humana.

Utiliza-se na abordagem o método dedutivo, combinado com métodos de pesquisa bibliográfica e documental, buscando na doutrina, legislação, programas institucionais, indicadores sociais e econômicos subsídios que venham a dar sustentação à análise combinada entre paz e desenvolvimento.

1. DIREITO À PAZ COMO DIREITO HUMANO FUNDAMENTAL E A PERSPECTIVA DO ESTADO CONSTITUCIONAL COOPERATIVO

A vida em sociedade de seres humanos naturalmente livres está calcada num pacto social, materializando os limites que os pactuantes devem observar em seus direitos. Dentro dessa lógica

---

doutrina constitucional sobre "sociedade aberta de intérpretes na Constituição" pensamento acolhido pelo STF. Influenciou no instituto do *amicus curiae* (lei 9868/1999). No presente trabalho adota-se as ideias do Estado Constitucional Cooperativo.

de sacrifício, é possível que todos exercem os seus direitos naturais sem balbúrdia ou conflito (FERREIRA FILHO, 2012, p. 22).

Dentro desse pacto, garantido institucionalmente pela própria Constituição, os direitos fundamentais, na sua primeira face, constituem limitação ao Poder Político, definindo a fronteira entre o lícito e o ilícito para o Estado, preservando um núcleo irredutível de liberdade para o cidadão (FERREIRA FILHO, 2012, p. 24).

Os direitos fundamentais possuem a) função de defesa da pessoa humana e da sua dignidade perante os poderes do Estado (e de outros esquemas políticos coactivos), o que significa proibir fundamentalmente as ingerências deste na esfera jurídica individual, e, ao mesmo tempo, o poder de exercer positivamente direitos fundamentais; b) função de prestação social, consubstanciada no direito do particular a obter algo através do Estado, como saúde, educação, segurança social; c) função de proteção dos titulares de direitos fundamentais perante terceiros, em caso de eventuais agressões; e d) função de não discriminação, o que assegura que o Estado trate os seus cidadãos como fundamentalmente iguais (CANOTILHO, 2002, p. 405-407).

Os conceitos tradicionais de Estado, direitos humanos, direitos fundamentais etc., todavia, parecem sofrer o impacto da era globalizada, em que as fronteiras se relativizam, fazendo crescer a crença na existência de novas ideias ligadas a um todo planetário, como cidadania planetária, cidadania cosmopolita, sociedade-mundo e Terra-Pátria (MORIN, 2013, pp. 20-22. SILVEIRA; ROCASOLANO, 2010, p. 90).

O mundo contemporâneo está cada vez conectado, neste inevitável movimento de globalização, que envolve o desenvolvimento tecnológico e das relações internacionais. A intensificação das relações humanas, inclusive internacionais, embora possa trazer efeitos benéficos, traz consigo a geração de zonas de conflitos em temas sensíveis, conforme se nota da recente acusação de que a Rússia, utilizando-se da rede mundial de computadores, possa ter interferido na última eleição presidencial dos Estados Unidos, na qual fora eleito o presidente Donald Trump[3].

No cenário internacional globalizado, onde as informações das mais diferentes espécies trafegam mundialmente, chegando rapidamente aos mais longínquos rincões, via televisão ou internet, o próprio conceito de soberania Estatal está em cheque e precisa ser revisitado (OLIVEIRA, 2014, p. 55).

Contudo, mesmo com a convicção de que a globalização seja um processo irreversível e que vem se desenhando desde séculos passados, com os movimentos imperialistas, expansão do comércio e as grandes navegações, por exemplo, fato é que autores a apontam como um dos grandes problemas da Era Contemporânea, neste sentido Cicco e Gonzaga:

> Um dos maiores problemas da Era Contemporânea é a globalização. Tal fenômeno tem trazido sérias questões, não só no que tange à perda de significado de culturas de povos diferenciados, mas também na órbita específica do

---

3. Fonte: https://g1.globo.com/mundo/noticia/justica-americana-indicia-13-russos-acusados-de-interferir-na-eleicao-dos-eua.ghtml. Acesso em 21 jul. 2018.

> direito internacional, no tocante ao conflito de competências em matéria jurisdicional. Por exemplo, quando determinada questão jurídica deverá ser solucionada de acordo com a legislação de um Estado europeu e quando o será pela legislação da União Europeia.

Diferentemente de outros períodos da história humana, dominados por movimentos de conquistas e imperialismo, contudo, caracterizados por guerras com armas rudimentares e batalhas corpo-a-corpo, o mundo contemporâneo convive com a realidade de armas tecnológicas capazes de provocar destruição em massa e comprometer o desenvolvimento de todos os povos e até mesmo a preservação da vida na Terra.

É nesse contexto que deve ser entendido o direito humano fundamental à paz. Desde a antiguidade, observa-se uma preocupação com o direito à paz, presente nos livros de história antiga, medieval, moderna e contemporânea, ao mesmo tempo em que os conflitos, enfaticamente os conflitos bélicos, fazem parte da história da humanidade.

O direito à paz foi contemplado no art. 20, do Pacto internacional de Direitos Civis e Políticos, adotado pela Assembleia Geral das Nações Unidas, em 16 de dezembro de 1966. Importante mencionar também a Declaração do Direito dos Povos à Paz, contida na Resolução 39 da ONU, de 12 de novembro de 1984. Tal declaração "proclama solenemente que os povos de nosso Planeta têm o direito sagrado à paz". E acrescenta a mesma resolução que "proteger o direito dos povos à paz e fomentar sua realização é obrigação fundamental de todo Estado". No âmbito nacional, a Constituição de 1988 dispôs, como princípios das suas relações internacionais, no seu art. 4º, VI e VII, a "defesa da paz" e a "solução pacífica dos conflitos".

Embora existam Estados que dêem relativo destaque nas Cartas Constitucionais à busca pela paz, é notório que não existem normas de alcance global capazes de conferir efetividade a uma relevante busca pelo direito humano fundamental à paz.

Neste mesmo sentido, as precisas palavras do uruguaio Héctor Gros Espiell, no artigo *El derecho humano a la paz*:

> *La falta de una regulación jurídica universal normativa, sistemática y general del derecho humano a la paz, análoga a la que con respecto a otros derechos humanos ha alcanzado el derecho internacional, tanto a nivel universal como, em algunos casos, regional. Esto es así pese a la existencia en el derecho de gentes de algunos textos normativos los cuales examinaremos más adelante— que, aunque de manera parcial y episódica, afirman la existencia de este derecho. Esta carencia convive con la existencia en el derecho interno de algunas Constituciones que expresamente reconocen el derecho a la paz y de muchas otras respecto de las cuales se puede afirmar que este derecho está reconocido implícitamente, sobre la base de la consideración sistemática de todo el texto constitucional (2005, p. 518).*

O direito à paz consubstancia-se em um dos principais avanços da teoria dos direitos fundamentais. Karel Vasak[4] foi o grande

---

4. Karel Vasak nasceu na Checosllováquia e mais tarde mudou-se para a

precursor deste movimento, ao inseri-lo no rol dos direitos fundamentais de terceira dimensão. Sobre esse enquadramento do direito à paz na terceira dimensão, Paulo Bonavides (2009, p. 579) considera estar inadequado, favorecendo, ainda, que tão relevante direito caia num "esquecimento injusto".

No entendimento de Paulo Bonavides (2009, p. 580) "o direito à paz é concebido ao pé da letra qual direito imanente à vida, sendo condição indispensável ao progresso de todas as nações, grandes e pequenas, em todas as esferas". Todavia, a contribuição doutrinária sobre o tema é escassa, considerando a importância do tema para o mundo atual.

Na proposta de Paulo Bonavides (2009, p. 580-581), a paz deve ser elevada a quinta dimensão de direitos fundamentais, para que os holofotes dos juristas possam pairar sobre a mesma, ao ponto de se tornar tema atrativo e de relevância para a construção de uma contemporaneidade onde haja uma maior cooperação entre os Estados, maior concentração de esforços na solução pacífica de conflitos, mais políticas de desenvolvimento global e ajuda humanitária aos povos que dela necessitam.

De acordo com o referido autor (BONAVIDES, 2009, p. 583), "o novo Estado de Direito das cinco gerações de direitos fundamentais vem coroar, por conseguinte, aquele espírito de

---

França para estudar Direito. Em 1969 tornou-se o primeiro Secretário-geral do Instituto Internacional de Direitos Humanos em Estrasburgo, posição que ocupou até 1980. Atuou como diretor da Divisão de Direitos Humanos e Paz e depois como Assessor Jurídico da Unesco e Organização Mundial do Turismo. Vasak foi o editor de um livro de 1982, chamado: As dimensões Internacionais dos direitos humanos.

humanismo que, no perímetro da juridicidade, habita as regiões sociais e perpassa o Direito em todas as suas dimensões".

A propalada teoria das dimensões dos direitos fundamentais delimita como direitos de primeira dimensão os denominados direitos individuais da pessoa humana em face do Estado e se caracterizam por uma prestação negativa, obrigação de não fazer do Estado. São direito civis e políticos: vida, liberdade, segurança, propriedade. Tem o duplo sentido de garantir direitos e liberdades ao cidadão e de protegê-lo contra arbitrariedades passíveis de serem cometidas pelo Estado (BOBBIO, 1992, p. 14. SARLET, 2009, p. 46. SILVEIRA; ROCASOLANO, 2010, pp. 180-184).

A segunda dimensão cuida dos direitos sociais, culturais e econômicos. Direitos estes que buscam a igualdade. O Estado é compelido a uma prestação positiva, ou seja, obrigação de fazer, com o intuito de conferir aos menos privilegiados acesso aos bens da vida, capazes de conferir maior dignidade à pessoa humana e, assim, reduzir as desigualdades sociais (BOBBIO, 1992, p. 14. SARLET, 2009, pp. 47-48. SILVEIRA; ROCASOLANO, 2010, pp. 180-184).

A terceira dimensão reúne os direitos de fraternidade e solidariedade, cabendo ao Estado velar pela coletividade e até mesmo pelos direitos e interesses de gerações futuras. A terceira dimensão abarca os direitos da criança e do adolescente, do idoso, a defesa do consumidor, do meio ambiente, paz e autodeterminação dos povos, dentre outros (BOBBIO, 1992, p. 14. SARLET, 2009, pp. 48-49. SILVEIRA; ROCASOLANO, 2010, pp. 180-184).

A quarta dimensão, na visão de Norberto Bobbio (1992, p. 14) está afeta à defesa do patrimônio genético, envolve a ética, a pesquisa científica e biológica. Para Paulo Bonavides (2009, p. 572) a quarta dimensão compreende a cidadania e a liberdade de todos os povos. Paulo Bonavides (2009, p. 583) propõe, assim, uma quinta dimensão dos direitos fundamentais, na qual destaca o direito à paz: "A dignidade jurídica da paz deriva do reconhecimento universal que se lhe deve enquanto pressuposto qualitativo da convivência humana, elemento de conservação da espécie, reino de segurança dos direitos". Nas palavras do referido autor (BONAVIDES, 2009, p. 584),

> Colocando-o nas declarações de direitos, nas cláusulas da Constituição (qual se fez no art. 4º, VI, da Lei Maior de 1988), na didática constitucional, até torná-lo, sem vacilação, positivo e normativo, e, uma vez elaborada a consciência de sua imprescindibilidade, estabelecê-lo por norma das normas dentre as que garantem a conservação do gênero humano sobre a face da terra. (...) Epicentro, portanto, dos direitos da mais recente dimensão, a paz se levanta, desse modo, a uma culminância jurídica que a investe no mesmo grau de importância e ascendência que teve e tem o desenvolvimento enquanto direito da terceira geração. Ambos legitimados sobreposse pela força e virtude e nobreza da respectiva titularidade: no desenvolvimento, o povo; na paz, a Humanidade.

Pelos ideais de paz enquanto quinta dimensão dos direitos fundamentais, na proposta de Paulo Bonavides, percebe-se a importância de dar notoriedade à busca pela paz em tempos hodiernos. Conforme o autor (BONAVIDES, 2009, p. 585), "em nosso tempo a alforria espiritual, moral e social dos povos, das civilizações e das culturas se abraça com a ideia da concórdia".

Desse entendimento é possível concluir que somente os esforços conjuntos dos Estados nacionais e das comunidades de Estados serão capazes de criar um ambiente mundial pacífico que favoreça o desenvolvimento de todas as nações e a redução das desigualdades sociais, na busca por uma sociedade mundial mais justa, fraterna e igualitária.

As ideias ora apresentadas encontram conexão com o pensamento de Peter Häberle (2007, p. 4), que acredita que o Estado encontra a sua dignidade também no Direito Internacional, na garantia da cooperação e responsabilização internacional, nas iniciativas de solidariedade, o que repercute na necessidade internacional de políticas de paz. Essa ideia de Estado Constitucional Cooperativo é, em última instância, um instrumento para a concretização da paz mundial.

Nesse sentido, as clássicas constituições nacionais significam uma nova página que apresenta profundas limitações, como por excmplo no caso das alianças ultrarregionais, em seus variados formatos. As constituições nacionais mostram-se, assim, apenas constituições parciais (HÄBERLE, 2017, p. 541).

O Estado Constitucional Cooperativo estaria inserido em uma comunidade internacional de Estados constitucionais, ou seja, num contexto em que os Estados constitucionais não existem mais para si mesmos, mas, sim, como referências para os outros Estados constitucionais membros de uma comunidadE

(MENDES, STF, 2015).

Peter Häberle destaca a importância das comunidades regionais de Estados e no aspecto de um direito constitucional comum, ou seja, para além das "constituições parciais" de cada Estado e a insustentabilidade da doutrina de integração relacionada ao Estado nacional de Rudolf Smend (2017, p. 542):

> [...] a doutrina de integração relacionada ao Estado nacional de Rudolf Smend é hoje impossível de ser sustentada, quão clássica ela permaneça; ela precisa ser modificada em uma "unidade parcial". A "prioridade da constituição", fixada na maioria das novas constituições, deve, até aqui, ser lida de uma nova maneira. Aquilo que as constituições nacionais perderam em força de integração, hoje a comunidade regional superior executa, concretamente a UE ou a Europa do Conselho Europeu em suas cotas. Aqui tem seu lugar o direito constitucional da Europa comum (1991), assim como o direito constitucional da comunidade americana e da comunidade asiática (2003/1997). Às peças do seu mosaico pertencem artigo do "direito constitucional nacional europeu".

A cooperação visa que a paz não seja mero objetivo, mas que possa se tornar em realidade. Häberle (2017, p. 538) adverte que "cada constituição nacional permite-se política de integração e necessita força de integração". Nesse ponto, a globalização permite que os Estados Nacionais adentrem o mundo como Estados constitucionais cooperativos, e, na medida em que o ser humano amadurece como "sujeito de direito internacional", a tarefa de integração torna-se universal (HÄBERLE, 2017, pp. 542-543).

Embora a soberania dos Estados nacionais tenha sofrido limitações, em decorrência do novo cenário político mundial, num curioso paradoxo, o Estado-Nação ainda desempenha importante papel, atualmente observando-se um impulso do nacionalismo em suas variadas formas, na cena mundial, contrariando prognósticos de que os Estados se dissolveriam pelo triunfo do liberalismo globalista ou tragado pelos blocos de cultura supranacionais, (Magnoli,1997, p. 34).

A teoria de Häberle, consubstanciada na cooperação entre os Estados constitucionais, para alcançar seu ideal, necessita de algumas ações a serem implementadas pela comunidade de Estados, sem as quais não seria possível a busca pela paz através da cooperação entre os Estados, são elas a internacionalização de direitos humanos universais; objetivos educacionais equivalentes; normatização de valores fundamentais com a política pela paz mundial, a amizade e a cooperação internacional; e a obrigação de proporcional ajuda ao desenvolvimento e ajuda humanitária.

O renomado constitucionalista (HÄBERLE, 2017, p. 543) destaca ainda quais são os atores capazes de levar a cabo o processo de integração das "parciais" constituições nacionais:

> Uma palavra acerca dos atores no que tange aos processos de integração das (parciais) constituições nacionais: são os órgãos constitucionais (por exemplo, na configuração de seu trabalho público), os grupos plurais, as escolas estatais (graças aos objetivos educacionais, proeminentes: art. 16 §2 da Constituição da Grécia). No fim das contas, atuam os Cidadãos pelas

> Constituições sem quaisquer "seguros de vidas". É a comunidade de seus cidadãos, que as preservam vivas. Mesmo o jurista constitucional possui apenas modestas possibilidades.

No cenário internacional também existem atores que são indispensáveis para a implantação de políticas que privilegiem a cooperação entre os povos e os Estados. As ONGs, ao lado da ONU, suas sub-organizações, e dos tribunais internacionais são exemplos (HÄBERLE, 2017, p. 543).

Peter Häberle (2017, p. 544), sob a epígrafe de "perspectiva", em notas conclusivas ao artigo intitulado "A força de integração da constituição", publicado na Revista *Argumentum*, V. 18 N.2, da Universidade de Marília-UNIMAR, em agosto de 2017, demonstra sua impressão sobre o que o autor denomina de "limitada" força de integração das "constituições do pluralismo", digna de menção:

> A – limitada – força de integração das "constituições do pluralismo continua um tema de doutrina constitucional comparada, quando concebido de forma cientificamente cultural. Os mundiais processos de criação de comunidades de responsabilidade regionais, como, por exemplo, o Mercosul, o Pacto Andino e outras associações na Ásia (os países do Asean, recentemente a Comunidade Econômica Eurasiática entre Rússia, Bielorrússia e Cazaquistão) relativizam a tradicionalmente concebida força normativa das constituições nacionais.
>
> [...]

> Aqui é de se ter em vista o direito internacional
> enquanto direito internacional da humanidade.
> A grande palavra da "constituição da comuni-
> dade de direito internacional" (Alfred Ver-
> drass) poderia ser analisada em vista de forças
> de integração possíveis, exigidas e liberadas
> pela ONU, que são complementares ao Estado
> constitucional. A ideia do "cidadão do mundo"
> sugere o horizonte possível.

Seguindo a mesma linha de raciocínio, quanto a abertura das constituições nacionais para uma constituição da comunidade internacional, especialmente no tocante à América Latina, merecem destaque dispositivos constitucionais nacionais e internacionais de países integrantes, que demonstram uma abertura à cooperação[5] (MENDES, STF, 2015).

No caso da Constituição brasileira de 1988, o parágrafo único, do art. 4º, estabelece que a "República Federativa do Brasil buscará a integração econômica, política, social e cultural dos povos da América Latina, visando a formação de uma comunidade latino-americana de nações". Já o § 2º, do art. 5º, do mesmo diploma, estabelece que os direitos e garantias expressos na Constituição brasileira "não excluem outros decorrentes do regime e dos princípios por ela adotados, ou dos tratados internacionais em que a Republica Federativa do Brasil seja parte" (MENDES, STF, 2015).

---

5. Dispositivos semelhantes, que inserem conceitos de supranacionalidade, são encontrados nas constituições do Paraguai (art. 9º), da Argentina (art. 75, inc. 24) e do Uruguai (art. 6º).

Percebe-se dos exemplos apresentados pelo Ministro Gilmar Mendes uma tendência contemporânea do constitucionalismo latino americano, um alinhamento, em especial no que tange a normas internacionais de direitos humanos. A cooperação, nas linhas apresentadas, mostra-se fundamental para a concretização do direito à paz, com repercussão no tema do desenvolvimento, como será trabalhado a seguir.

2. INTERDEPENDÊNCIA ENTRE PAZ E DESENVOLVIMENTO: ANÁLISE CONJUNTA DO ÍNDICE DE DESENVOLVIMENTO HUMANO E DO ÍNDICE GLOBAL DE PAZ

O conceito de desenvolvimento, historicamente, mostrou-se atrelado ao poder político-militar, ao poder econômico ou, conforme observado especificamente ao longo do Século XX, ao crescimento econômico. O desafio que se apresenta para o novo século é exatamente transcender tais limitações teóricas, numa abordagem transdisciplinar, de amálgama, econômica, jurídica etc., observando o desenvolvimento como um todo (BARRAL, 2005, 32. SEN, 2005, p. 17).

A abordagem ampla e inclusiva aponta para a constatação de que diferentes instituições interagem, quais sejam, mercado, legislatura, judiciário, imprensa, partidos políticos, empresas, organizações não-governamentais etc., e o sucesso dos esforços para o desenvolvimento de um país depende também dos resultados destas interações (SEN, 2005, p. 27).

O ganhador do Prêmio Nobel de Economia Amartya Sen (2000, p. 17) critica a economia descritiva, desligada da ética, por

344

esta identificar as ideias de crescimento do Produto Nacional Bruto – PNB e desenvolvimento, e afirma que precisam ser considerados como indicativos do desenvolvimento também outros fatores, como educação, saúde e os direitos civis, influenciando, dessa forma, a criação do Índice de Desenvolvimento Humano - IDH, que considera a renda, saúde e educação, embora não envolva indicadores de sustentabilidade.

Na obra "Desenvolvimento como liberdade", o referido autor (SEN, 2000, p. 18) afirma:

> O desenvolvimento requer que se removam as principais fontes de privação de liberdade: pobreza e tirania, carência de oportunidades econômicas e destituição social sistemática, negligência dos serviços públicos e intolerância ou interferência excessiva de Estados repressivos. A despeito de aumentos sem precedentes na opulência global, o mundo atual nega liberdades elementares a um grande número de pessoas – talvez até mesmo à maioria.

O direito ao desenvolvimento foi reconhecido por inúmeros instrumentos internacionais dos quais o Brasil é signatário, com ênfase para a Declaração sobre Direito ao Desenvolvimento (Resolução nº 41/128, da Assembléia Geral das Nações Unidas, 1986), que, em seu art. 1º, reconhece o desenvolvimento como um direito humano inalienável. Sobre a referida Declaração, Vladmir Oliveira da Silveira e Samyra Haydée Dal Farra Naspolini (2013. pp. 127-128) afirmam que

> [...] foi a partir desse documento que o direito ao desenvolvimento se configurou como um

> direito humano inalienável e passou a ser entendido como um processo global econômico, social cultural e político, que tende ao melhoramento constante de toda a condição e qualidade de vida da população e dos indivíduos, sob a base de sua participação ativa, livre e significativa no processo de desenvolvimento e na distribuição dos benefícios de que dele derivam [...]. Ficou assim estabelecido que o principal responsável – ou seja, o sujeito passivo do direito ao desenvolvimento – é o Estado; isto é, é ele que tem o dever de criar as condições favoráveis ao desenvolvimento supranacional e interno dos povos e dos indivíduos.

Nessa linha de compreensão, o direito ao desenvolvimento é, ao mesmo tempo, um direito individual e um direito dos povos, um direito oponível ao Estado a que a pessoa está vinculada e a todos os demais Estados da comunidade internacional (FERREIRA FILHO, 2012, p. 78).

No âmbito nacional, a Constituição brasileira faz referência ao desenvolvimento no seu preâmbulo e no seu artigo 3º, II, neste caso enquanto objetivo fundamental da República Federativa do Brasil. Nota-se, ainda, uma singela referência ao desenvolvimento tecnológico e econômico do País, especificamente ligada a inventos industriais, no artigo 5º, XXIX (CAMPELLO; SANTIAGO; ANDRADE, 2018, p. 10).

Entende-se, contudo, que, apesar da inexistência de menção expressa no texto constitucional, o direito ao desenvolvimento pode ser compreendido como direito fundamental, tanto pelo fundamento de que o conceito material de direito fundamental extrapola a previsão constitucional expressa, como pelo fato de que tal natureza está prevista em tratado internacional do qual o Brasil é parte, na esteira do artigo 5º, §2º, da Constituição Federal (CAMPELLO; SANTIAGO; ANDRADE, 2018, p. 10).

Dentro da definição de desenvolvimento apresentada, a qual requer que se removam as principais fontes de privação de liberdade, esta compreendida num sentido amplo de emancipação, é possível se entrelaçar as ideias de desenvolvimento e paz, para fim de se verificar a importância dessa conexão.

O tema da paz já merecia atenção especial por parte de Kant, na Obra "A paz perpétua", de 1795, na qual o autor afirma que o estado natural entre os homens não é um estado de paz, mas um estado de guerra, no sentido de que, embora não haja uma explosão permanente das hostilidades, há a ameaça constante (KANT, 2008, p. 10).

Ressalta Kant (2008, p. 25) que o instinto egoísta da guerra teve aspectos positivos, se considerado que, através da guerra, os homens povoaram mesmo às regiões mais inóspitas do planeta, e, também por meio da guerra, foram obrigados a entrar em relações mais ou menos legais.

Por outro lado, historicamente, a guerra se impôs como algo nobre, a que o homem é incitado pelo impulso da honra sem motivos egoístas, pelo que a coragem guerreira se mostrava dotada de um grande valor imediato, numa dignidade intrínseca, e, não raro, iniciaram-se guerras simplesmente para se ostentar essa coragem (KANT, 2008, p. 27).

Segundo Kant (2008, p. 30-31), é o espírito comercial que

controla a tendência humana à guerra:

> O espírito comercial que não pode coexistir com a guerra e que, mais cedo ou mais tarde, se apodera de todos os povos. Porque entre todos os poderes (meios) subordinados ao poder do Estado, o poder do dinheiro é decerto o mais fiel, os Estados vêem-se forçados (não certamente por motivos da moralidade) a fomentar a nobre paz e a afastar a guerra mediante negociações, sempre que ela ameaça rebentar em qualquer parte do mundo, como se estivessem por isso numa aliança estável, pois as grandes coligações para a guerra, por sua natureza própria, só muito raramente podem ocorrer e, ainda com muito menos frequência, ter êxito. Deste modo, a natureza garante a paz perpétua através do mecanismo das inclinações humanas; decerto com uma segurança que não é suficiente para vaticinar (teoricamente) o futuro, mas que chega, no entanto, no propósito prático, e transforma num dever o trabalhar em vista deste fim (não simplesmente quimérico).

A necessidade de conscientização e preparação das sociedades para viver em paz começou a ocorrer com a expedição de dois documentos: 1) a Declaração das Nações Unidas (ONU), sobre a preparação da sociedade para viver em paz, constante da Resolução 33/1973, aprovada na 85ª Sessão Plenária da Assembleia Geral de 15.12.1978 e; 2) Organização para Proscrição das Armas Nucleares na América Latina (OPANAL), acerca da paz como direito do homem, aprovada em Quito, no Equador, Resolução 128(VI), de 27.4.1979.

Em reunião ocorrida nos dias 25 a 27 de setembro de 2015, na sede da ONU em Nova York, os Chefes de Estado e de Governo e altos representantes, deliberaram a Agenda 2030, que estabeleceu 17 Objetivos de Desenvolvimento Sustentável – ODS, a serem implementados através de metas a serem perseguidas até o ano de 2030, com a finalidade de propiciar desenvolvimento sustentável a nível global.

Os citados objetivos são: 1. Erradicação da pobreza; 2. Fome zero e agricultura sustentável; 3. Saúde e bem estar; 4. Educação de qualidade; 5. Igualdade de gênero; 6. Água potável e saneamento; 7. Energia acessível e limpa 8. Trabalho decente e crescimento econômico; 9. Indústria, inovação e infraestrutura; 10. Redução das desigualdades; 11. Cidades e comunidades sustentáveis; 12. Consumo e produção sustentáveis; 13. Ação contra a mudança global do clima; 14. Vida na água; 15. Vida terrestre; 16. Paz, justiça e instituições eficazes; 17. Parcerias e meios de implementação.

Estes ODS são subdivididos, cada um deles, em metas a serem perseguidas pelos Estados que aderirem à Agenda 2030, com o fito de propiciar, por exemplo, melhoria na saúde, escolarização, erradicação da pobreza, desenvolvimento sustentável, instituições eficazes, paz e justiça social.

Não há como pensar em desenvolvimento sustentável sem a conjugação de todos os ODS acima expostos, entretanto, para os fins do presente trabalho, de correlacionar as ideias de paz e desenvolvimento, há que se enfatizar o ODS 16, que trata da paz, justiça e instituições eficazes.

O ODS 16 tem como metas: 16.1. Reduzir significativamente todas as formas de violência e as taxas de mortalidade relacionada, em todos os lugares; 16.2. Acabar com abuso, exploração, tráfico e todas as formas de violência e tortura contra crianças; 16.3. Promover o Estado de Direito, em nível nacional e internacional, e garantir a igualdade de acesso à justiça, para todos; 16.4. Até 2030, reduzir significativamente os fluxos financeiros e de armas ilegais, reforçar a recuperação e devolução de recursos roubados, e combater todas as formas de crime organizado; 16.5. Reduzir substancialmente a corrupção e o suborno em todas as suas formas; 16.6. Desenvolver instituições eficazes, responsáveis e transparentes em todos os níveis; 16.7. Garantir a tomada de decisão responsiva, inclusiva, participativa e representativa em todos os níveis; 16.8. Ampliar e fortalecer a participação dos países em desenvolvimento nas instituições de governança global; 16.9. Até 2030, fornecer identidade legal para todos, incluindo o registro de nascimento; 16.10. Assegurar o acesso público à informação e proteger as liberdades fundamentais, em conformidade com a legislação nacional e os acordos internacionais; 16.a. Fortalecer as instituições nacionais relevantes, inclusive por meio da cooperação internacional, para a construção de capacidades em todos os níveis, em particular nos países em desenvolvimento, para a prevenção da violência e o combate ao terrorismo e ao crime; 16.b. Promover e fazer cumprir leis e políticas não discriminatórias para o desenvolvimento sustentável.

Em sintonia com as políticas estabelecidas pela ONU para incentivar o desenvolvimento sustentável e a paz, o presidente do Brasil, Michel Temer em entrevista ao Jornal O Globo, em

18/09/2017, assim se pronunciou:

> Amanhã terei novamente a honra de represen-
> tar o Brasil na abertura da Assembleia Geral da
> ONU, em Nova York.
>
> [...]
>
> Levaremos à ONU aquelas que são opções fun-
> damentais da sociedade brasileira – a paz, o de-
> senvolvimento, a democracia e os direitos hu-
> manos. Foi a busca por uma paz duradoura que
> motivou o Brasil a assumir papel destacado nas
> negociações do Tratado sobre a Proibição de
> Armas Nucleares, que assinarei em Nova York.
> É documento histórico, que visa a banir as úni-
> cas armas de destruição em massa ainda não
> proscritas no direito internacional. Reiteramos
> também, em Nova York, o imperativo do de-
> senvolvimento sustentável, em suas três dimen-
> sões: econômica, social e ambiental. Reafirma-
> remos nossa convicção de que um sistema de
> comércio internacional aberto e baseado em re-
> gras é decisivo para o crescimento, para a cria-
> ção de empregos, para a geração de renda.[6]

Nota-se que, embora o Brasil tenha avançado, ainda que a pas-
sos lentos, na melhoria do Índice de Desenvolvimento Humano
(IDH), o mesmo não tem acontecido com respeito ao Índice Global de Paz (IGP), *ranking* no qual o Brasil não figura sequer entre
os cem países mais pacíficos.

---

6. Fonte: https://oglobo.globo.com/opiniao/paz-desenvolvimento-demo-
    cracia-21830728. Acesso em: 20 jul. 2018.

A interdependência entre paz, segurança e desenvolvimento é preocupação que há muito vem tomando contorno e já fora mencionada em 17/10/2012, no discurso de Ban Ki-moon, enquanto Secretário Geral da ONU:

> Paz, segurança e desenvolvimento são interdependentes. As evidências confirmam. Nove dos dez países com os menores indicadores de desenvolvimento humano viveram situações de conflito nos últimos 20 anos. Os países que enfrentam desigualdade gritante e a debilidade das instituições estão em maior risco de conflito. A má distribuição da riqueza e a falta de empregos suficientes, oportunidades e liberdade – em particular para uma população grande de jovens – também pode aumentar o risco de instabilidade[7].

Entre os grandes obstáculos para um desenvolvimento baseado na segurança e na paz é o crescimento da violência nas suas variadas formas de manifestação, seja através de atividades criminosas, seja através da intolerância por questões religiosas, raciais, políticas, ideológicas, de gênero e de opção sexual.

O reconhecimento da paz como direito humano fundamental de quinta dimensão e a positivação de normas de direitos humanos de alcance universal que venham a criar um ambiente propício à teoria de Estados Constitucionais Cooperativos passa pelo fortalecimento e construção de instituições eficazes, responsáveis

---

7. Fonte: < https://ajonu.org/2012/10/17/interdependencia-entre-paz-seguranca-e-desenvolvimento/>. Acesso em 20 jul. 2018.

e inclusivas em todos os níveis.

Para que se possa chegar a resultados objetivos no que tange à comprovação da relação entre paz e desenvolvimento, no presente trabalho serão cotejados dois índices, quais sejam, o Índice de Desenvolvimento Humano (IDH) e o Índice Global de Paz (IGP).

O IDH é um índice que mede o desenvolvimento humano, sendo construído a partir de indicadores como expectativa de vida, educação e PIB per capita. Pode ser utilizado também para medir o desenvolvimento de entidades subnacionais como estados, cidades etc. O IGP é um índice que através de 23 indicadores mede o nível de paz e ausência de violência de um país ou região. O índice inclui variáveis internas como violência e criminalidade e variáveis externas como gasto militar e guerras (internas e externas) nas quais participa o país.

Para melhor ilustrar a correlação entre paz e desenvolvimento apresenta-se abaixo um quadro comparativo entre o *ranking* do IDH e do IGP.

Quadro comparativo entre o ranking do IDH 2015 e do IGP 2017:

País	Rank IDH 2015[8]	Rank IGP 2017[9]	IDH 2006	IDH 2007	IDH 2008	IDH 2009	IDH 2010	IDH 2011	IDH 2012	IDH 2013	IDH 2014	IDH 2015
Norway	01	14	0,930	0,930	0,930	0,930	0,939	0,941	0,942	0,945	0,948	0,949
Switzerland	02	09	0.911	0.914	0,916	0,920	0,932	0,932	0,934	0,936	0,938	0,939
Denmark	05	05	0,904	0,906	0,906	0,906	0,910	0,922	0,924	0,926	0,923	0,925
Iceland	09	01	0,887	0,892	0,894	0,894	0,894	0,901	0,907	0,915	0,919	0,021
Canada	10	08	0,894	0,897	0,898	0,898	0,903	0,907	0,909	0,912	0,919	0,920

8. Fonte: http://hdr.undp.org/en/composite/trends. Acesso em 20 jul. 2018.
9. Fonte: <visionofhumanity.org/app/uploads/2017-report-1.pdf>. Acesso em 20 jul.2018.

EUA	10	114	0,901	0,905	0,907	0,907	0,910	0,913	0,915	0,916	0,918	0,920
N. Zeland	13	02	0,891	0,894	0,895	0,899	0,901	0,904	0,908	0,910	0,913	0,915
Japan	17	10	0,877	0,880	0,881	0,879	0,884	0,889	0,894	0,899	0,902	0,903
Austria	24	04	0,860	0,864	0,870	0,872	0,880	0,884	0,887	0,892	0,892	0,893
Slovenia	25	10	0,865	0,869	0,873	0,872	0,876	0,877	0,878	0,888	0,888	0,890
Portugal	41	03	0,797	0,804	0,809	0,812	0,818	0,824	0,827	0,837	0,841	0,843
Brazil	79	108	0,700	0,704	0,714	0,716	0,724	0,730	0,734	0,747	0,754	0,754
Jordan	86	95	0,736	0,739	0,742	0,739	0,737	0,735	0,737	0,737	0,741	0,742
Iraq	121	161	0,636	0,638	0,643	0,646	0,649	0,656	0,659	0,658	0,649	0,649
Syrian	149	163	0,644	0,651	0,648	0,650	0,646	0,645	0,635	0,575	0,553	0,536
Angola	150	100	0,454	0,468	0,480	0,488	0,495	0,508	0,523	0,527	0,531	0,533
Haiti	163	83	0,458	0,462	0,466	0,470	0,470	0,477	0,483	0,487	0,490	0,493
Afghanis-tan	169	162	0,415	0,433	0,434	0,448	0,454	0,463	0,470	0,476	0,479	0,479
Liberia	177	82	0,383	0,394	0,400	0,403	0,406	0,416	0,419	0,426	0,427	0,427
South Sudan[10]	181	160	----	----	----	-----	----	0,429	0,419	0,417	0,421	0,418

O quadro acima foi construído por amostragem pelos autores da presente pesquisa utilizando se o seguinte método: a) para fins de comparação foram selecionados países que estão localizados nas primeiras posições do Índice Global de paz (IGP/2017) e países que estão localizados nas últimas posições do referido índice. Perceba-se que foram incluídos países que se situam na zona média da tabela por serem de expressiva importância para os resultados da presente pesquisa (Estados Unidos da América e Brasil); b) Em seguida na coluna à esquerda do índice Global de Paz (IGP/2017) foram posicionados os Índices de Desenvolvimento Humano (IDH/2015) dos países previamente selecionados pelo critério supramencionado; c) A tabela também mostra os resultados de IDH dos últimos dez anos dos países selecionados, propiciando a visualização de como evoluíram os países ao longo dos anos no que diz respeito ao IDH; d) Em seguida procedeu-se

---

10. É um país localizado no nordeste da África, ao sul do Sudão, daí seu nome República do Sudão do Sul, cuja capital é Juba. Tem aproximadamente 12 milhões de habitantes e teve sua independência em 09 de julho de 2011, por este motivo seu IDH só é demonstrado a partir de 2011.

análise dos dados apresentados.

Da análise do quadro supra, verificou-se que existe uma correlação, ressalvadas as exceções, como o caso dos Estados Unidos da América, que embora esteja posicionado em 10º lugar no Índice de Desenvolvimento Humano (IDH/2015), está apenas em 114º no Índice Global de Paz (IGP/2017). Tal fato se deve, em parte, ao grande poderio bélico dos Estados Unidos somado às intervenções em conflitos internacionais e também à eleição de Donald Trump e suas consequências.

Os Estados Unidos da América perderam 11 posições no *ranking*, considerando que ocupavam no ano anterior a 103ª posição.

De acordo com a Forbes Brasil:

> A Islândia foi classificada como o país mais pacífico do mundo, seguida pela Nova Zelândia e por Portugal. Embora não seja nenhuma surpresa, a Síria registrou o índice mais baixo de todo o mundo. Afeganistão, Iraque, Sudão do Sul e Iêmen também ocupam os últimos lugares da lista. De acordo com o levantamento, a violência global custou, ao planeta, US$ 14,3 trilhões em 2016, o equivalente a 12,6% do PIB mundial ou US$ 1.953 por pessoa[11].

Quanto ao Brasil, este ocupa a 108ª posição no *ranking* de países mais pacíficos do mundo (IGP/2017). Para galgar posições terá que investir, e muito, na melhoria de indicadores como homicídios, acesso às armas, crimes violentos e terror político.

---

11. Fonte: <https://forbes.uol.com.br/listas/2017/06/os-paises-mais-e-menos-pacificos-do-mundo/>. Acesso em 20 jul. 2018.

Portanto, da análise percebe-se que os países que apresentam melhores índices no quesito paz tendem a ter melhores indicadores de desenvolvimento humano, o que se torna uma prova de que paz e desenvolvimento são duas aspirações da humanidade que estão diretamente relacionadas, ou seja, um ambiente pacífico e cooperativo é terreno fértil para o desenvolvimento, capaz de propiciar a melhoria da qualidade de vida de todos os povos da Terra.

Ainda que os mais pessimistas vejam a paz como uma utopia, devido às divergências culturais e de interesses entre os Estados Nacionais, percebe-se que políticas internacionais de direitos humanos devem ser implementadas, em caráter emergencial, para propiciar um ambiente mais pacífico, elevando a paz ao patamar que merece como direito humano fundamental da quinta dimensão e incentivando a positivação de normas universais de direitos humanos que permitam a cooperação entre os Estados Constitucionais.

CONCLUSÃO

Os dados analisados no presente trabalho demonstram que os conflitos têm aumentado de maneira global na última década. Consequência deste fato, verifica-se que nas regiões de conflitos há necessidade de ajuda humanitária e países da Europa, América do Sul e outras regiões do planeta estão recebendo um grande número de refugiados.

Embora Karel Vasak tenha contemplado a paz na terceira

dimensão de direitos fundamentais, tal fato não foi suficiente para conferir o destaque e a visibilidade que a paz merece, ainda mais em um período que se sucede a duas grandes Guerras Mundiais.

A proposta do grande constitucionalista brasileiro Paulo Bonavides, de elevar a paz à quinta dimensão dos direitos fundamentais, faz coro com as recentes propostas da ONU em busca de uma paz que venha trazer desenvolvimento sustentável para os povos da Terra.

Para tal, não basta apenas reconhecer a paz como quinta dimensão de direitos fundamentais, mas positivá-la nas Constituições Nacionais para que não seja apenas mero objetivo, mas uma realidade. Peter Häberle propõe a normatização de valores fundamentais com a política pela paz mundial, a amizade e a cooperação internacional, além da obrigação de propiciar ajuda ao desenvolvimento e ajuda humanitária.

Da análise do quadro comparativo entre o Índice Global de Paz (IGP) e o Índice de Desenvolvimento Humano (IDH), percebe-se, com raras exceções, a exemplo dos Estados Unidos da América, que países que têm os melhores indicadores de paz estão posicionados entre os que têm os melhores indicadores de desenvolvimento humano.

Portanto, pode-se afirmar que a paz é pressuposto para o pleno desenvolvimento de todos os Estados do mundo e, por isso deve ser alçada, como propõe Paulo Bonavides, à quinta dimensão de direitos fundamentais, e todos os esforços devem ser envidados pelos Estados nacionais para positivar direitos universais que venham a estimular a Cooperação entre os Estados Constitu-cionais nesse sentido, nos moldes propostos por Peter Häberle.

REFERÊNCIAS

AGENDA 2030 DA ONU. Acessível em: <https://nacoesunidas.org/wp-content/uploads/ 2015/10/ agenda2030-pt-br.pdf >. Acesso em 20Jul2018.

BARRAL, Welber. Direito e desenvolvimento: um modelo de análise. In: *Direito e Desenvolvimento*: Análise da ordem jurídica brasileira sob a ótica do desenvolvimento. Welber Barral (Org.). São Paulo: Editora Singular, 2005.

BIOGRAFIA de Karel Vasak. Acessível em: <https://pt.wikipedia.org/wiki/Karel_Vasak>. Acesso em 20 jul. 2018.

BIOGRAFIA de Paulo Bonavides. Acessível em: <https://pt.wikipedia.org/wiki/Paulo _Bonavides>. Acesso em: 20 jul. 2018

BIOGRAFIA de Peter Häberle. Acessível em: <https://pt.wikipedia.org/wiki/Peter_ H%C3%A4berle>. Acesso em: 20 jul. 2018.

BOBBIO, Norberto. *A Era dos Direitos*. Rio de Janeiro: Campus, 1992. BONAVIDES, Paulo.

BONAVIDES, Paulo. *Curso de direito constitucional*. 24 ed. São Paulo: Malheiros, 2009.

______. *Do Estado Liberal ao Estado Social*. 6 ed. São Paulo: Malheiros, 1996.

CAMPELLO, Lívia Gaigher; SANTIAGO, Mariana Ribeiro; ANDRADE, Sinara Lacerda. A valorização da identidade cultural como desafio à concretização do direito ao desenvolvimento. *Revista de Direito Brasileira.* São Paulo, V. 19, N. 8, pp. 3-19, jan.-abr., 2018.

CANOTILHO, José Joaquim Gomes. *Direito constitucional e Teoria da Constituição*. 5 ed. Coimbra: Almedina, 2002.

CICCO, Cláudio de; GONZAGA, Álvaro de Azevedo. *Teoria Geral do Estado e Ciência Política*. 4 ed. São Paulo: Editora Revista dos Tribunais, 2012.

ESPIELL, Héctor Gros. El derecho humano a la paz. In *Anuario de derecho constitucional latinoamericano*, UNAM, 2005.

FERREIRA FILHO, Manoel Gonçalves. *Direitos Humanos Fundamentais.*14 ed. São Paulo: Saraiva, 2012.

HÄBERLE, Peter. A força de integração da constituição. *In Revista Argumentum* – RA. Marília/SP, V. 18, N. 2, pp. 533-544, mai-ago, 2017.

HÄBERLE, Peter. Entrevista: Prof. Dr. H.C. Mult. Peter Häberle à Revista Argumentum.*Revista Argumentum* – RA. Marília/SP, V. 19, N. 1, pp. 263-287, jan-abr, 2018.

HÄBERLE, Peter. *O Estado Constitucional Cooperativo*. Tradução Marcos Augusto Maliska e Elisete Antoniuk. Rio de Janeiro: Renovar, 2007.

ÍNDICE DE DESENVOLVIMENTO HUMANO. Acessível em: <http://hdr.undp.org/en/ composite/ trends>. Acesso em: 20 jul. 2018.

ÍNDICE GLOBAL DE PAZ. Acessível em: <visionofhumanity.org/app/uploads/2017-report-1.pdf>. Acesso em 20 jul.2018.

INTERDEPENDÊNCIA entre paz, segurança e desenvolvimento. Acessível em: <https://ajonu.org/2012/10/17/interdependencia-entre-paz-seguranca-e-desenvolvimento/>. Acesso em: 20 jul. 2018.

KANT Immanuel. *A paz perpétua*. Tradução Marco Zingano. Porto Alegre: LP&M, 2008.

MAGNOLI, Demétrio. *Globalização*: Estado nacional e espaço mundial. 4 ed. São Paulo: Moderna, 1997.

MENDES, Gilmar. *Homenagem à doutrina de Peter Häberle e sua influência no Brasil*. Acessível em: <http://www.stf.jus.br/repositorio/cms/portalStfInternacional/portalStfAgenda_ pt_br/anexo/Homenagem_a_Peter_Haberle__Pronunciamento__3_1.pdf>. Acesso em 20 jun. 2018.

MORIN, Edgar. *A via para o futuro da humanidade*. Tradução Edgard de Assis Carvalho e Mariza Perassi Bosco. Rio de Janeiro: Bertrand Brasil, 2013.

OLIVEIRA, Ocimar Barros de. *Processo administrativo e democracia participativa*. Participação do cidadão no processo administrativo: garantia fundamental do Estado Democrático de Direito. São Paulo: J.H. Mizuno, 2014.

OS PAÍSES mais e menos pacíficos do mundo. <https://forbes.uol.com.br/listas/2017/06/os-paises-mais-e-menos-pacificos-do-mundo/>. Acesso em 22 jul. 2018.

PAZ, desenvolvimento e democracia. Acessível em: <https://oglobo.globo.com/opiniao/paz-desenvolvimento-democracia-21830728>. Acesso em 20 jul. 2018.

RANKING dos países mais pacíficos e mais violentos do mundo. Acessível em: <https://exame.abril.com.br/mundo/ranking-paises-pacificos-violentos-mundo-mapa/>. Acesso em 20 jul. 2018.

SARLET, Ingo Wolfgang. *A eficácia dos direitos fundamentais*: uma teoria geral dos direitos fundamentais na perspectiva constitucional. 10 ed. rev., atual. e ampl.. Porto Alegre: Livraria do Advogado, 2009.

SEN, Amartya. *Desenvolvimento como liberdade*. Tradução Laura Teixeira Motta. São Paulo: Companhia das Letras, 2000.

SEN, Amartya. Reforma jurídica e reforma judicial no processo de desenvolvimento. Tradução Welber Barral. In: *Direito e Desenvolvimento*: Análise da ordem jurídica brasileira sob a ótica do desenvolvimento. Welber Barral (Org.). São Paulo: Editora Singular, 2005.

SILVEIRA, Vladmir Oliveira da e ROCASOLANO, Maria Mendez. *Direitos humanos*: conceitos, significados e funções. São Paulo: Saraiva, 2010.

SILVEIRA, Vladmir Oliveira da e NASPOLINI, Samyra Haydée Dal Farra. *Direito ao desenvolvimento no Brasil do Século XXI*: uma análise da normatização internacional e da Constituição brasileira *In:* Direito e desenvolvimento no Brasil no Século XXI. Vladmir Oliveira da Silveira *et al.* (orgs.). Brasília: Ipea/CONPEDI, 2013.

SANTIAGO, Mariana Ribeiro; OLIVEIRA, Ocimar Barros de; SILVEIRA, Vladmir Oliveira da. A paz como pressuposto para o desenvolvimento: um estudo comparativo entre o Índice de Desenvolvimento Humano e o Índice Global de Paz. *In*: SANTIAGO, Mariana Ribeiro; SILVEIRA, Vladmir Oliveira da; MALISKA, Marcos Augusto (Coord.); FERNANDES, Ana Carolina Souza (Org.). **Estudos em homenagem ao professor Peter Häberle**. Uberlândia: LA-ECC, 2021. p. 335-369.